U0112476

北洋叱咤

十大军阀发迹史

刘啸虎/著

团结出版社

图书在版编目（ＣＩＰ）数据

叱咤北洋 / 刘啸虎著. -- 北京 ：团结出版社，
2016.10
　　ISBN 978-7-5126-4134-1

　　Ⅰ．①叱… Ⅱ．①刘… Ⅲ．①历史人物－列传－中国
－1912-1928 Ⅳ．①K820.6

　　中国版本图书馆 CIP 数据核字(2016)第 113018 号

出　　版：团结出版社
　　　　　（北京市东城区东皇城根南街 84 号　邮编：100006）
电　　话：(010) 65228880　65244790　（出版社）
　　　　　(010) 65238766　85113874　65133603（发行部）
　　　　　(010) 65133603（邮购）
网　　址：http://www.tjpress.com
E-mail：zb65244790@vip.163.com
　　　　　fx65133603@163.com（发行部邮购）
经　　销：全国新华书店
印　　装：三河市东方印刷有限公司

开　　本：170mm×240mm　　　1/16
印　　张：17.25
字　　数：212 千字
印　　数：4045
版　　次：2016 年 10 月·第 1 版
印　　次：2016 年 10 月　第 1 次印刷

书　　号：978-7-5126-4134-1
定　　价：42.00 元

前　言

北洋时代是一个难以真正形容的时代。人们习惯用这个笼统的说法来概括民国建立初期以北京为首都的中央政府时代。北洋派系于这段时间里在民国政府的权力格局中占据优势地位，"北洋时代"因而得名。北洋派领袖袁世凯及其后继者先后担任国家元首与政府首脑，直到1928年北伐战争结束后被南京国民政府替代为止。而这些国家元首与政府首脑们，更多被后人称作"北洋军阀"。

一代枭雄袁世凯，开启中国陆军近代化之先河。他的新建陆军班底，成为北洋一脉的源头。其间的北洋强人们，如段祺瑞、冯国璋、吴佩孚等，在政坛军界都曾一度纵横捭阖，互争雄长。短短十六年间，北洋人物各树派系，割据争雄。几大派系在兴亡荣枯、聚散离合间演出了一幕幕精彩好看的活剧。读者们不禁要问：这些引领割据和派系的北洋人物，究竟是怎样一朝发迹，走上前台的？

每个人发迹的缘由和机会并不甚相同，不过有一点总是相同的。《史记·刺客列传》中言道："君以国士待我，我当以国士报之。君以路人待我，我以路人报之。君以草芥待我，我当以仇寇报之。"忠诚是美德，无论派系间如何朝云暮雨、风云变幻，最初给予自己机会的人，永远值得自己投桃报李，为之贡献力量。民间常言，想发迹，要贵人提携，此言不虚。不过，话又说回来。北洋时代又是一个投机的时代，忠诚与背叛在那个时代

中都不被真正看重。就连北洋系的开创者，一代枭雄袁世凯，昨天还是清廷的内阁总理大臣，今日却成了民国的大总统。今日是民国的大总统，明日却要做中华帝国的"洪宪皇帝"。在全国一片讨袁声中，北洋人物们也一个个以同样的手段对付他。袁世凯在众叛亲离的绝望中孤影黄泉，其他人的下场，却又与他差别何在？

这都是本书所要讲述的故事。

目　录
CONTENTS

第九章 "枭雄大帅"张作霖

第十章 "狗肉将军"张宗昌

叱咤北洋

第一章

"洪宪皇帝"袁世凯

1. 弃笔从戎

袁世凯字慰亭，咸丰九年（1859年）生于河南项城，因此时人多称他"袁项城"。袁家是当地望族，诗礼持家。曾祖父袁耀东有四个儿子，树三、甲三、凤三、重三，皆身负功名。长子袁树三，其长子袁保中乃附贡生。袁保中有二女六子，第四个儿子生于咸丰九年八月二十日（1859年9月16日），这就是后来赫赫有名的袁世凯。

彼时太平军兴起，北方的捻军同样势力大盛。袁甲三在家乡举兵办团练，对抗捻军，全家都投身其中。保恒、保庆、保龄等子侄都在袁甲三的军中，或带兵打仗、转战皖北，或充任幕僚、参赞军务。其中袁树三次子袁保庆颇得河南团练大臣毛昶熙赏识。毛昶熙将袁保庆调回河南，委任他编练各州县团练。袁保庆还多次督带马队在项城、沈丘、夏邑等地围攻捻军，颇立下些战功。袁世凯出生时，恰逢袁家人在前线打了胜仗，故得名"世凯"。

同治五年（1866年），因战功得了前程的袁保庆赴山东济南任知府。他年已四十尚未得子，便把侄儿袁世凯过继为子嗣。如此，袁世凯在名分上乃是叔叔袁保庆的儿子。袁世凯彼时年方七岁，嗣母牛氏对袁世凯很是疼爱，不免娇纵。袁保庆为袁世凯物色了名师，希望他能读书上进，显亲扬名。可惜，袁世凯性格浮嚣，心思根本不在读书上。他经常托词逃课，在济南城里或结伙逞强斗殴，或四处游逛钻戏园子。一句话，少年袁世凯不是读书的材料。

同治六年（1867年），袁保庆升为候补道员。次年，两江总督马新贻奏调袁保庆到南京，署理江南盐巡道，督销官盐。盐巡道是能大量捞钱的肥缺，每年公私进项都不少。袁世凯随嗣父到了南京，当上了锦衣玉食的纨绔子弟。跟从前一样，袁世凯照样不爱读书，喜欢上了骑马游玩。十几岁的袁世凯曾在南京莫愁湖畔坠马，摔伤了腿。因为怕被嗣父训斥，他不敢声张，结果耽误了医治，以致落下一点儿残疾。

两个哥哥袁世敦和袁世廉与袁世凯一同就学，曾屡屡劝诫他要努力读书，都被少年袁世凯当了耳旁风。同治十二年（1873年）7月，袁保庆突染霍乱，病逝在南京。对于十五岁的袁世凯来说，这犹如晴天霹雳。同年冬，袁世凯伴随嗣母，扶柩返回项城。从此，袁世凯的生活发生骤变。不久，袁世凯的生父袁保中病逝。正当少年袁世凯不知何去何从时，他的堂叔袁保恒从西北回籍省亲。袁保恒观察袁世凯的相貌谈吐，当即认定"此吾家千里驹也"。袁保恒深恐袁世凯留在河南老家会耽误了前程，便将他带到了西北。

袁保恒本人是进士出身，自然希望袁世凯能走科举正途。等袁保恒调回北京，马上延请名师教导袁世凯读书。照样，袁世凯的兴趣全不在此。袁保恒时任刑部左侍郎，公务繁重。袁世凯一边勉强读书，一边帮堂叔料理些公务。晚清的京城，官场奸诈伪善，污秽不堪。少年袁世凯耳濡目染，居然学到了这套官场本领。书没读好，只学到这套本领，竟颇得堂叔的喜爱。袁保恒夸奖他"办事机敏"，是"中上美材"。然而，袁家人寿命都不长，不久之后袁保恒跟其他兄弟一样，壮年先逝。袁世凯只得回到原籍，从族中分出一块硕大的家业。从此袁世凯无人管束，开始过起天马行空的不羁日子。

袁世凯经常策马驰骋郊外，挥鞭狂叫，追欢逐乐。他还呼朋引类，附庸风雅，组织本县一帮读书人，成立"丽泽山房"和"勿欺山房"两"文社"，

自为盟主。远近各县的读书人都知道袁世凯的名头。淮宁县有一个穷书生叫徐世昌，号菊人，慕名而来。袁世凯与他一见如故，二人相见恨晚，直至秉烛夜谈。后来，徐世昌上京赶考，袁世凯赠以路费。徐世昌在北京中进士，入翰林院，此后成为袁世凯一生的重要谋士。多年后，徐世昌同样成为民国的风云人物，一度官居民国大总统。

　　期间，袁世凯遵从父辈的遗训，参加了两次乡试，都铩羽而归。身为项城两"文社"的社长，"文坛盟主"，却不能中举，此情何以堪？加上袁世凯生活放荡，邻里侧目，亲友不齿。再者，他的财产也已挥霍大半。这一切都促使袁世凯下决心摆脱困境，另寻一条进身之路。袁世凯将过去所作诗文悉数付之一炬，咬牙切齿道："大丈夫当效命疆场，安内攘外，乌能龌龊久困笔砚间，自误光阴？"这一年袁世凯二十二岁。

　　袁世凯下了"从戎"的决心，恰好遇上一个机缘。袁世凯的嗣父袁保庆，生前有一位好友吴长庆。当年办团练对抗太平军时，吴长庆便与袁保庆交好。后来二人又在南京共事，吴长庆对聪明伶俐的袁世凯十分喜爱。眼见老友先逝，孤儿无依无靠，吴长庆义不容辞要施以援手。彼时吴长庆在山东登州任庆军统领，听说袁世凯的窘况，便写信招他前来投军。后来可知，吴长庆是袁世凯一生最重要的"贵人"。若非吴长庆引他走出这一步，若非吴长庆引他走出这一步，袁世凯也许将永远找不到人生的方向。

　　怀揣吴长庆的书信，袁世凯启程前往了山东。他先去天津，拜见了帮办海防营务的堂叔袁保龄，随后乘船去了山东登州。吴长庆对袁世凯极为优待，勉励他继续在科举一途努力。吴长庆只让袁世凯挂名文案，领有薪水，还派了两名差弁做他的勤务兵，更请来名流张謇教他读书。

　　袁世凯痛苦不堪。他满心以为此番可以"效命疆场，安内攘外"，没想到还是要"久困笔砚间，自误光阴"。袁世凯忍无可忍，私下对老师张謇吐露了自己的心事。他告诉张謇，如果日子还要如此过下去，他宁愿立即回家。张謇为人十分开通，回头替袁世凯向吴长庆建议，满足他的要求。没想到，吴长庆同样开通，一听便同意了，马上委任袁世凯为营务处帮办。

营务处是军营的中枢，辅佐主帅办理军政，负责行军布阵、联络将官、处置违纪、监督训练、考核课目，兼带稽查队，责任重大，却也是人才辐辏之地。袁世凯年纪太轻，卒然当此美差，难免遭人闲话。但是，袁世凯总算找到了自己擅长的事情做。他表现出十分的投入，努力见习各类营务，办事谦敬勤勉，执法公正严明。这年春节，营中有士兵因赌博闹起纠纷，酿成几十人开枪射击的骚乱。当时营官们都回家过年，只有袁世凯在军中。他马上赶到出事地点，假传吴长庆的命令，就地正法了带头闹事的士兵，骚乱立时平息。事后，袁世凯向吴长庆磕头，请治专擅杀人之罪。吴长庆早知事情经过，夸他还来不及，怎会责怪他？如此，袁世凯渐以应变之才誉满军营，成为庆军中的后起之秀。

2. 朝鲜"监国"

光绪八年（1882年），大清属国朝鲜突然发生"壬午兵变"，局面动荡不堪。朝鲜大臣金允植当时人在天津，遂求援于清廷，请求清朝出兵稳定局面。清朝派出淮军大将丁汝昌、吴长庆、马建忠等人率军东渡平乱。年轻的袁世凯随军出征，这是他人生的又一大机遇。

吴长庆率军仓促出发，军务繁忙异常，一切筹划都靠执掌营务处的张謇。袁世凯任营务处帮办，正是张謇的得力助手。袁世凯意识到，出人

头地的大好时机来了。不作他想，袁世凯极力表现自己。他帮办前敌营务处，主要负责军需供应和勘定行军路线。清军乘船抵达朝鲜马山浦外海，吴长庆指派某营担任先锋，立即登陆。某营官居然抗命，表示士兵不习航海，多数晕船，请求稍缓。吴长庆大怒，下令将该营官撤职，派袁世凯代理指挥。袁世凯接过指挥权，马上部署登陆，两小时内即登陆完毕。吴长庆相当满意，当众对袁世凯大加夸奖。

清军的军纪败坏，进入朝鲜之后，奸淫民女、抢劫财物之类事件屡禁不止。袁世凯深以为耻，自告奋勇担当整顿军纪的重任。吴长庆授他令箭，委授袁世凯整顿军纪的全权。不过几天，吴长庆刚刚进驻行馆安顿下来，袁世凯便来禀告要事。他向吴长庆报告，自己所带的部下中有人闯进朝鲜村庄，抢掠当地百姓的家禽和蔬菜。袁世凯尚未说完，吴长庆厉声吼道："为什么不严办?!"袁世凯面不改色，坦然回答："我已请出令箭，正法七人，现有七个首级在此呈验。"吴长庆一惊，口中喃喃自语："好孩子，好孩子。"他随后感叹道："真不愧是将门之子。"

不过，袁世凯的心狠手辣也由此可见一斑。吴长庆虽对袁世凯更为看重，但军中也有人对他杀人媚上不满，作诗讥讽道："本是中州假秀才，中书借得不须猜，今朝大展经纶手，杀得人头七个来。"此诗隐隐然道破了后来袁世凯半生的行迹。

"壬午兵变"起于朝鲜王国大院君李昰应和明成王后闵氏（即闵妃）的政争。清朝支持朝鲜高宗李熙，因而支持他的王后闵氏，反对高宗生父大院君监国摄政。清军开抵汉城（今首尔），吴长庆、丁汝昌、马建忠三位大将入城拜访大院君。回营后，清军做了一番布置，等候大院君回拜。大院君一来，袁世凯马上率兵将大院君的卫队拦在营门外，将大院君劫上停泊在马山浦的清朝军舰。大院君被押送回国，软禁于保定。然后，袁世凯持高宗李熙的国书平定乱党，将隐藏在此事背后的日本人驱逐出境，为此，高宗设宴款待袁世凯，以示感谢。吴长庆则奏请朝廷升袁世凯为同知，随自己留驻汉城。

"壬午兵变"已平，朝鲜高宗李熙深感旧式的朝鲜禁兵不可再用，他决心编练一支朝鲜新军。高宗李熙派使节前来中国向清廷致谢，商量善后事宜，其中即提出希望清廷派员来朝鲜帮助自己编练新军。清廷中掌握实权的是李鸿章，他赞同朝鲜的请求，命令吴长庆筹划此事。就这样，吴长庆委派袁世凯办理编练朝鲜新军事宜。袁世凯又得到一次大显身手的机会。

帮朝鲜练兵，袁世凯求之不得。他按照自己的构想，以英、德式操法为训练蓝本，为朝鲜编练出一支禁卫军和一支镇抚军，共五千人。高宗李熙前来检阅朝鲜新军，见到军容严整，不禁为之鼓掌。袁世凯这次练兵在朝鲜和中国都颇有反响。多年后清朝在甲午战争中败于日本之手，吸取教训准备要在小站编练新军时，想到的第一个人选便是袁世凯。可见，若无朝鲜之行，很可能无今后的北洋军，更没有后来的袁世凯。

光绪十年（1884 年），吴长庆奉调回国。出兵朝鲜的清军一半人马留驻当地，由袁世凯主持。朝鲜局势此时更加扑朔迷离，朝中官员分为"保守"与"开化"两大派，相互攻讦。"保守派"掌握朝鲜实权，主张维持与中国的藩属关系，得到吴长庆、袁世凯的支持。"开化派"要求实现全面变革，依靠日本推翻"保守派"的统治，以求"独立"和"开化"。两派势成水火，不能相容。日本在背后多方使力，谋求让朝鲜摆脱与中国的藩属关系，寻机吞并朝鲜。袁世凯对此早有预见，颇多隐忧。是年十二月，开化党人果

然发动政变，杀入宫中劫持高宗李熙。日本领事竹添得知消息，组织日军一百余人进入朝鲜王宫布防，协助开化党人作乱。开化党人将乱局继续扩大，连连矫诏杀害朝鲜官员。此即"甲申政变"。

袁世凯冷静分析局势：如果任由开化党人将高宗李熙劫往日本，另立新君，朝鲜从此便不再属大清所有。朝鲜丢了，自己的前途也就从此断送。眼下最要紧的是，基本可以肯定，开化党人必然会切断袁世凯的后路，以武力捉拿甚至杀害清朝官员。当前情势，除了背水一战，别无其他选择。

将在外君命有所不受。袁世凯来不及向李鸿章请示，断然擅自行动。袁世凯率清军一千余人强行进入朝鲜王宫，与王宫中布防的日军展开战斗。日军难以抵挡，被迫撤退。竹添不得已自焚使馆，撤回日本。开化党人挟持高宗李熙出逃，为清军所截获。袁世凯亲自护送高宗李熙回宫，局势迅速得到平息，保守派重新执掌朝中实权。袁世凯随后上书李鸿章，要求尽快向朝鲜派出监国，谨防局势再一次恶化，断绝列强对朝鲜的觊觎。李鸿章顾忌日本方面的反应，没有采纳袁世凯的意见。眼见李鸿章不给自己回应，袁世凯知道局势不容许自己再等下去，索性再度断然擅自行动，搬进了朝鲜王宫，与高宗李熙隔墙而居。清朝不派监国，袁世凯自己干脆履行起监国的职责，直接对朝鲜各部大臣的具体工作发号施令。

袁世凯以铁腕处置"甲申政变"，保持了朝鲜的中国藩属国地位，本是大功一件。但日本方面对此反应强烈，抗议袁世凯针对日军和日本使馆的行动。为了安抚日本方面，李鸿章下令袁世凯撤出朝鲜王宫，派钦差大臣赴汉城查办袁世凯。困境之中，袁世凯使出一记妙招——以屈求伸。他以母亲重病为由，请假回国，到陈州"隐居"。此时能看透袁世凯这步棋的，只有堂叔袁保龄。袁保龄感叹道："这小子狡猾，远在我这痴叔之上啊。"

果然，多年后等袁世凯再用这着棋，便是为谋夺天下埋伏笔了。

过了半年，李鸿章突然急召袁世凯。朝鲜局势再度出现反复，李鸿章决定送大院君回国主政，压制闵妃的势力。选择护送大院君的人选，关系异常重大。此人必须熟悉朝鲜政局，在朝鲜具有崇高威望，让闵妃一派无从反对。李鸿章思来想去，此人非袁世凯莫属。袁世凯开始还托病不出自抬身价，后来听说李鸿章欲保荐自己为三品官员，赶紧启程北上。袁世凯赶到天津去见李鸿章，李鸿章道："如今就像演一台戏，台已落成，客已入座，就等你这个主角登场了。"袁世凯提出让丁汝昌率军护送，李鸿章又道："朝鲜人听说袁大将军来了，欢声雷动，谁敢抗命？你带一个水师小队登岸做引导就行了。"就这样，袁世凯护送大院君从天津出发了。

抵达汉城后，袁世凯谒见朝鲜国王高宗李熙，让大院君复归其位。不过，此时闵妃一派已经控制了朝鲜王国的政局，大院君势力尽遭铲除。闵妃甚至以高宗名义传谕文武百官，严禁百官与大院君有所往来。袁世凯周旋两派之间，始终难有作为，最后只得启程回国。这趟朝鲜之行并不甚圆满，李鸿章还是对袁世凯大加赞誉，奏请朝廷给袁世凯加官晋爵。朝廷遂任命袁世凯为驻朝商务委员，"驻扎朝鲜总理交涉通商事宜"，以知府分发，尽先即补，俟补缺后以道员升用，加三品衔，派他回朝鲜继续任职。李鸿章给朝鲜高宗李熙写信，叮嘱他凡有大事都应该与袁世凯商议。彼时袁世凯年仅二十六岁，在朝鲜的身份实与监国无异。

从这时算起，袁世凯在朝鲜待了整整十年。十年间，朝鲜局势更加微妙。亲日的派系之外，还有亲俄的一派。高宗李熙便一度倒向俄国，朝鲜局势险些再变。袁世凯勉力维持中国与朝鲜的宗藩关系，十年间采取的一切措施都以此为中心。比如他以"天朝上国"办事大臣自居，不与各国

公使同席会议，来往朝鲜王宫畅行无阻，直接干预朝鲜政务，俨然朝鲜的太上皇。李鸿章以"血性忠诚，才识英敏，力持大局，独为其难"十六字考语评价袁世凯，奏请朝廷为袁世凯赏加二品官衔。他目光如炬，清楚安朝鲜者必袁世凯不可。

光绪十二年（1894年），朝鲜爆发东学党起义，这成为局势的转折点。中日两国早先订有《天津条约》，规定若出兵朝鲜，两国应互相照会。两国同时出兵朝鲜，镇压了东学党起义。然而，日军就此驻扎不去，朝鲜局势日渐恶化。袁世凯困于使署内，眼见朝鲜在日军的逼迫下自承为独立国，自己却无力挽回。袁世凯失望已极，干脆称病，将公务交给副手唐绍仪，自请回国。得到朝廷准许后，光绪十二年六月十五日，驻朝十年的袁世凯悄然离开汉城，搭乘军舰返回天津。袁世凯的朝鲜生涯就此结束。六天之后，朝鲜高宗李熙遭日本挟持，大院君重新主政。两天后，朝鲜宣布不再进贡中国。不久，甲午战争爆发，清朝一败涂地，朝鲜也彻底沦为日本殖民地。袁世凯的官场人生，至此暂时告一段落。

3. 编练新军

甲午战争的惨败，让清朝痛定思痛。编练新军的计划，渐渐浮出水面。满朝文武大都清楚，练兵人选只有一个，那就是曾为朝鲜编练禁卫军和镇抚军的袁世凯。

袁世凯堪称众望所归，自己也跃跃欲试，但仍须有人推荐。由于甲午战败，李鸿章声名狼藉，影响力大大下降，袁世凯只有寻找别的后盾。其实，早在由东北回到天津时，袁世凯眼看李鸿章因战败行将失势，便开始与"清流派"的李鸿藻通信，报告军情，评论战局，钻营新差事。袁世凯进京以后，利用叔祖袁甲三和堂叔们的人脉，广泛结交各路人物。不久，从皇族贵戚到南北清流，都与袁世凯打成一片。袁世凯邀集幕友，翻译编写有关各国兵制的书籍著作，逢人即大谈用西法练兵。袁世凯请求刘坤一、张之洞等封疆大吏保荐自己练兵，还多次到翁同龢家里与他谈军事。袁世凯又把翻译的兵书呈递兵部尚书荣禄，请求指教，自称门生，百般表示其倾慕膺服之诚。荣禄早听到过人们议论袁世凯"知兵"，又读了他主持编译的兵书，更加看重。于是，荣禄对袁世凯大力提携，收为己用。从此，袁世凯成为荣禄的门生私党。所以，首先举荐袁世凯的是李鸿藻，荣禄强烈附议。人脉深广，多头得利，这是袁世凯今后十年之内飞黄腾达的关键所在。

清军在甲午战争中暴露的问题极多，袁世凯对编练新军的必要性看得十分清楚。早在甲午战争刚结束时，他便提出了一个整顿旧军、改练新军的计划。现在，朝中酝酿变通兵制，准备仿照西法练兵，先以甲午战争中组建的定武军为基础，扩编改革；办有成效，再逐渐推广。袁世凯被召陛见，练兵之法得到了光绪皇帝的称许。不久，朝廷正式任命袁世凯赴天津接管胡燏棻的定武军十营，以作为新军的基础。

光绪十三年（1895年）十二月十六日，袁世凯肩负着光绪皇帝给他的练兵重任，抵达天津小站，开始练兵。小站又名新农镇，位于天津东南七十里。镇压捻军后，李鸿章命令淮军周盛波、周盛传部（称盛军）在小站驻扎屯田。盛军在此驻扎二十多年，甲午战争中开赴朝鲜。结果，继任统帅卫汝贵临阵脱逃，遭军法处斩，盛军全军溃散。李鸿章的德国军事顾问汉纳根早就向清廷提出过建议，编练新式陆军。光绪十二年（1894年）

年底，清廷接受建议，派长芦盐运使胡燏棻到小站募兵，由汉纳根出任总教习。汉纳根回国后，胡燏棻将招募来的军队编为十营，取名定武军。定武军虽有十营，人数却尚不足五千。袁世凯先派人到豫、鲁、皖、苏各省募兵，招募了两千壮士。他又派人到奉天招募了三百骑兵，购置了大量马匹。部队达到七千人规模，袁世凯奏请朝廷，将其改名为"新建陆军"。

新建陆军表面上沿用淮军的营务处、营、队、哨、棚等名称，编制上却打破了旧军的框架。新建陆军采取德国和日本的建制，有步、炮、马、工程、辎重各兵种，取代清军不分兵种的旧制。新建陆军的武器，全部由国外采购。炮兵装备德国克虏伯厂生产的五十七厘米过山炮和七生特半陆路炮，步兵使用奥国造的曼利夏步枪，骑兵使用曼利夏马枪和战刀，军官一律佩带六响左轮手枪和佩刀。袁世凯还通过中国驻德公使，延聘了十余名德国军官，充当新建陆军的教习。如此不久，这支人数不多的"新建陆军"就名震朝野，凡来观阅之人无不啧啧称奇，皆认为唯有两江总督张之洞编练的自强军可与之媲美。这便是北洋军的前身，也是袁世凯今后的政治资本。

袁世凯在小站十分勤奋。除了挑灯苦读西方兵书，凡是部队出操和野外演习，虽然各有专职的指挥官，袁世凯也必定跟随观看。如此，他对军中大小事务均了如指掌。此外，袁世凯与士卒十分亲近，连低级军官都几乎可以认全。甚至连发放饷银这样的事情，袁世凯也坚持亲自执行，以鼓舞士气，团结军心，树立恩威。最重要的是，他网罗了一大批日后叱咤风云的人物，后人称之为"北洋系"。早年李鸿章创办的北洋武备学堂，是国内规模最大的一所陆军学堂。北洋武备学堂以德国军官担任教习，毕业生皆掌握近代军事技能。不过，彼时淮军将领多行伍起家，十分轻视武备学生。武备学生毕业后派入淮军，基本都是长期担任教习，没有带兵之权。这些人不被重视，迁升缓慢，个个郁郁不得志。袁世凯专用这些武备学生，把他们召至新建陆军，破格提拔为各级军官，给予指挥和训练实权。选用武备学堂出身的毕业生担任军官，本是新建陆军的重要改革之一。没想到，这改革措施却成了袁世凯构建自己班底的手段。由此得以发迹的新建陆军军官，最知名者，自然是"北洋三杰"——王士珍、段祺瑞、冯国璋。除这三人外，日后民国的政要，如徐世昌、靳云鹏、段芝贵、倪嗣冲、龙济光、张勋、阮忠枢、李纯、傅良佐、吴光新、曲同丰、赵倜、陈宦、王占元、陆建章、张怀芝、卢永祥、齐燮元、田文烈、曹锟等数十人都参加过小站练兵。另外，值得一提的是，从小站走出了五个民国大总统（或执政），即袁世凯、冯国璋、徐世昌、曹锟、段祺瑞（执政）。

袁世凯明白，大清国迟早要完。所以，他倾力将新建陆军打造成自己的武装。除怀柔士兵之外，袁世凯格外重视个人权威，力求恩威并御，收服众心。他曾对两江总督张之洞讲过练兵的要诀，即："练兵看似复杂，实则简单，最重要的是一点，即'绝对服从命令'。我们一手拿钱，一手拿刀，服从则有钱赏，不服从则吃一刀。如此而已。"袁世凯以此简单而有效的办法驾驭全军，新军也对他绝对服从，最终达到"不知有朝廷，只知有项城"。辛亥年，北洋军南下征讨革命军时，士兵们不服从满人统帅荫昌的指挥，唯下野的袁世凯是从。而段祺瑞、冯国璋等人，日后虽已是封疆大吏，却始终不敢公开背叛袁世凯。

光绪十六年（1898年）六月，袁世凯升任工部右侍郎，时年三十九岁。这一年，维新变法演变为戊戌政变。政变前，维新派人物曾寄望于袁世凯的新军。谭嗣同亲自来见袁世凯，苦劝他出兵围攻慈禧太后所居的颐

和园。思想前后，袁世凯没有对慈禧太后下手。最终，戊戌变法失败，光绪皇帝遭到软禁。袁世凯的按兵不动，是否决定了戊戌变法的成败，多年来争议不断。从前人们一般认为，袁世凯将消息密告荣禄，乃是戊戌变法失败的主因。但袁世凯的新军不过七千，实在不足以对抗京郊听命于荣禄的九万大军。戊戌政变之后，慈禧太后下令整合京畿的军事力量，命荣禄成立了武卫军。武卫军以聂士成所部武毅军为前军，董福祥所部甘军为后军，宋庆所部毅军为左军，袁世凯所部新建陆军为右军，另外招募万人为中军，归荣禄直辖。从此，小站新军改称武卫右军。不久，慈禧太后亲自召见袁世凯，赏其西苑门内骑马的特权。自此京城的童谣开始唱道："袁项城，顶子红。"

4. "开缺回籍"

光绪十七年（1899 年），袁世凯奉命署理山东巡抚，仍统率武卫右军。慈禧太后命袁世凯率武卫右军进入山东，剿灭声势渐大的义和团。袁世凯明白慈禧太后的心思，对义和团主要是防止事态扩大。所以，他采取的办法乃以查禁和瓦解为主。袁世凯改编驻扎山东的淮军，裁并冗营，重新部署，分别驻军山东省内要冲之地。然后，袁世凯以官军之力取缔义和团。他派员兵分多路率军下乡，到鲁西北各州县扫荡。清军到处逮捕拳民，拆毁拳厂，义和团一时遭到沉重打击。拳民无力列阵迎敌，只能在直鲁边界避实击虚，往来游击。山东各州县的义和团一时衰落下去。正因为如此，袁世凯在山东名声极差。山东各地广泛流传民谣："杀了袁鼋蛋，我们好吃饭。"袁世凯生怕有人要杀他泄恨，干脆下令在巡抚衙门的墙外围上了层层铁丝网。

面对义和团，袁世凯仅用八十多天就在山东实现了划境自保。结果，义和团从山东转移到直隶，在直隶发展迅速。更可怕的是，拳民大量涌入北京。局势发展迅速。慈禧太后决定改剿为抚，借刀枪不入的义和团对抗洋人。光绪十八年（1900年）五月，慈禧太后向列强宣战。庚子之乱成为清末最后的国耻，八国联军长驱直入北京。慈禧太后率文武大臣仓皇逃命，奔向了西安。

庚子之乱中，山东境内没有战事，这得益于袁世凯的自保策略。袁世凯精明透顶，加上人在北京的徐世昌不时向他报告京中消息，袁世凯对时局奥妙一清二楚。袁世凯致电八国联军，表示自己将保护八国的侨民教众，请八国联军不要侵入山东。与此同时，两广总督李鸿章、两江总督刘坤一、湖广总督张之洞等人以慈禧太后身边的主战派大臣"矫诏"为由，拒绝执行对列强宣战的命令，发起近代著名的"东南互保"。东南半壁天高皇帝远，搞"互保"也就罢了。近在咫尺的山东竟然也如此撇清，慈禧太后断不能容忍。眼见八国联军进逼北京，慈禧太后命袁世凯火速带兵北上，支援京城。

袁世凯手中的兵力不少。他将山东各地旧军的三十四营改编出二十个营，命名为"武卫右军先锋队"；再加上手中已达万人规模的武卫右军，袁世凯总共有近二万兵力。他反复思考眼前的局势——大清国打不过八国联军，最后必然是卑躬求和了事；自己倘若现在率军北上，仗打得毫无意义，白白得罪洋人；最后洋人怪罪下来，只能是自毁前程。但是，如果一口拒绝赴援，慈禧太后那里马上落个忤旨之罪，前程当时就毁了。袁世凯何等人物，自然有油滑应对的妙法。首先，袁世凯答应派出一万人马。事

实上这支人马不足四千，都是原驻山东的淮军旧军，精锐的武卫右军按兵不动。然后，袁世凯积极响应"东南互保"，与李鸿章、张之洞两大地方实力派共患难。最后，袁世凯又通过在京的徐世昌，自荣禄处加以运动，使慈禧太后取消了原先的命令。经过多方使力，袁世凯安安稳稳地拥兵济南，坐观成败。

袁世凯派兵保护山东省内的教民和外国人，对逃至山东的外国人执礼甚恭。等到清朝与列强谈判签订《辛丑条约》时，袁世凯又大力抚恤教民，赔偿各国损失。整场庚子之乱，山东全省居然没有一个洋人遇害。日后问鼎民国总统，这便是袁世凯获取列强支持的筹码。等到慈禧太后返回头来剿杀义和团，袁世凯更是大力出手。他颁布"严拿拳匪暂行章程"，再度派员兵分多路率军下乡，捕杀义和拳民，查抄义和拳民的家产，变价作为对洋人和教民的赔款。所以，八国联军从京津分兵攻掠直隶各州县，前锋接近德州，并没有进入山东省境。

袁世凯自知，自己在山东划境自保，慈禧太后定是不满。慈禧太后几十年来积攒的金银财宝，这次都丢在北京，心痛万分。袁世凯马上抓住时机，对"西狩"的圣驾大献殷勤，前后送去近四十万两银子。袁世凯还以个人名义通电各省，要求迅速汇解京饷，供奉皇太后。患难之中，慈禧太后深感欣慰难忘，对袁世凯大为嘉许。这样，复杂多变的庚子之乱中，袁世凯驾轻就熟、游刃有余，身处激流之中，却能应付裕如。朝廷内外，对他一片赞叹之声。

袁世凯参与李鸿章等人的"东南互保"，与李鸿章又共了一场患难。从朝鲜的开边之将到山东的守土之臣，李鸿章看得分明，大清国唯有袁世凯可以支撑危局。庚子之变后，心力交瘁的李鸿章复任北洋大臣兼直隶总督，不到一年即病逝。临终前，李鸿章特意留下遗疏，推荐袁世凯接任北洋大臣兼直隶总督。据说遗疏有云："人之将死，其言也善。环顾宇内人才，无出袁世凯之右者。看朝廷的驾驭能力了。"

袁世凯时年不过四十三岁。直隶总督为群督之首，北洋大臣为实权之冠，能掌控北方局势者，非袁世凯莫属。光绪十九年（1901年）秋，袁世凯北上接任直隶总督兼北洋大臣。慈禧太后赏袁世凯黄马褂，给他紫禁城骑马的特权，加太子少保衔。故此，后人称袁世凯为"袁宫保"。袁世凯继续大力练兵，在山东、河南、安徽等地招募壮丁，整合武卫右军及先锋队，再加上自强军的人马，编为六镇。此即大名鼎鼎的"北洋六镇"，是袁世凯问鼎最高权力的最大资本。通过六镇新军的编练，袁世凯的兵力骤增至八九万人。各镇统制均为袁世凯的亲信，他对军队的控制不言而喻。此时，袁世凯身兼参与政务大臣、会办练兵大臣、办理京旗练兵大臣、督办电政大臣、督办山海关内部铁路大臣、督办津镇铁路大臣、督办京汉铁路大臣、会议商约大臣等职务，权倾朝野。位虽督抚，袁世凯已然是大清国实际上的宰相。

世间之事，盛极必衰，这道理同样应验在袁世凯身上。慈禧太后与清廷中的八旗亲贵早已忌惮袁世凯的权力做大，拥兵自重。清末新政中，清廷推行官制改革，明显是冲着袁世凯来的。经过官制改革，袁世凯的各项兼差变得有名无实。比如督办政务处改为会议政务处，规定各部尚书为会议政务处大臣，与各国的国务大臣相似；袁世凯身为地方官，没有资格参加会议，参与政务大臣的兼差无形中被取消。练兵处并入陆军部，会办练兵大臣和办理京旗练兵大臣随之名存实亡。新设的邮传部负责管理全国邮电路政，督办电政大臣、督办山海关内部铁路大臣、督办津镇铁路大臣、

督办京汉铁路大臣实际上都不复存在。还有会议商约大臣，由于与各国的商约已经议定，该兼差也毫无意义。再下一步，陆军部接管全国陆军，首当其冲自然是北洋六镇，袁世凯失去了手里的兵权。不过，北方陆军各镇协的统制和协统都是袁世凯的旧部下，当年出自小站的王士珍任陆军部右侍郎。袁世凯依然对军队保持着千丝万缕的控制。

慈禧太后薨逝，袁世凯命悬人手，达到人生危机的最顶点。垂危之际，慈禧太后安排三岁的溥仪继承皇位，年号宣统。其父载沣为摄政王，掌握军政大权。载沣是光绪皇帝的弟弟，当时年仅二十七岁。摄政王载沣痛恨袁世凯在戊戌年出卖光绪，对于袁世凯势力的膨胀更是愤嫉已久。为把军政大权迅速集中在自己手里，他必须除掉袁世凯。慈禧太后一死，载沣立即动手收拾袁世凯。

摄政王载沣向袁世凯开刀，得到了朝中一大批官员的支持。大家纷纷言道，为免袁世凯尾大不掉，不如防患于未然。实力派的奕劻、张之洞等重臣却支持袁世凯，理由很简单——袁世凯易除，但北洋军怎么办？双方最后达成妥协——袁世凯免于一死，奉旨"开缺回籍养病"。袁世凯先自称"患足疾"，向朝廷请辞。朝廷再宣布袁世凯"开缺回籍养病"，将戏演得圆满，一切顺理成章。

袁世凯离别京城之日，前来送行的仅好友三四人，场面相当凄凉。从宣统元年（1909年）初回籍到宣统三年（1911年）秋复出，两年十个月的时间，袁世凯基本都隐居在河南彰德的洹上村。他不时将自己扁舟垂钓的照片刊诸报端，以安政敌之心。这近三年的时间，正是袁世凯的蛰伏期。当时的洹上村俨然一个政治中心，袁世凯在自己的宅子里设有电报房，与各地心腹常通消息，时刻预备东山再起。电报机夜以继日哒哒作响，全国报纸积案盈架。更有那些忠心耿耿的亲朋故旧,如徐世昌、段祺瑞、冯国璋、杨士琦等人都常前来拜访。与此同时,大清国却连立宪这最后一根救命稻草都不能把握。

旷古未有的机会终于被袁世凯等到了。1911 年,辛亥年,农历八月二十日,公历 10 月 10 日,武昌起义爆发,这一日正是袁世凯的生辰。洹上村佳朋满座,胜友如云,正值觥筹交错,酒酣耳热。乍听到这个消息,人们马上议论纷纷。大家皆认为,湖北官兵不日必能破贼。人人都作此想,唯独袁世凯微笑不语。

武汉是人尽皆知的九省通衢之地,这里发生革命,清廷吓得心惊胆战。10 月 12 日,清廷命令陆军大臣荫昌统率第一军火速南下,镇压武昌起义。清廷又命令萨镇冰率领海军舰队溯长江而上,由水路进攻。荫昌统率的第一军,即从前袁世凯编练的北洋军第一镇,目前由第四镇、第三混成协、第十一混成协组成。第一军行至湖北孝感前线时,突然裹足不前,全军士兵鼓噪不已。荫昌是袁世凯的老朋友,曾任北洋武备学堂总办,与北洋派有密切联系。但是,他没有带兵打过仗,又是满人,军心不服。北洋官兵对他不信任,不愿听他指挥,心中只想着袁世凯。北洋官兵声称——非袁世凯出山不可。同时,英国公使朱尔典、美国公使嘉乐恒等人也会见摄政王载沣,均表示愿意看到清廷起用袁世凯。无奈之下,摄政王载沣只得宣布任命袁世凯为湖广总督。袁世凯早已胸有成竹。他声称"足疾未愈",坚辞不出。果然,清廷不容错失这最后的稻草,只好任命袁世凯为内阁总理大臣,总揽军政大权。

袁世凯马上接受委任状。他复出后不赴北京谢恩,直接赶往湖北前线督战。他一到前线,"袁家军"立即声威大振。冯国璋代荫昌指挥第一军,

一天之内就夺回汉口。不过一个月时间，冯国璋指挥第一军攻克了革命军坚守的汉阳，隔江炮轰武昌。然而，袁世凯突然撤下主战的冯国璋，换上主和的段祺瑞，开始贯彻起自己的养敌自重之计。

5. 民国大总统

袁世凯的战略思想是——在南北之间维持均势，养敌自重；对湖北和上海起事的革命军，要保持军事压力，打而不迫；若上海的革命军加紧进攻南京，就要在湖北方面施加军事压力，反之亦然。他要让清廷看到革命军的锋头，如此才可要挟清廷；又不能任由革命军发展，不能让革命军威胁到自己的利益。

有一股力量严重威胁着这一均势，那便是北方军中的革命党。10月29日，革命党人在山西太原举事。同一天，驻扎滦州的新军第二十镇统制张绍曾和第二混成协协统蓝天蔚等联名发出通电，提出的要求包括选举责任内阁，皇族不得入阁，召开国会，实行宪政。同时，驻扎石家庄的第六镇统制吴禄贞也正秘密策划联合山西和滦州驻军举事，直扑京师。一旦成功，清廷垮台过快，必定打乱袁世凯原先的计划。袁世凯必须阻止他们。

袁世凯心中闪过一番算计——吴禄贞的第六镇是嫡系的北洋军，许多将领不会服吴禄贞的调度。果然，袁世凯联络到第十二协协统周符麟。此人早年由袁世凯提拔，曾遭吴禄贞革职。如此，袁世凯乃令周符麟刺杀吴禄贞。周符麟前往石家庄，以两万元收买了吴禄贞的卫队长马蕙田。马蕙田是周符麟的同乡，早年就追随吴禄贞，极受宠信。11月7日，马蕙田在石家庄车站亲手将吴禄贞刺死，将首级割去报功请赏。第六镇又完全置于袁世凯的控制之下。吴禄贞一死，蓝天蔚、张绍曾出走，北方革命党人土崩瓦解，进攻北京的计划遂告流产。袁世凯以内阁总理大臣的身份，从容进入北京，进而鼎定天下。

袁世凯在北京稳住阵脚，回过头来全力实施养敌自重的策略。12 月7 日，袁世凯奏派唐绍仪为全权代表，南下与革命军代表伍廷芳议和。双方就国体问题争论不休。袁世凯表示要效忠清廷，维护君主政体，和谈陷入僵局。这时，由张謇牵线搭桥，唐绍仪和同盟会领袖黄兴等人举行多次密谈。最后，双方约定，只要袁世凯逼清帝退位，即推举他为民国大总统。密谈成交以后，张謇立即密电袁世凯："甲日满退，乙日拥公，东南诸方，一切通过。"南北双方默契就此达成。

就在此时，孙中山从海外突然回国，反对议和的呼声顿时高涨起来。1912 年元旦，孙中山到南京就任临时大总统，中华民国临时政府成立。1 月3 日，各省代表又选出黎元洪为副总统。月底，临时参议院也宣告成立。不过，孙中山在就任临时大总统之前，为顾全黄兴等人与袁世凯达成的默契，电告袁世凯："文虽暂时承乏，而虚位以待之心，终可大白于将来。望早定大计，以慰四万万人之渴望。"表示清帝退位后，大总统位置一定让与他。张謇、汪精卫、杨士琦、唐绍仪等人唯恐袁世凯错失良机，纷纷劝说袁世凯痛下决心，当机立断。于是，袁世凯下定了最后的决心，开始逼清帝退位。

当时摄政王载沣已被完全架空，隆裕太后垂帘听政。袁世凯从隆裕太后着手，先是痛陈军饷匮缺，骗得隆裕太后将内帑存银如数奉献；之后又派亲信赵秉钧、胡惟德等人出面逼宫，以丰厚的俸禄为诱饵，将隆裕太后逼得泪如雨下。接着，各地督抚在袁世凯的运作下，或先承意旨，或揣

摩迎合，纷纷请求共和，奏电如雪片一般飞到北京。

皇族少壮派的代表人物良弼、傅玮、铁良却针锋相对，成立了宗社党，以维护清室为己任。这些人是袁世凯逼宫的最大障碍，革命党人却再一次给袁世凯帮了大忙。1月26日，宗社党领袖良弼被革命党人彭家珍炸死。宗社党群龙无首，满朝亲贵心惊胆战。他们知道大势已去，纷纷逃出北京，投向天津租界。段祺瑞领衔四十七位高级将领联名通电，拥护共和，逼清帝退位。隆裕太后与清朝皇室的紧张神经终于崩溃，接受了"优待条件"——皇室留住紫禁城，民国政府每年为其拨款四百万两作为岁俸。统治中国二百六十八年的清朝至此结束了，中国两千多年的帝制同样至此终结。

袁世凯通电南京，电文有云：

> 共和为最良国体，世界公认。今由帝政一跃而跻及之，实诸公累年之心血，亦民国无穷之幸福。大清皇帝既明诏辞位，业经世凯署名，则宣布之日，为帝政之终局，即民国之始基。从此努力进行，务令达到圆满地位，永不使君主政体再行于中国。现在统一组织，至重且繁，世凯极愿南行，畅聆大教，共谋进行之法；只因北方秩序不易维持，军旅如林须加部署，而东北人心未尽一致，稍有动摇，牵涉全国，诸君皆洞鉴时局，必能谅此苦衷。至共和建设重要问题，诸公研究有素，成竹在胸，应如何协商统一组织之法，尚希迅即见教。

1912年2月14日，袁世凯当选为中华民国临时大总统。孙中山提出两项条件：第一，临时政府设于南京，袁世凯必须南下就职；第二，临时大总统必须完全遵守《临时约法》。袁世凯当选总统后，宋教仁对《临时约法》做出一些修改，将政体规定为责任内阁制，为的就是限制袁世凯的权力。

袁世凯当然不会任人摆布。对这两个条件，他自然有自己的应对之法。对第一项条件，袁世凯动了自己惯用的枪杆子。宋教仁亲率使团来京，迎接袁世凯南下就职。就在南方专使抵京的当天晚上，袁世凯密令曹锟煽动部下士兵，以讨饷为名发动兵变。兵变之夜，宋教仁等南方使节都受惊不小。袁世凯赶紧指出，北京局势太乱，自己必须在北京任职稳定局面。无奈之下，革命党人只得接受了。

至于第二项条件，袁世凯则从长计议。袁世凯深知革命党因人立法以防他独裁的用意。从策略上考虑，他对约法没有公开提出异议，而决心控制内阁，以增加自己的权力。袁世凯推荐自己的心腹唐绍仪为总理，孙中山则主张由同盟会员担任这个重要职务，双方一度相持不下。最后，经赵凤昌等人调解，采取了一个所谓"双方兼顾"的办法：唐绍仪出任内阁总理，同时加入同盟会。唐绍仪组阁，但各部总长多开明派人物，其中还有同盟会会员四人。这样的内阁当时被人称为"同盟会中心内阁"，自然不是袁世凯想要的。

袁世凯视内阁为幕府班子，视总理为幕僚长，专横独断，不肯甘居虚位。不久，在向六国银行团借款的问题上，唐绍仪和袁世凯发生了严重分歧。唐绍仪为冲破银行团的藩篱，转向比利时华比银行借款一百万镑，结果引起列强抗议。袁世凯立刻改派财政总长熊希龄和银行团交涉，推翻此前唐绍仪所做的全部工作。正在这时又发生王芝祥事件。本来王芝祥任直隶总督是唐绍仪组阁时与同盟会达成的口头协议，并且得到袁世凯的同意。但现在，袁世凯把未经唐绍仪签名副署的委任状交王芝祥，派赴他到

南京办理遣散军队，转而任命冯国璋为直隶总督。唐绍仪一怒之下，于 6 月 15 日辞职。两个月后，继任总理陆徵祥也在袁世凯的压力下辞职。袁世凯的亲信赵秉钧接任代总理。内阁控制住了，但最大的障碍依然是《临时约法》，还有制定《临时约法》的宋教仁。

宋教仁则忙于改组政党，将同盟会、统一共和党等党派合并为国民党。国民党以孙中山为理事长，宋教仁任实际负责党务的代理理事长。为了在国会竞选中获胜，宋教仁多方游说，登台演说。经过他的努力，1913 年初，国民党在国会选举中大获全胜。宋教仁眼见即将出任内阁总理，建立政党内阁。袁世凯给宋教仁发电报，邀他进京商议具体事务。1913 年 3 月 20 日晚 10 点，宋教仁准备于上海火车站乘车北上，突然遇刺。两天之后，宋教仁伤重不治，年仅三十二岁。

宋教仁遇刺，全国上下都认定袁世凯是刺杀宋教仁的幕后主使。孙中山力主起兵讨袁，发动"二次革命"。袁世凯却抢先挥师南下。由于实力悬殊，不出两个月，"二次革命"即告失败。国民党的领袖纷纷被迫流亡海外，原由国民党人担任的南方数省督军都由袁世凯的部下接任。接下来，按照《大总统选举法》，袁世凯在国会选举中得票超过半数，当选为中华民国正式大总统。

6. "洪宪帝制"

正式大总统就职典礼安排在 1913 年 10 月 10 日，与国家纪念活动同时进行。这天上午，袁世凯先在前清皇帝登极的太和殿坐北朝南宣誓就职，随后由一大群文官武将簇拥着，乘坐肩舆至天安门阅兵。受检阅的部队包括拱卫军、禁卫军及京卫队等北洋精锐。一切做派，几乎与皇帝无异。下一步，袁世凯自然要对《临时约法》下手。国会宪法起草委员会在天坛制定了新的宪法草案，所以人称"天坛宪法草案"。天坛宪法草案共十章一百十三条，全由国会各党派妥协而成。它与《临时约法》比较，明显扩大了总统的权限，对袁世凯表示让步之处甚多。但袁世凯仍是不满意。11月4日，袁世凯发布命令，解散国民党，四百多名国民党籍议员被逐出国会。这些议员占国会议员总数的一半以上，国会从此陷入开会法定人数不足的境地，实际上已经瘫痪。1914年1月10日，袁世凯干脆将国会解散。

以后人的研究来看，袁世凯的"皇帝梦"并非是要做古代的皇帝。他赞同君主立宪，保留宪法的前提是要保证君主的绝对权力。国会已经解散，下一个目标便是要操作称帝之事。他招揽熊希龄组织"名流内阁"，召开"约法会议"，制定出《中华民国约法》，从而产生了可以让袁世凯终身担任大总统的《修正大总统选举法》。袁世凯得到的另一个强力臂助，便是被他誉为"旷代逸才"的杨度。杨度素来主张君主立宪，如今帝制箭在弦上，正是杨度大显身手之时。他写出《君宪救国论》，深得袁世凯的器重。1915年8月，杨度与孙毓筠、刘师培、李燮和、胡瑛和严复一起组织筹安会，这即是"筹安六君子"。筹安会公开呼吁恢复帝制，舆论一时大变。各省纷纷组织请愿团，进京递交请愿书，要求变更国体。袁世凯的另一位得力干将梁士诒则组织全国请愿联合会，不断劝谏。袁世凯还有两位洋幕僚。一位是美国著名政治哲学家古德诺博士，另一位是日本著名法学家有贺长雄博士，两人都是中国政府的法律顾问。两人从自己的研究出发，同样大力鼓吹中国应重新实行君主制。舆论之下，全国干脆召开了投票决定国体的国民代表大会，全票通过君主立宪国体。最后，1915年年底，推

戴书送到了袁世凯面前。

眼见全国山呼万岁，袁世凯志得意满，于 1915 年 12 月 12 日接受帝位。第二天，袁世凯赴中南海居仁堂接受百官朝贺，宣布改国号为"中华帝国"，改元"洪宪"。整整一个月，袁世凯大封爵位。比如黎元洪获封武义亲王（黎元洪本人表示不接受）；徐世昌、赵尔巽、李经羲、张謇获封"嵩山四友"，均许不称臣。张勋、冯国璋、姜桂题、段芝贵、倪嗣冲等人获封一等公，汤芗铭、李纯、朱瑞、陆荣廷、唐继尧、阎锡山、王占元等人获封一等侯，张锡銮、张鸣岐、田文烈、靳云鹏、杨增新、陆建章、曹锟等人获封一等伯，朱庆澜、张广建、李厚基、刘显世、陈光远、马继曾、张敬尧等人获封一等子，倪毓、张作霖、萧良臣等人获封二等子，许世英、张怀芝、何宗芝、陈炳焜、卢永祥、江朝宗、徐邦杰等人获封一等男。从封爵之中，可以清晰看出北洋人物的资历辈分。

洪宪帝制施行后不足半月，1915 年 12 月 25 日，云南都督唐继尧和蔡锷等乃通电全国，反对帝制，宣布云南独立。云南护国军与北洋军在四川连战数月，北洋军难以取得优势。广西都督陆荣廷随之通电反袁，宣布广西独立，大败袁世凯派出的征滇军。护国运动推向全国，各地风向骤转，纷纷独立。日暮穷途的袁世凯难以相信，数月前好像全国还在拥戴帝制，现在却如同重新回到了武昌起义后的格局。万般无奈之下，袁世凯宣布取消帝制。此时是 1916 年 3 月 23 日，距改元"洪宪"仅八十三天。

袁世凯称帝不成，又想回头做他的大总统。结果不仅西南护国军方面和独立各省不同意，就是北洋系的骨干冯国璋等人也坚决反对。当时袁世凯已忧惧成疾，身患多年的尿毒症病情加重，闻此更是一病不起。6 月 6 日，袁世凯终告不治逝世，终年五十七岁。

聪明一世糊涂一时的袁世凯，再也没有机会展示其过人的政治才干。皇帝梦，做不得，在此之前被称为"海内奇男子"的袁世凯，由是成了"窃国大盗""独夫民贼"和"乱世奸雄"，这些头衔让他一直戴到今天。可见，人生走错一步，满盘皆输，此言不虚。

而杨度为袁世凯所拟的挽联，更将袁世凯的成败之鉴一言点透：

共和误民国？民国误共和？面世而后，再平是狱；

君宪负明公？明公负君宪？九泉之下，三复斯言。

北咤北洋

第二章
"教头总统" 冯国璋

1. 投奔小站

冯国璋，字华甫，咸丰八年十二月初四（1859 年 1 月 7 日）出生在直隶河间县诗经村。相传该村是汉儒毛苌传讲《诗经》之处，村中读书风气颇盛。据说，冯国璋的先祖是明朝开国功臣冯胜。冯家永乐年间从安徽迁到直隶河间，四百多年来一直是该地望族。可惜，到冯国璋父亲一代，已然沦落为农人。冯国璋之父因科举落榜，精神失常。冯家又因遭天灾，家道中落。家中虽有薄田，但晚清兵荒马乱，根本不足以供温饱。冯国璋在兄弟四人中排行最小，幼时读过私塾，少年时曾赴保定莲花书院半工半读，终因贫困而辍学。

光绪十年（1884 年），冯国璋在族叔的引荐下，到大沽口投军，加入直隶提督聂士成所部的淮军。他最初做的是炊事兵，因为人机灵且颇通文墨，所以经常帮士兵写写家信，帮伙房记记账。一来二去人缘不错，冯国璋便做了一个管带的勤务兵，更取得了该营统领刘祺的信赖。次年，清廷在天津设立武备学堂，在淮军各营挑选生员。冯国璋在统领刘祺的保荐下，成为武备学堂第一期学生。光绪十四年（1888 年），冯国璋抽空回到原籍应试科举。当时特设数学附生额，冯国璋擅长算术，居然考中秀才。后来顺天府乡试落第，冯国璋只好回到武备学堂继续学业。他学习刻苦，各科成绩优秀，深得学堂总办荫昌和德国教官的赏识。

光绪十六年（1890 年），冯国璋以优异成绩毕业，被荫昌挽留为武备学堂教习。不过，冯国璋已届而立之年，他不安于现状，想大立军功，出人头地。光绪十九年（1893 年），冯国璋再度投奔聂士成，得充幕僚。光绪十九年到二十年（1893 年至 1894 年），冯国璋随聂士成率武备学堂学生考察东三省边境地区，充任注说。他同时协助聂士成编撰《东游纪程》。该书记录了此次考察的逐日行程和沿途见闻，有关当地历史沿革、风土人情、物产贸易均有记载，尤详于兵要地理、地形地貌、驻军驻防、驿站道路等边疆地区情况。这本书的编成，让冯国璋得到了聂士成的赏识。次年，冯国璋又随聂士成转战朝鲜。甲午战争后，冯国璋被聂士成推荐为驻日使臣裕庚的武官随员，远赴东瀛。在日本期间，冯国璋用心接近日本军界人士，考察日本军事，博览了大量近代军事著作，收集到不少有关军事教练的资料。他不舍昼夜，一连写成了几本有关军事训练和近代军事科学发展的兵书。冯国璋回国将此书献给聂士成，却没有得到聂士成的重视。聂士成又将兵书转呈袁世凯，碰巧当时荫昌推荐冯国璋去小站帮助袁世凯练兵。袁世凯正急需军事教学人才，读过冯国璋的兵书，大喜过望，连忙招冯国璋入小站辅佐自己编练新军。所谓"良禽择木而栖"，从此冯国璋弃聂士成，投袁世凯。

冯国璋一进小站，就担任督操营务处帮办兼步兵学堂监督，不久又升任督操营务处总办。他不仅负责日常训练和典礼阅兵的指挥，而且主持新军的兵法操典制订，为新军的建立和成熟立下了汗马功劳。庚子之变前，冯国璋随北洋新军前往山东。他改编山东旧军，组成武卫右军先锋队二十营。又因在山东剿灭义和团有功，经袁世凯奏表，冯国璋以候补知州升为候补知府。光绪二十七年（1901年），袁世凯任直隶总督兼北洋大臣，在保定设军政司，以冯国璋为教练处督办，负责创办各类军事学堂。冯国璋呕心沥血，一手创办了将弁学堂、武师范学堂、测绘学堂等专门学校。两年后，清廷在北京设练兵处，又调冯国璋为军学司司长，仍兼任保定原职。此时冯国璋督理北洋各武备学堂，兼北洋陆军速成学堂和陆军师范学堂督

办。由此可见，冯国璋在北洋军中的业务偏重于军事理论，这与他当初撰献兵书有关。冯国璋也的确胜任教练处和军学司的职位，为北洋系培养了一批富有向心力的将官，并输送到各省军中，对北洋集团的形成居功甚伟。

从一件小事可见冯国璋的责任心之强：光绪二十九年（1903年），保定陆军速成学堂一个皇族学员游宿娼寮，吸食鸦片。冯国璋得知后即刻亲自出马，将其带回学堂加以申饬。该学员倚仗皇族势力，竟然置若罔闻，还口出不逊。冯国璋大怒，将军帽力掷于地，吼道："我宁可不做此官，也要严明纪律！"他亲挥军棍奋力责打，以致军棍折成两段，之后更将此人开除学籍。全校为之肃然。

当时，清廷处在风雨飘摇之中，皇族岌岌自危，都希望自己的子弟能成大器担大任。冯国璋责罚皇族学员的行为并未遭到皇族的忌恨，反而得到重用。光绪三十二年（1906年），清廷干脆用冯国璋做了正黄旗蒙古副都统兼陆军贵胄学堂总办。该学堂专收王公世爵、四品以上宗室及现任二品以上满汉文武大员的子弟，以汉人执掌这一学堂，可见对冯国璋的信任程度。次年，冯国璋被提升为陆军部军咨处正使。

又过一年，多事之秋来到。光绪皇帝和慈禧太后相继死去，宣统皇帝继位，摄政王载沣对北洋军虎视眈眈。他不仅放逐袁世凯，还极力拉拢冯国璋。宣统元年（1909年），袁世凯称病回籍休养，冯国璋仍任军咨使一职。冯国璋深感忐忑，谎称坠马受伤，提出请假，载沣不准。恰好冯国璋的夫人吴氏去世，他便以此请假，亦不得准。无奈之下，冯国璋只好缄口结舌，人云亦云，假装不问天下之事，以求避祸。

冯国璋深知北洋军心所向，尽在袁世凯一人。以载沣这样的满洲亲贵，决计收顺不了北洋军。因此，冯国璋不仅坚决抵制载沣的利诱，还与袁世凯保持密切的联系。冯国璋是聪明人，他这样做一方面是感念袁世凯的知遇之恩，另一方面则是清楚自己羽翼尚不丰满，只可依傍雄主，不能独当一面。所以，要出头，必须跟定袁世凯。

1911 年，辛亥年。这年 8 月，清廷决定在直隶永平府（今秦皇岛市卢龙县）举行秋操，冯国璋被任命为东路总统官。10 月 10 日，武昌起义爆发，举事的新军迅即占领武汉三镇。清廷急忙派陆军大臣荫昌率第一军赴湖北镇压。清廷同时又任命冯国璋为第二军军统，随后增援南下。不想，荫昌的军队刚出发就遇到了问题——由于北洋军大多为汉人，又被先期潜伏的革命党传授了不少民族主义思想，不仅对出兵攻打革命军抱着消极态度，就是对挂帅的满人荫昌也深感不满，彼此都默契地放慢脚步，拖延行程，以待时变。运兵的火车到达河南信阳和湖北孝感之间后，便裹足不前。可怜荫昌堂堂一个武备学堂的老校长，竟丝毫不能驾驭手下官兵。第一军如此，冯国璋的第二军更甚。冯国璋在率军南下路上，唯袁世凯的密令是听，根本不理会荫昌的指挥。当冯国璋率军途经彰德时，只身去洹上村向袁世凯请示机宜。袁世凯授意冯国璋六字秘诀——"慢慢走，等等看"。一时之间，对清廷而言，北洋军几乎成了比武昌起义新军更大的威胁。

摄政王载沣嚼出此味，竟被吓得面无人色，只好将眼中钉袁世凯请出山来总揽军政大权。袁世凯毫不客气，甫一上台就以冯国璋顶替荫昌为第一军军统，总揽前敌大权。这是冯国璋成为实力派的开始。

袁世凯复出后做的第一件事情，便是让革命军尝尝北洋军的实力。于是，冯国璋命令部将李纯、王占元和陈光远，指挥三协北洋军轮番猛攻。起义新军面对北洋军的猛烈攻势，化整为零，躲在汉口街道两边的建筑物内阻击北洋军的进攻。冯国璋见起义新军拼死抵抗，难于长驱直入，决定

放火烧毁街道两旁的商店和民房，使起义军无法存身。1911 年 11 月 1 日，冯国璋借风势命令士兵放火，烈火由北而南，由东而西，一时间整个汉口成了火海，三天三夜未熄，方圆三十里的繁华商埠顷时成为一片焦土，商民损失不可计算。攻陷汉口后，冯国璋又在一个月之内指挥北洋军攻占汉阳。清廷对冯国璋大加褒奖，攻克汉阳后，即封他为二等男爵。冯国璋在第一军司令部接到圣旨电报，情绪万分激动，对周围人等道："想不到我一介贫士，如今竟能封爵。今后必当拼死报效朝廷！"等到他说完了，竟然感动得痛哭流涕。

冯国璋认为，长江一鼓可渡，武昌唾手可得。攻克汉阳后，冯国璋托人向隆裕太后启奏，请求拨给饷银四百万两，便可独力平定"叛乱"。隆裕太后表示，四百万两饷银一时难以筹划，可以先拨发三个月的饷银，并准备召见冯国璋。

当时，前线抓到一个从武昌渡江而来的革命党奸细朱芾煌，手执戳有"直隶总督袁"的龙票（即护照）。冯国璋请示袁世凯，袁世凯回电说可以正法，但是不妨先向自己的长子袁克定了解一下情况。冯国璋只得又咨询袁克定，不料袁大公子回电大怒道："他（指奸细）就是我，你们谁敢加害他，我就去汉口与之拼命。"冯国璋到现在才意识到，袁世凯跟武昌方面暗通声气，意在养敌自重。冯国璋对幕僚道："放那个姓朱的走吧，管他们这种臭事干什么！"不久，冯国璋便被调任察哈尔都统，由主和的段祺瑞接管第一军。

在春风得意时被釜底抽薪，冯国璋抑郁难耐，回京后，既不去见袁世凯，也不赴察哈尔就任。他的参谋人员仍旧跟随左右，日日在北京煤渣胡同冯宅里聚会。几日后，袁克定突然到府上造访，他拿着当年袁世凯收冯国璋为门生的兰谱，一边称冯国璋为"四叔"，一边磕头请安，解释道："我父亲今后要以四叔为兄弟。"顿时，冯国璋深知其中的寓意——今后袁世凯不再将自己当作门生看待，而是当兄弟看。冯国璋立刻拉起袁克定，口中道："老弟，快起来！快起来！你这是寒碜我，我一半天就过去看宫保（指袁世凯）。"冯国璋终感释怀，即刻便去拜见了袁世凯。他旋即又被任命为禁卫军总统官，仍兼察哈尔都统。

2.订约禁卫军

禁卫军组建于光绪三十四年（1908年），共一师二旅，计一万两千万人。冯国璋接手时，禁卫军有步队四标，还有炮标、马标、工程营、辎重营等编制。除步兵第四标多为招募自直隶、山东、河南三省的汉族青壮年外，其余各部官兵全来自满蒙八旗。冯国璋能以汉人身份统帅禁卫军，原因在于他从前曾任陆军贵胄学堂总办，最近又因汉阳之役被封为二等男爵。满蒙王公贵族都认定，冯国璋效忠清室，可以信赖。冯国璋被任命禁卫军总统，袁世凯从而完全掌握了京畿防务大权。冯国璋的为人，常能负气直言，小事上常能雷厉风行，在北洋军中有"冯蛮子"的绰号。不过，冯国璋并不长于决断，在大事上过于谨慎。袁世凯目光如炬，知道冯国璋最终不会背叛自己，正适合掌管禁卫军。

冯国璋到禁卫军后，与满蒙王公打成一片，颇有拨乱反正、致君尧舜的愿望。当时，那些王公大臣的思想已与戊戌变法时大异，多数人认为君主立宪是挽救清廷的最佳途径。如贵胄阿勒精阿等人就组织了一个"君主立宪会"，推冯国璋为会长，蒙古郡王贡桑诺尔布为副会长。任会长之

后，冯国璋曾与满蒙亲贵就国家政体之去向，当面请示袁世凯。袁世凯回答："尚需与南方革命军力争。"1911 年 12 月之后，袁世凯对君宪与共和的态度，已经倾向于共和。由此，袁世凯对冯国璋的质问，只能三缄其口，仅以外交辞令作答。

不久，冯国璋在禁卫军司令处读到段祺瑞率北洋将领共四十七人联名请清帝逊位的电文。这是段祺瑞第一次共和通电，发自汉口。该电文称："恳请涣汗大号，明降谕旨，宣示中外，立定共和政体。"同时，驻荷兰钦差陆徵祥领衔的外交团也发来同样内容的电报。冯国璋读完电文，勃然大怒。他对自己的秘书长恽宝慧说，段祺瑞现在正在保定，这个电报是真是假，尚无法确定，一定要通电质问。恽宝慧等人清楚所谓段祺瑞通电是袁世凯授意，只能力劝冯国璋。经秘书们力劝，冯国璋的电文终究犹豫未发。

三日后，段祺瑞派第一军总参赞官靳云鹏前来说项。冯国璋拍着桌子发了一通脾气，也就只好作罢。不久隆裕太后召集了御前会议，决定逊位。冯国璋闻讯叹息道："既然皇族都甘愿退让，我们还有什么好争的呢！"袁世凯召集特别会议正式宣布退位事项后，冯国璋劈头问道："逊位给谁？"袁世凯回答道："逊给国民。"冯国璋无话可说。

私下里，冯国璋颇为痛切地对秘书长恽宝慧说："皇族甘愿退位，我们今儿还给谁打？这样看来，大清国的江山就算完啦！"事实上，这也是冯国璋性格的真实写照——情感上忠于清廷，却不愿意为之殉道，这就是"识时务者为俊杰"。

接下来，禁卫军的收顺成了最棘手的问题。清帝宣布逊位后，禁卫军官兵十分愤怒，有的便包围了冯宅，要求他表态忠于朝廷。当此紧要关头，稍有不慎，冯国璋都可能身败名裂，并酿成京师的大祸。

冯国璋在镇司令部楼前的广场上召集全体禁卫军官兵，按平日检阅时步、马、炮、工、辎的次序分列站好。他手持南北协议达成的《优待清室条件》登上高台，向全体官兵训话。冯国璋先朗声道："我今日来，是和大家宣布一件要紧之事。大家都知道，总理大臣主张君主立宪，我向来也如此主张。为了这个问题，总理大臣与各位民军代表已商量了许多日子。如今，太后已下懿旨，将国体问题交由国民会议公决。然而现在，这一问题的决定，终究要取决于相关方面的实力。如今宣布独立的省份日多，我军已不敷分布；洋人也不愿贷款给我们，我们的军饷也就没有着落。当此情形，就算我们禁卫军和第一镇的将士愿意打，可是保卫京师的责任又交给谁呢？因此，总理大臣已与民军代表商定了优待条件：皇上、太后的尊号，满族、蒙古族的待遇，还有我们禁卫军的一切，将一如既往，毫无改动。"说完后，便拿出《优待清室条件》宣读起来。

只读到第一款"大清皇帝逊位"时，台下满蒙旗兵就出现骚动，哭泣者有之，愤愤不平者有之，按剑拔刀者亦有之。开始只是交头接耳，渐渐就大肆鼓噪起来。唯一能不为所动置身事外的，是由汉人组成的步队第四标。

冯国璋见状，心中一急，高呼：刚才所说之事，无论官长士兵，有话都可以说。你们推选几个代表，代表上前五步，由他们申述意见！士兵们一番争辩，推举了几个代表上台。代表们询问的问题，来来去去不过两条——两宫安全能否确保？禁卫军日后如何？冯国璋回答他们：我以性命担保两宫的安全，两宫仍可居住在宫禁之内，仍由禁卫军担任守卫。至于禁卫军，我冯国璋将与你们共同进退，永远不跟你们脱离关系。不过冯国璋的话说服力有限。代表们归队后，队中的骚动并未缓解，反而愈演愈烈。

冯国璋有急才，苦肉计随着热血上涌冒了出来。只见冯国璋挥手高叫道：大家不要吵闹，再听我一言！旁边的协统颇有眼色，随即高呼口令："立正！"军士们全部下意识静默下来，冯国璋慷慨激昂道：请大家推选出两个人来，我冯国璋现在就发给这两个兄弟每人一支手枪，这两人从今日起就跟随我左右。今后，不论我在家还是在外，只要发现我冯国璋跟革命党有勾结，这两位兄弟二话不用说，直接开枪打死我！不过，话先讲明白，祸不及家人，不许报复我的家人！军士们见冯国璋说得诚挚，一时为之语塞，也就认可了这个办法。他们真的选了两个人出来，佩戴冯国璋发给的手枪，每天寸步不离跟定冯国璋。

果然，冯国璋信守诺言，对此二人不仅毫无恚恨之意，而且还按月给他们发放高薪，直到此事淡化为止。当然，如此收顺禁卫军也着实惊心动魄。禁卫军平息下来之后，冯国璋匆匆返回办公楼。一进办公楼，就倒在沙发上，把军帽一摘，用一只手捂住胸口，从嘴里长长地出了一口气，发出"嗳"的一声。整个上午，冯国璋坐在沙发上，一言不发。这支禁卫军在1915年被改编为陆军第十六师，直到冯国璋任总统期间，仍然跟随冯国璋左右。直到后来冯国璋卸任总统，第十六师才被陆军部调开。冯国璋一直将这一信约奉为圭臬，将禁卫军官兵视为亲人。不想，多年之后，冯国璋最终还是体味了一把世态炎凉。

袁世凯就任大总统，立即任命冯国璋为直隶都督，驻节天津。在直隶总督任上，冯国璋用人有自己的一套标准和定见，比如军事上所用之人必须出身陆军军官学堂，籍贯必须直鲁两省。任用文职人员，冯国璋则无此讲究。某日，忽有三十六名直隶籍职员联名向冯国璋递了一份"手折"，攻击汪士元等四名南方籍职员。冯国璋阅后大怒，立即将秘书召来，让他将"手折"张贴在总督府大堂的墙上，再捎话给上折的人，问他们是否自愿具名。结果，那三十六人没有一个敢在张贴出来的"手折"上签名。被诋毁的四人，却在冯国璋的支持下仍任原职。

1916年，国民党人发动"二次革命"，冯国璋又奉命率第二军南下讨伐。他7月23日率军出发，8月16日已打到浦口。隔江相抗的国民党将领陈之骥正是冯国璋的女婿，马上过江投诚。南京方面闻讯大乱，冯国璋于8月25日渡江猛扑下关，与张勋一起于9月2日攻陷南京。这一段战事史称"赣宁之役"，成为冯国璋人生中又一段佳话。

袁世凯任命冯国璋为江淮宣抚使，张勋为江苏都督。袁世凯固然别有深意，但一山二虎，大违冯国璋之愿。张勋的辫子军在南京掳掠奸淫，民愤四起，百姓多有来向冯宣抚使喊冤求助的。冯国璋又不能得罪张勋，只好虚与委蛇，用"拖"字诀。实在拖不了，就批示给张勋自己去办理，让贼去捉贼。南方局势稳定后，冯国璋被调回直隶担任都督。随后，张勋在南京的劣行引发国际干涉，袁世凯只好将张勋调为长江巡阅使，让冯国璋接任张勋的江苏都督之职。袁世凯又授冯国璋宣武上将军，总揽江苏军务。江苏物产丰富，远离帝都，比靠近京师的直隶都督要顺心很多。从此，虎视东南坐镇南京的冯国璋好似猛虎归山、飞鸟投林，成为势力雄厚的一路诸侯。

3. 误信袁世凯

冯国璋已独霸一方，仍然对袁世凯忠心耿耿。他深感袁世凯的知遇之恩，对袁世凯一路支持。冯国璋通电支持袁世凯解散国会，支持取缔《临

时约法》，支持实行总统制。冯国璋对袁世凯的忠心，只有在事关国体的大节上才会有例外。当初清帝逊位，冯国璋一度消极以对。现在袁世凯自己要做皇帝，他更是完全反对。冯国璋原本绝不相信袁世凯会称帝。有关袁世凯要称帝的消息纷至沓来，冯国璋总会替袁世凯解释："袁大公子也许会这样想，项城本人绝不至于这么笨。"不过，消息风起云涌，渐至三人成虎，曾参杀人。冯国璋终于坐不住了。他以汇报公务为名，坐火车进京亲询袁世凯。

冯国璋面见袁世凯，留下一段几乎天下皆知的对话。这段对话成为袁世凯运作称帝的一大证据，也成为冯国璋捍卫共和的一大证据。袁、冯两人见面后，冯国璋先试探道："大总统，共和政体搞了这么几年，也没有搞出什么名堂，国人对此都很失望。如果能恢复帝制，未必不是国家之福。我最近在外面听说您要变更国体，不知这是不是真的？如果是真的，我们在地方上应该如何布置，能否预为密示？"袁世凯一听，作无奈叹息状反问道："华甫，你我是多年的兄弟。像这样的谣言，别人相信，怎么你也信呢？确实，辛亥革命成功得过于容易，共和政体来得太快。如今三年多过去了，党人还在到处捣乱，使全国不得安宁。因此，就人心趋向而言，共和政体未必适宜我国。如今，有人组织了筹安会，准备研究一下国体问题，我也很想听听他们的意见，不知华甫你是怎么看这个问题的？"冯国璋进一步问道："假如国体要变，总统认为谁最适合来主持局面呢？"袁世凯答道："不如还政于清。"冯国璋道："恐怕人心已去。"袁世凯又道："那就给明朝的后人吧！"冯国璋道："朱煜勋？他不是那块料。"袁世凯接着又道："那就让孔子的后人来主持吧。"冯国璋实在忍不住了，干脆直说道："依我看，如果改为君主立宪，那就还得大总统来做皇帝，这样才最妥当。"

袁世凯一听，故作惊愕地站起来，满脸诚挚答道："华甫，你我都是自家人，我的心事不妨向你说明。历史上开创之主，年皆不过五十，我已是将近六十岁的人了，鬓发尽白，精力也不如昔。大凡想做皇帝的人，必须有个好儿子，克绳基业。我长子克定脚有毛病，是个无用的跛子。次子克文只想做个名士。三、四子都是纨绔，更没出息。我如果做了皇帝，哪一个是我的继承人呢？将来只能招祸，不会有好处的。"

冯国璋进一步道："总统说的是肺腑之言。可是，总统功德巍巍，群情望治，到了天与人归的时候，恐怕推也是推不掉的。"袁世凯生气道："我绝不干那等傻事。我有一个儿子在英国读书，他已在伦敦买好了房子。如果国人逼我做皇帝，我就去英国当寓公！"

袁世凯说得极尽感伤，冯国璋居然深受感动，也深信不疑。回去后逢人就说，大总统绝不会做皇帝，他可以保证。次日，京沪各大报纸都刊登了袁、冯的此次对话。

冯国璋没有想到，袁世凯最终还是要称帝了。当时，专管文书的官员向冯国璋请示："北京来的公文日期改为洪宪元年，我们如何回文？"冯国璋听了勃然大怒，连呼："我上当了！"冯国璋信誓旦旦对天下人许诺"大总统决不会做皇帝"，结果大总统骗了他，害得他也骗了天下人。从此，冯国璋常对身边人道："我牺牲自己的政治主张，扶保他（袁世凯）当大总统。到头来，他还是帝制自为！"

袁世凯封冯国璋为一等公，命他主持江苏省的帝制筹备工作。冯国璋身为行政长官，却始终抵制袁世凯称帝。他有时不辞装病扮傻，几乎成为公开的反对。可以说，冯国璋乃是北洋系中反对袁世凯称帝的第一人。

袁世凯对此十分不满，下令调冯国璋进京任参谋总长。这实际上是明升暗降，调虎离山。冯国璋自然不上当，暗地操纵巡按使齐耀琳给袁世凯发电报，说江苏地方重要，军政不宜遽换生手，不如让冯国璋以宣武上将军遥领参谋总长。冯国璋还策动江苏军民电请"挽留"自己，颇搞出些声势。袁世凯正忙得焦头烂额，此事只得就此打住。

蔡锷在云南起兵护国，袁世凯下令江苏派出部队加强长江上游防御。冯国璋借口江苏局势不稳，拒绝出兵。冯国璋察觉到，各省对洪宪帝制态度日益消极。他干脆主动给北洋系的各省督军发去密电，建议大家联名通电，逼袁世凯取消帝制、惩办祸首。冯国璋的密电马上便得到了江西将军李纯、浙江将军朱瑞、山东将军靳云鹏、湖南将军汤芗铭四位督军的复电赞同。冯国璋感觉五个人的力量还不够，进一步又以五人名义向各省督军发出密电。密电中称，取消帝制是大势所趋，非个人行动，以此征求各省将军的同意。不料，直隶将军朱家宝对袁世凯最是忠心，立即将这封密电转呈袁世凯。袁世凯看到密电，惊惧至极，当场昏了过去。直到这时他才发现，自己已经众叛亲离了。

对此，冯国璋有自己的一套理由："我是他（指袁世凯）一手提拔起来而又比较亲信的人。我们之间，不可讳言，有知遇之恩。论私交，我应该拥护他，论为国家打算，又万不能这样做。做了也未必对他有好处，一旦国人群起而攻之，受祸更烈。所以，我考虑的结果，决计发电劝其退位。"

不久，袁世凯宣布撤销帝制。袁世凯仍想继续做总统，他央告冯国璋出面，联络各省将军，仍推自己为总统。冯国璋认为南方绝不会同意，通电反而会弄巧成拙。他拗不过袁世凯的恳求，只得领衔通电，提出和平解决八条。第一条即是承认袁世凯仍为大总统，南方果然当即拒绝。冯国璋随后致电徐世昌等人：

"南军希望甚奢，仅仅取消帝制，实不足以服其心。就国璋愚见，政府方面，须于取消而外，从速为根本的解决。从前帝制发生，国璋已信其必酿乱阶，始终反对，惟间于谗邪之口，言不见用，且恐独抒己见，疑为煽动。望政府回想往事，立即再进一步，以救现局。"

此电话说得含混，意思显然就是让袁世凯退位。过了十几天，冯国璋索性又发一电，话讲得更透：

"默察国民心理，怨诽尤多，语以和平，殊难餍望。实缘威信既骤，人心已涣，纵挟万钧之力，难为驷马之追，保存地位，良非易易，若察时度理，已无术挽回，毋宁敝屣尊荣，亟筹自全之策，庶几令闻可复，危险无虞。"

又过几天，冯国璋再接再厉致电徐世昌等人，词句中已暗含威胁意味：

"大总统本一代英杰，于举国大势谅已洞烛靡遗。顷者段将军离奉入京，未见明令，倪将军调防湘省，湘又拒绝。至财政之困窘，军心之懈怠，上交之困难，物议之沸腾，事实昭然，无可讳饰。察时度理，毋宁敝屣尊荣，亟筹自全之策。苟长此迁延，各省动摇，寖至交通断绝，国璋纵不忘旧谊，独以拥护中央相号召，亦恐应者无人，则大总统

孤立寡援，来日殊不堪设想。诸公谊属故人，近参机要，请以国璋电文上陈省览。"

到了1916年5月，袁世凯仍无冯国璋电文建议中"敝屣尊荣"的打算。冯国璋极为不满，联合了张勋和安徽督军倪嗣冲，召集北洋系的地方实力派在南京开会，商量劝袁世凯退位。大多数与会者表示赞成，唯有倪嗣冲以为不可。倪嗣冲跟其他各省督军谈不拢，竟然闹到拍桌子骂娘。冯国璋的本意是让袁世凯看看地方实力派的意见，不料被倪嗣冲搅了局。冯国璋弄巧成拙，被舆论斥责为："与其名为解决袁氏地位之会议，毋宁名为解决自己地位之会议。"

袁世凯虽尚有朱家宝、倪嗣冲这样的死党，可惜其命不永。6月6日，袁世凯终于羞愤而死。他这一死，关于退位与否的争论自然消失，冯国璋与他的情仇恩怨也忽然间化为尘土。冯国璋接到袁世凯逝世的电报时，想起他对自己的知遇之恩，不禁悲从中来，放声恸哭，声泪俱下道："大总统如此英明的人物，不料竟会有如此下场！"

4. 继任大总统

袁世凯死后，副总统黎元洪接任大总统之位。过了四个月，冯国璋成功当选副总统，随即在南京宣布就职。冯国璋就任副总统，下令在南京设立办事机构，向中外记者阐释自己的治国方略。按照冯国璋的治国理念，中国的建设要循序渐进，反对国民党的激进思想。一时之间，冯国璋成为政坛上的闻人。有他坐镇南京，当地的治安和经济大为好转。1917年初，江苏商民各界发动集资，要为冯国璋竖立一座"丰碑"。江苏军界联合会听说此事，也加入募捐。计划不断扩大，不再是集资竖"丰碑"，而是要建一座"冯公生祠"。连名字都取好了，大家取"华甫"之"华"，准备命名为"华园"，还要在园内铸造一座冯国璋铜像。冯国璋听说这件事，赶紧致函辞谢。又听说募捐已经完成，冯国璋便动用"华园"和铸像的捐资，建成了南京的贫民工厂和劝工场。此事传为美谈，冯国璋一时增光不少。不仅如此，冯国璋还旗帜鲜明，反对帝制余孽。段祺瑞出任国务总理后，将阁员名单送到南京，请冯国璋核准。冯国璋一看名单上有当初鼓吹帝制的曹汝霖，马上道："这张名单我能同意吗？连帝制余孽也要当阁员了，太不像话了，芝泉（段祺瑞字）真是胡闹呀，我准备把它退回去！"种种做法不一而足，让冯国璋名声远播，政治资本愈发雄厚。

不久，黎元洪和段祺瑞之间爆发府院之争。段祺瑞的权势凌驾于总统之上，黎元洪只好向冯国璋求助。冯国璋赴京调解，毫无结果。争斗连番之下，忍无可忍的黎元洪免去了段祺瑞的国务总理职务。各地督军组成的"督军团"群起反对，黎元洪无法可施，只好再次求助冯国璋。徐世昌和王士珍为平息内耗，也写信劝冯国璋出马。冯国璋则回答道——他反对段祺瑞的跋扈，却也不便斥责他。冯国璋可以做的，不过是管束与自己同气连枝的湖北督军王占元、江西督军李纯等人不参与督军团的反黎活动。同时冯国璋又公开道："总统这次免芝泉的职，似乎冒昧了点。"冯国璋的态度表面上是各打五十大板，实际上是置身事外。

冯国璋的消极造成了恶劣的后果，那便是黎元洪慌不择路，居然向张勋伸出求援之手，以至于引狼入室，上演了一出复辟的丑剧。而这一切，都在冯国璋的观望之中。一直到张勋率"辫子军"入京时，向冯国璋发来

公函，幕僚问冯国璋如何应对，冯国璋还只是道："不要管他，人各有志，让他去搞吧，免得在咱们身旁吹毛求疵！"

张勋复辟后，被封为内阁议政大臣兼直隶总督、北洋大臣，留京办事，实际上把持了中央军政大权。冯国璋则受封南洋大臣兼两江总督，级别与张勋相同，实际上逊色多矣。冯国璋观望至此，要的是更高的政治地位，所以他坚决反对复辟。于是，冯国璋在南京发出讨逆通电，电云：

"国家以人民为主体，经一度之改革，人民即受一度之苦痛。国璋在前清时代，本非主张革命之人。迨辛亥事起，大势所趋，造成民国，孝定景皇后禅让于前，优待条例保障于后，共和国体，民已安定。《约法》：谋叛民国者，虽大总统不能免于裁判。清皇室亦有倡议复辟置诸重典之宣言。诚以民生不可复扰，国基不可再摇。处共和国体之下而言帝制，无论何人，即为革命。国璋今日之不赞成复辟，亦犹前之不主张革命，所以保民国亦所以安清室，皇天后土，共鉴此心。乃安徽督军张勋，奉命入京调停时局，忽以大兵围护清宫，逼勒清帝擅行复辟，自称政务总长议大臣。又捏造大总统与陆巡阅使暨国璋劝进之伪奏，进退百僚，行同儿戏。夫禅让之诏，优待之条，著在史书，传为佳话。今乃一切破坏之，玩国人于股掌，遗清室以至危，是谓不义。自民国成立，延及三年，方得各国之承认，变更国体，是何等事。今以各国承认之民国，变而成为非国际团体之帝国。以一手掩尽天下耳目，中外疑怪，骇人听闻，是谓不智。近年国家多故，天灾流行，金融滞塞，商民痛苦，正赖安居乐业，迄可小麻。乃无故称兵，闾阎惶惑，分裂之端已兆，生民之祸无穷，是谓不仁。

保全元首，拥护共和，各省均有宣言，即该督军亦电称不得别图拥戴。乃狐埋狐搰，反复无常，欺诈同胞，蔑视国法，是谓不信。若任横行，不加声讨，彼恃京师为营窟，挟幼帝以居奇，手握主权，口含天宪，名器由其假借，度支供其虚靡，化文明为野蛮，委法律于草莽。此而可忍，何以国为。是用誓扫妖氛，恭行天罚，克日兴师问罪，殄此元凶。诸公忧国之忧，过于国璋，尚望慨赋同仇，各摅义愤。敢叶肝鬲，伫盼玉音。"

随即冯国璋又与段祺瑞联名通电，宣布张勋的八项大罪。在这两个最大实力派的带动下，南北各省宣布反对复辟的通电纷至沓来，即便原先的帝制派如杨度、孙毓筠、梁士诒等人也纷纷表示反对态度。最重要的是——冯国璋此时以副总统身份代行大总统职权。

7月3日，段祺瑞在马厂誓师。7日开始军事行动，五天后便宣告胜利结束。张勋的"辫子军"不堪一击，真辫子假辫子被丢弃得满城都是。"辫子军"于7月12日挂五色旗投降，冯国璋于14日电请奉还大总统给黎元洪。黎元洪知道尽管自己命令段祺瑞复职，但段祺瑞决计不会尽释前嫌、善罢甘休。所以，黎元洪不愿就职，还通电全国决意去职。

黎元洪出走后，段祺瑞派人来南京见冯国璋。冯国璋道："芝泉虽某些事情办得不对，但迫清帝退位维护共和，马厂誓师推倒复辟，反对帝制出兵参战，有他一定的功绩，不应对他攻击过火。好比一根好的木头，如果一下打断，不能再做支柱，未免可惜。可以让他慢慢下台，以后他能回转头来，还能做国家栋梁。"话里意思明贬暗褒，段祺瑞自然听得出话外之意。段祺瑞对返京回禀的人道："既然这样，你再去一趟南京，就说我

替四哥（指冯国璋）当一辈子国务总理好了。不过我希望他不要与民争利，请他尽快到北京代理大总统吧。"

来人走后，段祺瑞还不放心，干脆给冯国璋发电报，电文只有四个字——"四哥快来"。冯国璋一看之下，心中的棠棣之华登时怒放，连连对身边人道："你们看，你们看！芝泉这个粗人，芝泉这个粗人！"随即命驾北上，就任中华民国第四任大总统。

冯国璋做出最后决定之前，也曾有过犹豫。是否要离开自己的根基之地南京，北上就职，的确难以取舍。这时，辛亥年来劝过他一次的靳云鹏又来游说道："北方的局势如一个大香炉，香炉三条腿，大总统您是一条，其他两条是总理和东海（指徐世昌）。有这样三条腿，您还怕香炉站不稳吗？我保证，这次四哥到了北京，能做一辈子的总统。"冯国璋听后心里踏实许多，就此下定决心，北上就职。不过，冯国璋还是留了条后路——出发前，他以总统身份调最亲信的江西督军李纯任江苏督军，陈光远任江西督军，替自己守住江南大本营。

冯国璋进京后，先将王士珍、段祺瑞请进府来，畅叙友谊。冯国璋极为亲切道："咱们老兄弟三个连枝一体，不分总统、总理、总长，只求合力办事，从今而后再也不会有什么府院之争了。"这仅是表面文章，冯国璋绝不是第二个黎元洪。他有军队，有地盘，有势力，有野心，是能量不低于段祺瑞的实权人物。冯国璋绝不会像黎元洪那样，只是当一个傀儡摆设。

首先第一步，是要解决财政问题。民国政府的收入不稳定，也难免要影响到总统的个人利益。冯国璋做地方大员时，对财政上的事情一向敏感。他知道大总统其实是名义好听，一旦经济匮乏，没钱可花，到时的滋味就不好受了。冯国璋在入京代理大总统前特别向段祺瑞提了一个条件，那就是将崇文门监督一职要到自己名下。因为崇文门监督是个肥缺，每个月二十万元商业税旱涝保收，可供总统府的开支。

一个月区区二十万的收入固然可以解决总统府的开支，对于很多国务大事来说却无济于事。冯国璋也难免像黎元洪一样，有时要自掏腰包。段祺瑞仍居幕后，王士珍暂代国务总理。冯国璋想让王士珍派个人到广西督军陆荣廷那里去调停一下南北冲突。王士珍请示川资如何开销，冯国璋却又不肯出这笔钱，让国务院自己去解决。王士珍听后，私下里大发脾气，愤愤道："这件事还不为的是他，我又不贪图什么！我一天到晚狗颠屁股垂似的，为的是谁？这一点钱，他还不往外拿！"最后，这笔款项还是由国务院开销。王士珍对冯国璋的吝啬意见很大，没干多久便挂冠而去，国务总理又成了段祺瑞。

5. "新府院之争"

冯国璋与段祺瑞畅叙友谊，信誓旦旦今后再不会有府院之争。可惜，新的府院之争没过几天就爆发了。较之前一次，这次新府院之争有过之而无不及。世人议论，黎元洪与段祺瑞的府院之争，在政体层面，是当年内阁制与总统制之争的余脉；至于冯国璋与段祺瑞的府院之争，却在政见层面。两人之间有复杂的利益纠葛，实在是难以调和。

段祺瑞逐走张勋推翻复辟，自命为"再造共和"的功臣。他复任国务总理后，军政大权一人独揽，拒不恢复《临时约法》，反对重新召开国会。孙中山号召恢复《临时约法》，联络西南各省督军，于 1917 年 9 月在广州

建立护法军政府，与北京政府对峙。段祺瑞随即提出"武力统一"，将南方护法军政府视作敌手，准备以武力铲除。冯国璋则不肯支持段祺瑞，自己另有想法。

9月18日，部分湖南地方实力派通电宣布湖南"自主"。10月6日，护法战争首先在湖南打响。正当段祺瑞派出援湘军，全力推行"武力统一"，对南方用兵讨伐之际，冯国璋提出"和平统一"，与段祺瑞针锋相对。"和平统一"政策的中心即不肯动用武力，保持西南各省现状，准备以谈判解决问题。具体目标在于，先通过谈判争取西南实力派对北京政府的承认，维护中国的统一，然后再渐次解决问题。冯国璋利用自己直系首领的地位，策动前线的部分援湘军将领联名通电主和。紧接着，冯国璋又策动"长江三督"（李纯、王占元、陈光远）联名通电，停止湖南战事。这一下釜底抽薪，让段祺瑞的援湘之战完全破产，"武力统一"遭遇重大挫折。冯国璋随即发布"弭战布告"，南北两军正式停战。"和平统一"占尽上风，段祺瑞被迫下野。

段祺瑞虽下野，他的皖系势力却完好无损。段祺瑞联络先是直系内部主战的直隶督军曹锟，破坏"和平统一"，策动直系主战派继续出兵南方。同时，段祺瑞通过徐树铮，联络奉系张作霖入关，对冯国璋形成军事威胁。1918年1月，护法战争重新爆发。一切都在段祺瑞的计划之中，现在轮到"和平统一"破产，冯国璋顿时陷于孤立。

冯国璋清楚，自己在北京已经无法施展。1月底，他对外称出京巡视，索性乘火车南下，准备回南京再图大计。冯国璋的专车先到了天津，他在天津与曹锟密谈了一夜。曹锟私下向冯国璋表示："无论是和是战，我们这些人都坚决服从大总统的命令。"第二天，冯国璋继续乘专车南下。得到了消息的段祺瑞深知这意味着什么。火车南下江苏必定路过安徽，段祺瑞急电安徽督军倪嗣冲——务必阻止冯国璋前往南京。

倪嗣冲亲自到蚌埠车站迎接冯国璋，将冯国璋让到自己的督军府中，软磨硬泡，软硬兼施，让冯国璋不胜其烦。两人由辩论到争吵，吵到动情之处，提及昔年在天津武备学堂当学生的往事，都不禁流泪。倪嗣冲坚决不放冯国璋去南京："若回北京，可以放行；若去南京，扣你在此！"实在不得已，冯国璋被迫折回北京。回京之后，皖系和直系主战派的咄咄逼人，冯国璋别无选择，只能签署了对南方诸省的"讨伐令"。一接到"讨伐令"，曹锟、张怀芝、张敬尧等人马上率军进入湖南。不过，冯国璋还是发布了一份"罪己布告"，解释了自己的动机——"上年湖南事起，阁议主张用兵，国璋冀以武装促进和平，而未尝以力征誓于有众。长沙陷落，大损国威，正宜申明纪律，激励戎行。国璋不审傅良佐等之躁率而任用之，是无知人之明也；叛军幸胜，反议弭兵，国璋轻许之，是无料事之智也。国璋即当返我初服，以谢国人。"

冯国璋效法古代君王，用"罪己诏"的形式缓和了与段祺瑞的关系。要平息皖系的怨气，冯国璋只能尽力向段祺瑞让步。1918年3月，冯国璋重新任命段祺瑞为国务总理。段祺瑞再度紧锣密鼓推行起"武力统一"。

冯国璋终究是老狐狸，绝不甘心"和平统一"的失败。眼见曹锟率军南下，冯国璋给他发去密电，嘱咐他四个字："适可而止。"他提醒曹锟，你终究是直系的人，不要真被皖系当枪使。曹锟自然心领神会，回复密电："决不令主座为难。尽请放怀。"

果然，曹锟的部下吴佩孚一路高歌奏凯，攻克长沙。段祺瑞越过曹锟，

直接发电催促吴佩孚，要他继续南下。吴佩孚回电，自己的部队粮饷弹药不足，无法南下，实际上是按兵不动。段祺瑞当然明白曹锟和吴佩孚的意思。他一狠心，打算升任曹锟为两湖巡阅使兼湖北督军，将曹锟彻底笼络到皖系名下。冯国璋对局势看得分明，又发给曹锟一封密电，提醒道："久戎于外，直隶根本之地，未免空虚，倘有疏虞，便无退步。"曹锟对冯国璋言听计从，率军占领衡阳后便坚决不再继续南下。他坚辞不受两湖巡阅使之职，干脆从前方回了天津。吴佩孚索性在前方与护法军协议停战。前面是段祺瑞毁了冯国璋的"和平统一"，现在轮到冯国璋背后一连串手段，让段祺瑞的"武力统一"也破了产。

段祺瑞横下了心，一定要将曹锟和吴佩孚争取到自己手里。他任命曹锟为川粤湘赣四省经略使，授吴佩孚为"孚威将军"。最后，段祺瑞使出"撒手锏"——暗地里将副总统之位许给曹锟，然后自己亲自前往湖北劳军。冯国璋则派出亲信陆建章前往天津游说曹锟，要他一定不要再上"武力统一"的当，让局面保持在"和平统一"的立场之上。谁知，段祺瑞的第一亲信徐树铮早已在天津设下死局，静候陆建章自投罗网。陆建章一到天津，当即遭徐树铮诱杀。段祺瑞深知，要推行"武力统一"，必须扳倒冯国璋；要扳倒冯国璋，则必须让冯国璋失去大总统宝座。于是，段祺瑞指使亲信王揖唐领衔的"安福俱乐部"，多方拉拢议员，控制国会选举，准备一举将冯国璋赶下台去。此时冯国璋接替黎元洪的大总统任期将满，"安福系"按照事前的选举部署,公开推举徐世昌为新的大总统候选人。冯国璋在与段祺瑞斗了整整八个月之后，终于等到了1918年9月4日的总统选举会。与会议员436人，徐世昌得425票，余者段祺瑞5票，张謇、王士珍、王揖唐各1票，冯国璋一票也无。冯国璋为期两年的总统生涯宣告结束。冯国璋无奈，只得离京回故里河间隐居。

6. 黯然下野

冯国璋在离职宣言中声称今后"绝无出山之意"，且有"人非木石，宁不痛心"的谢罪之语，居然也博得了舆论的同情。同时，段祺瑞也自动辞去国务总理，直皖两系的利害冲突表面上缓和下来。新总统徐世昌特准冯国璋仍节制北洋军第十五、十六两师。第十六师即原来的禁卫军改编而来，这样就顾全了他当初的誓言。

陆军第十六师自被冯国璋收顺到民国后，就铁了心跟着他走。该师一直保持一项传统——轮换派出一营队伍，充当冯国璋的卫队。到冯国璋做了总统，这个师相当于恢复了"禁卫军"的身份。等冯国璋卸任后退居北京帽儿胡同，以及回河间原籍时，仍从该师抽调一连负责防务。冯国璋回河间不久，徐世昌即派总统府军事处处长师景云赴河间，迎请冯国璋再度进京，以疏通冯国璋和段祺瑞感情。冯国璋鉴于陆建章遇害的教训，迟迟不敢启程。直到靳云鹏组阁，京城里稍稍有了点安全保障，冯国璋才于1919 年 10 月经天津抵达北京。一回北京，第十六师师长王廷桢却把这一连人调走，改派一支杂牌军来代替。冯国璋为此十分生气，一是气王廷桢作为自己多年的老部下，居然能做出这等负义之事；二是气自己当初对禁卫军的承诺被打破，难以维持这段佳话。其实冯国璋也知道，王廷桢是奉陆军部命令行事，自己已今非昔比，不仅不再是总统，而且连个普通的军阀都不如，还如何能东山再起？

冯国璋为此郁闷满胸，于隆冬季节在家中洗澡。冷热交换之间，他

突然患上急性肺炎，渐渐不能说话，终至不能呼吸。不过几天工夫，1919
年 12 月 8 日，冯国璋含恨而去，终年六十岁。临殁时，冯国璋嘱幕僚笔
录遗言——"和平统一，身未及见，死有遗憾"，令家人郑重交给大总统
徐世昌。

清末民初，正是民族工商业发展迅速的时候。冯国璋和同时期的其
他大人物一样，也利用多年积累的余财多方投资。

其实，冯国璋经营商业自有他自己的道理。冯国璋在南京的时候，
军队里的后勤供给，比如军粮、服装等，大多由他自己经营的商业来供应。

冯国璋死后，只留下了极少数的财产。

段祺瑞没有参与冯国璋的家务事，但也来吊唁。段祺瑞仍旧像往常
一样，面无表情地径直走到冯国璋的遗体前，将盖帘揭起，看了看老友的
遗容，便回身走了。后来，段祺瑞派人送来的亲拟挽联，正道出了两人之
间，乃至北洋派系中直系与皖系的复杂纠葛：

> 兵学砥砺最相知，忆当拔剑狂歌，每兴誓澄清揽辔；
> 国事纠纷犹未已，方冀同舟共济，何遽伤分道扬镳。

第三章
"北洋之虎" 段祺瑞

1. 追随袁世凯

段祺瑞，字芝泉，同治四年（1865 年）生于安徽六安县（今六安市）太平集以北三里的祖居。六安离合肥不远，所以段祺瑞一直以合肥人自居。段家祖籍原本在江西饶州，明末才迁至湖北英山，清初又迁到安徽寿州。一直到段祺瑞曾祖这一代，才搬到安徽六安。

段祺瑞的祖父段佩，与同乡刘铭传交好。两人早年一起闯荡江湖，一起贩私盐，办团练，与太平军作战。后来团练被淮军收编，段佩也因战功升任记名总兵。段佩年轻时好打抱不平，六安曾有刘姓土豪横行乡里，段佩仗义诛杀，结下仇怨。同治八年（1869 年）初，为了躲避刘姓土豪的报复，段佩举家搬迁到寿州炎刘庙。同治九年（1870 年），段佩回乡探亲，决定再举家迁至合肥城西桥大陶岗。于是，段佩在大陶岗给子弟买田耕种，一家人从此过上小康生活。

段祺瑞的父亲段从文是厚道人，除了种田，别无其他营生。时任铭军直属马队三营统领的祖父段佩干脆将段祺瑞留在身边，将他带往江苏宿迁的兵营。段佩在军中为段祺瑞延请塾师，平时常带在左右，随时教导。爷爷把孙子当宝贝，外人却鲜有看好段祺瑞。当时的段祺瑞其貌不扬，还老是拖着两排鼻涕，人见人厌。段佩有个下人还骂过少年段祺瑞，张嘴便是："就你这个屌样！"可是几十年后，这下人仍是段祺瑞的下人。跟人说起此事，下人只好怨自己当年瞎了眼睛。

光绪五年（1879 年），祖父段佩病逝军中。十四岁的段祺瑞失去了靠山，只能哭护灵柩归葬合肥大陶岗，从此家道中落。他到附近村子续读了一年私塾，终因家贫而辍学。段祺瑞不甘心一辈子务农，只身回到宿迁的军营，盼着能借祖父的名头谋个差使。可惜，世态炎凉，人情如纸，少年段祺瑞只能在军中充当杂役。无奈之下，他只好又回了安徽老家。

光绪八年（1882年），段祺瑞决心去威海，投奔在军中做管带的族叔段从德。多方拼凑，想尽办法，段祺瑞也只能带着一块银圆上路。凭借这一块银圆，段祺瑞居然艰难步行两千余里，跋涉到了威海。段从德将自家侄子留在营中做司书，段祺瑞的军旅生涯由此而始。多年之后，段祺瑞常常回忆起这段"一元钱起家"的往事，每每大加感慨。

段祺瑞在威海待了一年之后，父亲段从文从合肥来到威海探望儿子。谁知归途之上，不测发生——到了合肥地界，行至离家只有二三十里的西七里塘时，一个路上认识的同行者见段从文带了许多盘缠，顿起盗心，竟然趁夜将段从文杀害，席卷其盘缠而去。段从文遇害时年仅三十八岁，噩耗传到威海，段祺瑞悲痛欲绝。他请假奔丧，未获批准，只得致函合肥知县，请求缉凶。案子破了，凶手被缉拿归案后正法，但段祺瑞的母亲范氏哀恸过度，不久亦谢世。父母双亲俱丧，人生至惨之事就这样发生在段祺瑞身上。段祺瑞这次获准回家奔丧，开始正式挑起养家糊口的重任。这一年，段祺瑞才十八岁。

光绪十一年（1885年），直隶总督李鸿章在天津创办武备学堂，准备从淮军下层官兵中选拔学生。段祺瑞抓住机会，考上了第一期预备生，进入炮兵科就读。两年后，段祺瑞以"最优等"成绩毕业，分派前往旅顺口监修炮台。第二年，朝廷选派军事人才赴德国留学。经过层层的严格考核，段祺瑞以第一名的优异成绩入选，以官费远赴德国，到柏林的军校留学。

这些留学生在德国被视为另类。尤其是那条辫子，丑陋不堪，让留学生们成为德国人日常的笑料。段祺瑞受不了德国人的白眼和讥笑，心一

横，拿定主意要剪辫子。同学赶紧劝他："你以官费留学，不禀告朝廷便剪去辫子，一旦朝廷知悉，断绝你的学费，你求学不成还是小事，只怕连家都回不去了。"段祺瑞这才明白自己做事欠考虑，但又不愿就此放弃，于是私自致电朝廷军机处，请求剪辫。结果可想而知，军机处发来电报，对段祺瑞一顿痛斥，总算没有进一步追究。

段祺瑞与另外四位同学在柏林军校留学一年半，开始进入实习阶段。段祺瑞被派到德国克虏伯火炮工厂，实习半年。克虏伯火炮工厂是当时世界第一流的兵工厂，段祺瑞在这里实习，军事知识和见识阅历大增。等到段祺瑞学成回国，满以为会大展才华，不料却被搁置为闲职。他起初被派到北洋军械局任职，后来又被调回威海，任随营教习，长达五年。当时清朝尚未大量编练新式军队，将领多行伍出身，根本没有外国军事留学生的用武之地。对于段祺瑞这样的人才，朝廷花大气力选拔培养，学成之后却无处可用。不过，段祺瑞的报国之心倒是拳拳可见。甲午战争中，日军进攻威海卫，段祺瑞亲率学生军守卫炮台，拼死作战。直到光绪二十一年（1895 年），袁世凯奉旨在天津小站编练新军，发现机会的段祺瑞投奔到他麾下，这才有了出头之机。

由于早年在武备学堂和留学德国都是学习炮兵，段祺瑞在小站就担任了炮营统带，兼任随营学堂总监。一开始，段祺瑞手下只有炮兵不足两千，火炮不足百门，然而这却是中国近代军事史上第一支正规的炮兵部队。袁世凯对段祺瑞尤为看重。光绪二十六年（1900 年），段祺瑞的妻子不幸病逝，袁世凯便将自己的义女张佩蘅许配给他续弦。段祺瑞与袁世凯关系之紧密，几乎亲如一家。

庚子之乱中，段祺瑞随袁世凯南下山东。因参与剿灭义和团和景延宾起义有功，袁世凯表荐段祺瑞为知府加三品衔，兼武卫右军各学堂总办。等袁世凯当上练兵处会办大臣，段祺瑞随之被任命为军令司正使加副都统衔，全面主持编练新军。光绪三十一年（1905年）五月，北洋军第四镇成立，段祺瑞调任统制官，九月转任第六镇统制。当年十月，北洋军在河间府举行第一次秋操，段祺瑞任"北军"总统官。第二年，他复任第三镇统制，兼督理北洋武备各学堂。清廷在保定创办陆军行营军官学堂（即著名的保定军校），段祺瑞兼任学堂督办，从此北洋军官多是他的门生故吏。又在十月，清廷在河南彰德举行南北两军第二次秋操，段祺瑞再次担任"北军"总统官。两次秋操都大获成功，段祺瑞随之声誉渐隆。

2. "一造共和"

光绪三十三年（1907年），清廷开始对袁世凯动手，削夺袁世凯的兵权，将他手中的兵权收归陆军部。身为袁世凯的心腹，段祺瑞也被转授了一个镶黄旗汉军副都统的闲职。段祺瑞领着这个闲职，将精力投入到督办军校之中。等到袁世凯被开缺回籍，还乡避祸，段祺瑞与冯国璋一起韬光养晦，曲意逢迎，更以办军校的方法尽量避免惹人注意。不过清廷终究无法真正冷落段祺瑞，他毕竟曾留学德国，是新军不可多得的人才。清廷对段祺瑞不同于袁世凯，还是要加以笼络。宣统二年（1910年），段祺瑞奉令署理江北提督，加侍郎衔，得以拥兵一隅，为北洋派积存实力。几年间，段祺瑞与隐居河南的袁世凯联络不断。袁世凯筹划日后的东山再起，借革命党人之手逼清帝退位，段祺瑞堪称是居功至伟。

辛亥年，湖北革命党人首义于武昌，各省响应。清廷派精锐的北洋

军南下征剿，北洋军只听袁世凯的指挥，隐隐然有阵前倒戈的危险。于是，袁世凯复出，重新主持大局。此时南北之间形成对峙的僵局——南方革命军攻占南京，北洋军收复汉口，双方维持均势，谁也不多进一步。前线指挥北洋军第一军的冯国璋一心精忠报国，发誓要拿下武昌，一举削平乱党、镇压起义。袁世凯只得临阵换将，命令段祺瑞代替冯国璋任第一军总统。段祺瑞同时署理湖广总督，开始主持前线军事。

段祺瑞显然更得要领。他一到汉口，立即下令停战，大谈和平。接下来，他又秘密派亲信到上海与革命党代表谈判。就是在这一场秘密谈判上，双方代表达成了约定——确定共和政体，先推翻清室者为大总统。这是袁世凯不能自己提出来的意见，亏得有段祺瑞这样能领会上意的部下，代他将心中所想变成了实际的目标。

1912 年 1 月 26 日，段祺瑞领衔姜桂题、张勋、何宗莲、段芝贵、倪嗣冲、王占元、曹锟、陈光远、吴鼎元、李纯、潘矩楹、孟恩远、马金叙、谢宝胜、靳云鹏、吴光新、曾毓隽、陶云鹤、徐树铮、蒋廷梓、朱泮藻、王金镜、鲍贵卿、卢永祥、陈文运、李厚基、何丰林、张树元、马继增、周符麟、萧广传、聂汝清、张锡元、张士钰、袁乃宽、王汝贤、洪自成、高文贵、刘金标、赵倜、仇俊恺、周德启、刘洪顺、柴得贵、施从滨、萧安国等 47 名北洋将领，发出著名的致内阁代奏电：

"内阁军咨陆军并各王大臣钧鉴：为痛陈利害，恳请立定共和政体，以巩皇位而奠大局，谨请代奏事。窃维停战以来，议和两月，传闻宫廷俯鉴舆情，已定议立改共和政体，其皇室尊荣及满、蒙、回、藏生计权限各条件，曰大清皇帝永传不废；曰优定大清皇帝岁俸，不得少于四百万两；日筹定八旗生计，蠲除满、蒙、回、藏一切限制；日满、蒙、回、藏，与汉人一律平等；日王公世爵，概仍其旧；日保护一切私产，民军代表伍廷芳承认，列于正式公文，交万国平和会立案云云。电驰报纸，海宇闻风，率土臣民，罔不额手称庆，以为事机至顺，皇位从此永保，结果之良，轶越古今，真国家无疆之休也。想望懿旨，不遑朝夜，乃闻为辅国公载泽、恭亲王溥伟等一二亲贵所尼，事遂中沮，政体仍待国会公决，祺瑞自应力修战备，静候新政之成。惟念事变以来，累次懿旨，莫不轸念民依，惟国利民福是求，惟涂炭生灵是惧；既颁十九信条，誓之太庙，又允召集国会，政体付之公决；又见民为国本，宫廷洞鉴，具征民视民听之所在，决不难降心相从。兹既一再停战，民军仍坚持不下，恐决难待国会之集，姑无论牵延数月，有兵溃民乱、盗贼蜂起之忧，寰宇糜烂，必无完土。瓜分惨祸，迫在目前。即此停战两月间，民军筹饷增兵，布满各境，我军皆无后援，力太单弱，加以兼顾数路，势益孤危。彼则到处勾结土匪，勒捐助饷，四出煽扰，散布诱惑。且于山东之烟台，安徽之颍、寿境界，江北之徐州以南，河南之光山、商城、固始，湖北之宜城、襄、樊、枣阳等处，均已分兵前逼。而我皆困守一隅，寸筹莫展，彼进一步，则我之东皖、豫即不自保。虽祺瑞等公贞自励，死生敢保无他，而饷源告匮，兵气动摇，大势所趋，将心不固，一旦决裂，何所恃以为战？深恐丧师之后，宗社随倾，彼时皇室尊荣，宗藩生计，必均难求满志。即拟南北分立，勉强支持，而以人心论，则西北骚动，形既内溃；以地理论，则江海尽失，势成坐亡。祺瑞等治军无状，一死何惜，特捐躯自效，徒殉愚忠，而君国永沦，追

悔何及？甚非所以报知遇之恩也。况召集国会之后，所公决者尚不知为何项政体？而默察人心趋向，恐仍不免出于共和之一途，彼时万难反汗，是徒以数月水火之患，贻害民生，何如预行裁定，示天下以至公？使食毛践土之伦，歌舞圣明，零涕感激，咸谓唐虞至治，今古同揆，不亦伟哉！祺瑞受国厚恩，何敢不以大局为念？故敢比较利害，冒死陈言，恳请涣汗大号，明降谕旨，宣示中外，立定共和政体，以现在内阁及国务大臣等，暂时代表政府，担任条约国债及交涉未完各事项，再行召集国会，组织共和政府，俾中外人民，咸与维新，以期妥奠群生，速复地方秩序，然后振刷民气，力图自强，中国前途，实维幸甚，不胜激切待命之至，谨请代奏。"

隆裕太后被通电吓坏了，赶紧征询朝中大臣们的意见。满朝文武倒还沉得住气，纷纷力劝隆裕太后不要慌，坚持住。袁世凯乐得将这出戏继续演下去，率徐世昌、冯国璋、王士珍等人致电段祺瑞，请其劝告前线各将领切勿轻举妄动。段祺瑞可是聪明人，明白袁世凯这是何等意思，更懂得必须将戏做到极致。2月5日，他又联合第一军八名协统以上将领，再发代奏电注：

"共和国体，原以致君于尧、舜，拯民于水火，乃因二三王公，迭次阻挠，以至恩旨不颁，万民受困。现在全局危迫，四面楚歌，颍州则沦陷于革军，徐州则小胜而大败，革舰由奉天中立地登岸，日人则许之，登州、黄县独立之影响，蔓延于全鲁，而且京、津两地，暗杀之党林立，稍疏防范，祸变即生。是陷九庙两宫于危险之地，此皆二三王公之咎也。三年以来，皇族之败坏大局，罪难发数，事至今日，乃并皇太后皇上欲求一安富尊荣之典，四万万人欲求一生活之路，而不见允，祖宗有知，能不恫乎？盖国体一日不决，则百姓之困兵燹冻饿，死于非命者，日何啻数万。瑞等不忍宇内有此败类也，岂敢坐视乘舆之危而不救乎？谨率全军将士入京，与王公痛陈利害，祖宗神明，实式凭之。挥泪登车，昧死上达。请代奏。"

话里话外，段祺瑞已经露出要逼宫的意思。2月10日，段祺瑞将司令部从湖北孝感迁到直隶保定，作出进京逼宫的姿态。2月11日，段祺瑞本人到京，进一步施加压力。2月12日，隆裕太后迫于各方面压力，终于以宣统皇帝名义下诏退位，清朝终结了。

在这一改变历史的时刻中，段祺瑞充分领会上意，既推动了中华民国的建立，也将袁世凯一手推上了临时大总统宝座。于公于私，两全其美，这勋业便是后人屡屡谈论的"一造共和"。

3. "二造共和"

袁世凯当上临时大总统，马上任命段祺瑞为陆军总长。从此，段祺瑞在陆军总长任上连干了七届。陆军总长的实权极大，仅在总统和总理之下。段祺瑞一入民国，便成了掌握军政大权的实力派。当然，段祺瑞的际遇远远不仅于此。早在民国元年（1912年）的大总统选举中，段祺瑞便与孙中山得票数相同，仅排在袁世凯、黎元洪、伍廷芳之下。而且，他还在1913年暂代过两个月的国务总理。毫无疑问，段祺瑞是民国初年屈指

可数的权势人物。

这一切最初自然源于段祺瑞对袁世凯的忠诚。1913 年 2 月，宋教仁遇刺，舆论谴责国务总理赵秉钧涉案。赵秉钧被迫辞职，段祺瑞代理了两个月的国务总理。两个月里，他冷对国会的质询，极力维护袁世凯。不久，国民党人发起"二次革命"，段祺瑞力主出兵镇压。后来，段祺瑞又以陆军总长兼署湖广都督，取代了黎元洪，为袁世凯除去心腹大患。然而，由于段祺瑞身居要职，兼署较多，在北洋军中的势力日益扩大，最终遭到袁世凯的猜忌。袁世凯另外编练模范军后，想让袁克定来负责，征求段祺瑞的意见，被一口拒绝。袁世凯生气道："那么我自己来兼如何？"段祺瑞无言以答，同时也明白袁世凯对自己已经不再信任。他们的关系再不似当初那般亲密。

为了削弱段祺瑞的权力，袁世凯组建陆军大元帅统率办事处，将陆军总长段祺瑞、海军总长刘冠雄、海军司令萨镇冰、参谋次长陈宧、侍从武官荫昌和王士珍平列为高级办事员，轮流值班，大事决于总统。这样一来，段祺瑞面临在军中失去优势的危险。他自知形势微妙，于是将陆军部的大小事务交给秘书长徐树铮处理，自己称病不出。颇具讽刺的是，这一手还是从当年的袁世凯身上学来的。

随着袁世凯称帝的步伐日渐促迫，筹安会活动猖獗，全国上下纷纷劝进，段祺瑞却对此坚决反对："项城帝制自为的迹象，已渐显露。我当年曾发出采取共和之电，如果又拥项城登基，将何以面对国人？恐怕二十四史中，找不出这样的人物吧！所以论公，我即使死也不会参与；论私，我从此只有退休，决不多言。"整个洪宪帝制中，段祺瑞与黎元洪、冯国璋、徐世昌的态度相仿。事后证明，这四个人的成就也是北洋系中最可称道的。

段祺瑞还曾亲自试探袁世凯的口风："此事危及国家安危和袁家的身家性命，万不可做，万不能做！"袁世凯一开始还虚与委蛇，最终勃然变色道："这都是杨晳子（筹安会首脑杨度字）和克定（袁克定，袁世凯长子）等人讨论的，赞同的人多而反对的人少，你何必如此大惊小怪？"

段祺瑞答道："我受大总统数十年恩遇，不能不直言奉上。此时悬崖勒马尚来得及，时机稍纵即逝，届时悔之晚矣。"后来他又两次去晋见袁世凯，袁世凯均称病不见。

不久袁世凯称帝，段祺瑞对袁世凯抱有知遇之恩，做不到像蔡锷那样潜出京城高张义帜。不过，他与蔡锷、陈宧等人都曾暗通消息。蔡、陈潜出京城前，都曾到段宅拜访过。因此，段祺瑞在护国运动中的角色，与冯国璋有相似之处，都属于不便站到前台的幕后人物。洪宪分封的诸臣中，黎元洪、冯国璋、曹锟等都赫然在目，徐世昌名列"嵩山四友"，却唯独没有段祺瑞。审时度势，划清界限，与故主坚决切割，这是段祺瑞拥名"二造共和"的一大关键。

1916年3月21日，洪宪帝制取消。4月22日，段祺瑞复出担任国务卿，5月8日复称国务总理。6月6日，袁世凯逝世，在金匮中预留了嘉禾金简，上列三个接班人，依次为：黎元洪、徐世昌、段祺瑞。段祺瑞走了一步险棋——冒着对抗民意的危险，为业已身败名裂的袁世凯主持国葬，并亲自执绋扶柩。事后从舆论反应看来，段祺瑞这步棋算走对了——他是不惜与民意相抗，全了这一段君臣之谊，为外人所感赞，为自己博得了更大声誉。此即段祺瑞的"二造共和"。

几个月后，段祺瑞在国务总理任上与总统黎元洪发生了激烈的"府院之争"。段祺瑞自命为北洋勋宿，看不起南洋派系出身的黎元洪。而黎

元洪同样对段祺瑞反感不已。因此，府院之间不可能有亲密的关系。再者，段祺瑞大小事务多委之于秘书长徐树铮，徐树铮性情是出了名的恃才傲物。他奔走于府院之间，处处越俎代庖，以前就为袁世凯所厌恶，现在更为黎元洪所不喜。有一次山西省变动 3 名厅长，徐树铮拿着委任状请黎元洪盖总统印。黎元洪问起这些人的履历，徐树铮竟然回答道："总统但在后页年月上盖印，何必管前面是何事情！"黎元洪十分愤怒，段祺瑞对徐树铮却每每纵容。有一次徐树铮以辞职要挟黎元洪，段祺瑞竟为他说情，最后直至说出——凡是徐树铮所做的事，我段祺瑞都愿意为他负全责！黎元洪听了，只能是无可奈何。

府院之争，后来成为报端的花边新闻，天下皆知。段祺瑞、黎元洪两人搞得势成水火，一切政见全部相左，后来到了事事必反，为反而反，为争而争的地步。对德宣战一事最终成为两人矛盾总爆发的焦点。1917年 5 月 23 日，矛盾终于不可调和，黎元洪下令免去段祺瑞的国务总理职务。段祺瑞则坚持认定，责任内阁制之下，总统的命令非经国务总理副署不能发生效力，所以不承认自己下野。段祺瑞退往天津，在报纸上与黎元洪展开舆论战。一时坊间盛传——段祺瑞准备要武力倒黎。

在朝总统和下野总理剑拔弩张，京津之间局势紧张。这时，对清朝死忠的"辫帅"张勋在"督军团"的支持下，决意以进京调停为名，复辟清朝。黎元洪完全没有考虑到这一点，他把张勋当作了救星。结果 6 月14 日张勋进京，黎元洪依托洋人的力量才得以逃出北京。

其实，当初张勋在徐州几次召集"督军团"会议，都是由徐树铮为张勋策划。段祺瑞派曾毓隽告诫张勋道："如果议及复辟，则必尽力扑灭之，届时不要说没有预先告知。"张勋率"辫子军"北上路过天津时，曾专门下车拜访段祺瑞。段祺瑞告诉他："你若复辟，我一定打你。"又说："保清帝复位的事，即使勉强办了，就算北方答应，南方也决不会答应，因此至少应该缓办。"张勋未加理睬。有人说，张勋进京驱逐黎元洪，正是段祺瑞背后运作的结果。明眼人都看得出，张勋是为段祺瑞做了嫁衣。

黎元洪在离开北京之前，重新任命段祺瑞为国务总理，令他出师讨贼。7月1日，张勋拥清帝复位。7月3日，段祺瑞在马厂誓师，正式通电复任国务总理，并以讨逆军总司令名义讨伐叛逆。檄文为梁启超所拟，文末写道：

> ……查该逆张勋，此次倡逆，既类疯狂，又同儿戏，彼昌言事前与各省各军均已接洽，试问我同胞僚友，果有曾预逆谋者乎？彼又言已得外交团同意，而使馆中人见其中风狂走之态，群来相诘。言财政则国库无一钱之蓄，而蛮兵独优其饷，且给现银。言军纪则辫兵横行部门，而国军与之杂居，日受凌轹。数其阁僚，则老朽顽旧，几榻烟霞；问其主谋，则巧语花言，一群鹦鹉。似此而能济大事，天下古今，宁有是理？即微义师，亦当自毙，所不忍者，则京国之民，倒悬待解。所可惧者，则友邦疑骇，将起责言。祺瑞用是履及剑及，率先涌进，以为国民除此蠹贼。区区愚忠，当蒙共谅。该逆发难，本乘国民之所猝未及防，都中军警各界，突然莫审所由来，在势力无从应付，且当逆焰熏天之际，为保持市面秩序，不能不投鼠忌器，隐忍未讨，理亦宜然，本军伐罪吊民，除逆贼张勋外，一无所问。凡我旧侣，勿用以胁从自疑。其有志切同仇，宜诣本总司令部商受方略，事定后酬庸之典，国有成规。若其有意附逆，敢抗义旗，常

刑所悬，亦难曲庇。至于清室逊让之德，久而弥彰，今兹构衅，祸由张逆，冲帝既未与闻，师保尤明大义，所有皇室优待条件，仍当永勒成宪，世世不渝，以著我国民念旧酬功，全始全终之美。祺瑞一俟大难戡定之后，即当迅解兵柄，复归田里，敬候政府重事建设，迅集立法机关，刷新政治现象，则多难兴邦，国家其永赖之。谨此布告天下，咸使闻知。

段祺瑞的讨逆军以段芝贵、曹锟为东西两路司令，以吴佩孚为先锋，挟迅雷不及掩耳之势杀向北京。7月12日，北京光复，张勋复辟仅仅12天就黯然收场。段祺瑞拥兵入京，此即"三造共和"。先是徐树铮为张勋策划徐州"督军团"会议，直接推动张勋复辟；再由段祺瑞"黄雀在后"，推翻张勋重回北京。才一个多月工夫，段祺瑞便暗度陈仓，"三造共和"，赢得了第一次府院之争的胜利。段祺瑞手段之老辣，不得不令人佩服。

4. "武力统一"

"三造共和"成功，段祺瑞并没有迎回黎元洪，而是极力建议由副总统冯国璋接替黎元洪，继任总统。张勋复辟中，黎元洪被迫流亡使馆区，仅能自保；是冯国璋以副总统身份在南京代行总统职权，与段祺瑞南北呼应，通电讨逆。在段祺瑞的力捧之下，冯国璋顺利接替了黎元洪。就任总统之初，冯国璋和段祺瑞的心思一样。他们都出身北洋，小站练兵时就朝夕相处，在洪宪帝制和张勋复辟中都立场相同，可说亲如手足，相信彼此间不会再有第二次府院之争。如前文所言，冯国璋进京后，先将王士珍、段祺瑞请进府来，畅叙友谊。冯国璋极为亲切道："咱们老兄弟三个连枝一体，不分总统、总理、总长，只求合力办事，从今而后再也不会有什么府院之争了。"

可惜，事情谈何容易。前文亦曾有言，黎元洪与段祺瑞的府院之争，在政体层面，是当年内阁制与总统制之争的余脉；至于冯国璋与段祺瑞的府院之争，却在政见层面。两人之间有复杂的利益纠葛，实在是难以调和。段祺瑞以西南为敌手和叛逆，要"武力统一"；冯国璋则提出"和平统一"，只要西南方面承认北京政府的合法性。段祺瑞要以武力统一全国，必须要先整合北洋的军事实力。早在冯国璋北上进京就任总统时，段祺瑞就准备以亲信接替冯国璋担任江苏督军，不料被冯国璋先下手为强。不过，段祺瑞将第一次府院之争时的势力扩充，组织了"安福俱乐部"。所谓"安福"指的是北京西城安福胡同内的一个四合院。支持段祺瑞的国会议员常在此聚会，谋划政局。"安福俱乐部"进而形成"安福系"，最终形成层了由段祺瑞实际控制的"安福国会"。段祺瑞一复任总理，马上宣布解散旧国会，代之以"安福国会"。国会对段祺瑞言听计从，段祺瑞算是在"新府院之争"中占得先机。

冯国璋自恃为实力派，对段祺瑞毫不客气。当时，湖南督军的人选问题一度成为两人角力的关键。段祺瑞为贯彻"武力统一"，任命傅良佐为湖南督军，几乎遭到湖南全省的反对。结果，云南督军陆荣廷暗中鼓动湖南将领林修海、刘建藩分别在衡阳和零陵宣布自立。冯国璋马上策应，鼓动北洋将领王汝贤、范国璋阵前倒戈，通电要求停战撤兵。傅良佐不能控制局面，只得仓皇北逃。此事搞得舆论沸腾，段祺瑞迫于压力宣布下野，冯国璋在"新府院之争"中扳回一局。

实际上，段祺瑞是在以退为进。冯国璋以为府院之争结束，开始为南北和谈而努力了。段祺瑞趁机发动对和谈不满的督军团，召开天津会议。各省督军在会上喊出"北洋团结"的口号，阻挠南北和谈。段祺瑞有通电声称：

"……环顾国内，惟有我北方军人实力，可以护法护国。果能一心同德，何国不成，何力不就。辛亥癸丑之间，我北方军人，人数不及今日三之一，地利不及今日三之一，所以能统一国家者，心志一而是非明也。近来南方党徒，亦知我北方军人，宗旨正大，根底盘深，非彼西南势力所能兼并，乃别出阴谋，一曰利用，二曰离间，三曰诱饵，昌言反对者，固为彼所深仇，即与之周旋，亦是佯为结好；无非启我阋墙之争，收彼渔人之利，始以北方攻北方，继以南方攻北方，终至于灭国亡种而后快。王汝贤为虎作伥，饮鸩而甘，抚今追昔，能无愤慨，湘省之事，非无收拾之法，我不忍使北方攻北方，以自挟藩篱，落彼陷阱也。王汝贤等不明大义，原不足惜，我不忍以王汝贤之故，致今同室操戈，嫌怨日积，实力一破，团结无方，影响及于国家也。我北方军人分裂，即中国分裂之先声，我北方实力消亡，即中国消亡之朕兆。祺瑞爱国家，不计权力，久荷诸君子深知，为国家计，当先为北方实力计，舍祺瑞辞职之外，别无可以保全之法，决计远引，已于昨日呈中乞休，既非负气而去，又非畏难苟安，大势所趋，宜观久远，倘能达我愚诚，北方实力得以巩固，艰难时局，得以挽回，则祺瑞今日之辞职，实为万不可缓之举……"

段祺瑞和冯国璋开始是貌合神离,最后公开决裂。1918年元月,冯国璋决心摆脱在北京的困境,于是以"南巡"为名,登上了开往南京的火车。段祺瑞得知此事,严令倪嗣冲在蚌埠阻截。结果,冯国璋被迫回到北京,从此当了比黎元洪更郁闷的傀儡。第二次府院之争,又以段祺瑞的胜利而收场。

不过,冯国璋的威胁依然存在。冯国璋的直系虽然遭到严重打击,他本人被禁止出京,但段祺瑞的皖系并未取得绝对的优势地位。直系的直隶督军曹锟坐镇保定,在吴佩孚的协助之下势力不断扩张。除曹锟外,关外张作霖的奉系壮大起来,开始有逐鹿中原之志。段祺瑞力推"武力统一",并未能真正达到统一的目标,反而加剧了北洋系的分裂,为自己树立了更多敌手。

冯国璋暂时失败,却没有放弃,一度想竞选下一届大总统。段祺瑞绝不容许他"死灰复燃"。1918年9月4日国会总统选举中,冯国璋一票也无。冯国璋是被"安福国会"挤下台的,段祺瑞为显示公平,同时宣布下野。大总统徐世昌为宽慰段祺瑞,特任命他为参战督办,编练准备赴欧参加第一次世界大战的"参战军"。由于"一战"结束,参战军改为边防军,参战督办也于次年改称边防督办,段祺瑞继续编练西北边防军。段祺瑞趁机向日本大举贷款,购买武器,加紧操练兵马,准备继续贯彻自己的"武力统一"政策。自始至终,段祺瑞视西南方面为叛逆。他作为北洋军的创业元勋,对北洋军有极强的自信,认为南方的军力不值一提。段祺瑞同样意识到,北洋内部不合是致命的威胁。他编练西北边防军,目的不仅在于西南方面,也在于北洋内部。

5."临时执政"

正是在北洋内部，直系的曹锟、吴佩孚与段祺瑞渐渐不能相容，矛盾不断升温。段祺瑞对日本大举借债，让全国人民愤怒不已。早在第二次府院之争时，冯国璋来见段祺瑞，曾当面问他——为什么要向日本举债而练兵打内战？将来如何偿还？段祺瑞居然回答道："政府经济拮据，入不敷出，处处缺钱，不举债怎么办？至于还债的问题，日本对我们如此，我们对日本也不过利用一时，谁还打算真还他钱呢？等我国强大起来，赖着不还便是！"

第一次世界大战结束，巴黎和会召开，本带给中国人一丝希望。谁料想，巴黎和会上外交失败的消息传来，山东居然要落到日本手里，五四运动随即爆发。段祺瑞对学生运动深恶痛绝，直系的吴佩孚却在湖南前线发出通电，支持参加五四运动的学生。仅仅支持五四运动还罢了，吴佩孚进一步提出取消《中日密约》、反对在《凡尔赛和约》签字、敦促南北和谈等倡议。段祺瑞对吴佩孚恨之入骨，心里却明白——首先，吴佩孚身处湖南前线，万万不能激怒他。其次，吴佩孚是曹锟的心腹，动吴佩孚等于动曹锟；曹锟人在保定，离北京太近；况且，人在天津的冯国璋一直与曹锟保持联系，随时可能联手。不得已，段祺瑞只得对吴佩孚隐忍不发。

段祺瑞还忍得下直系，直系已经要与他兵戎相见。吴佩孚要求撤防班师，"北上抗日"，段祺瑞自然不能允许。最后，吴佩孚干脆主动撤防，一路率军撤回保定，与曹锟会合。直系军队控制了京汉铁路，兵锋直指北京。段祺瑞赶紧将远在库伦（现乌兰巴托）的徐树铮召回北京。眼见徐树铮回到北京，段祺瑞安下心来，马上与直系摊牌。他下令，捉拿吴佩孚进京，曹锟革职留任。吴佩孚当即反击，通电将段祺瑞骂为汉奸。直皖战争就此爆发。

段祺瑞将边防军改为"定国军"，自任总司令，以徐树铮为总参谋长，准备与直军大干一场。皖系的边防军在当时的中国无疑是精锐之师，可惜对手是吴佩孚。加上奉军入关，直奉两军已经对皖军形成两面夹击之势。7月14日，直皖两军在北京东西两面的京津铁路和京汉铁路线上的涿州、高碑店、琉璃河一带开战。西线直军进攻受挫，退出高碑店。东路皖军由徐树铮坐镇，进攻直军所据杨村，未决胜负。17日夜，吴佩孚冒雨率兵突袭皖军第二路军司令部所在地松林店，大获全胜。接着，吴佩孚占领涿州，一路向长辛店追击。奉军也大军压境，作为直军的后盾。这次直皖战争历时仅仅五日，最后以皖军大败告终。

直奉两军同时控制北京，皖系失去了政权。老将姜桂题来拜访段祺瑞，颇含怨恕地对他道："我早说你打不过吴佩孚，你非要打，结果落得如此下场，这都是徐树铮害了你！"段祺瑞听毕羞愧得无地自容，竟然要拔枪自杀，幸好被侍从夺下手枪。直系以大总统徐世昌的名义颁布命令，免去段祺瑞的"边防督办"职务，撤销督办边防事务处，解散西北边防军。段祺瑞只得移居天津，退出政坛。

直皖战争后，段祺瑞息影津门达四年之久。这四年内，他时刻等待着东山再起。别人认为段祺瑞是军阀，他却认为军阀是别人。段祺瑞在天津礼佛，常与人喋喋不休："这班军阀穷兵黩武，祸国殃民，都是阿修罗王转世，来造大劫的。我虽是菩萨转世，但道高一尺魔高一丈，我的法力虽大，难胜群魔。"闻者传为笑谈。

与此同时，直系自作孽不可活，曹锟贿选总统，将北京搞得乌烟瘴气，

更几乎让直系民心丧尽。直系奉系开始了火并,连续爆发两次直奉战争。第一次直奉战争,奉军战败,被迫退出关外。第二次直奉战争,由于冯玉祥阵前倒戈,发动"北京政变",轮到直系惨败。接下来,冯玉祥和奉系的张作霖就大总统的人选争执不下,谁也不能容忍对方成为国家元首。最后,双方干脆电请孙中山和段祺瑞北上来京,共商国是。相对于孙中山,无论冯玉祥还是张作霖,都更信任同属北洋系的段祺瑞。如此,段祺瑞又一次站到了政治前台。

1924 年 11 月 24 日,段祺瑞在北京就任"临时执政"。所谓"执政",是合总统与总理为一,总揽军民政务,统率海陆军。段祺瑞再次上台,成为中华民国的元首,名义上是大权独揽,实际上仅仰奉系鼻息,受制于张作霖和冯玉祥。不过,张作霖和冯玉祥毕竟是北洋系的自己人,忍忍就过去了,段祺瑞最提防的还是孙中山。孙中山应邀北上时,沿途演讲其"国民会议"的施政思想,声明要废止不平等条约。段祺瑞却提出"外崇国信"论,声称中外诸条约均应继续履行。孙中山抱病入京,段祺瑞更是提出召集"善后会议",以抵制孙中山所主张的"国民会议"。1925 年 3 月 12 日,孙中山在北京病逝。段祺瑞以脚疾发作为借口,竟然不去参加孙中山的祭奠。

段祺瑞就任"临时执政"时,委派徐树铮以特使名义出洋考察,访问英、德、法、意、美、俄等国。徐树铮在国外得知段祺瑞的处境,心中焦急万分。他清楚,段祺瑞势单力薄,需要自己回国相助。1925 年夏,徐树铮从美国返回上海,秘密拜访张謇和孙传芳,打算联合他们共同对付实际执掌北京的冯玉祥。段祺瑞深知局势险恶,发电报劝徐树铮切勿来北京。徐树铮急着要见段祺瑞,还是赶到了北京。他见到段祺瑞,口称老师,行跪拜大礼。段祺瑞连忙回拜，二人相拥而泣。徐树铮劝段祺瑞放宽心，自己已经联络好孙传芳等人，总有对付冯玉祥的办法。段祺瑞也劝徐树铮万事小心。不料，冯玉祥早已得到情报，下决心一定要置徐树铮于死地。冯玉祥在廊坊车站埋伏下手枪营，趁徐树铮乘火车离京返回上海时，在半途中将他乱枪击毙。徐树铮当年设局暗害陆建章，如今自己也落到了同样下场。

　　失去了手下最得力的第一心腹徐树铮，段祺瑞也就丧失了最后的政治资本，从此一蹶不振。不久，北京发生了震惊中外的"三·一八惨案"，鲁迅称之为"民国以来最黑暗的一天"。北京执政府门前，军警开枪打死47名请愿学生，打伤二百多人。一石激起千层浪，执政府和段祺瑞成为举国唾骂的众矢之的。冯玉祥被迫通电下野，内疚万分的段祺瑞来到惨案发生地长跪不起，发誓要"终身食素"。在全国人民的愤怒声讨下，执政府终于在一个月之后倒台。段祺瑞再次息影津门，自称"正道居士"，淡出政坛。两年之后，国民党北伐成功，名义上终于统一全中国。北洋政府的历史就此终结，段祺瑞完全失去了东山再起的希望。

6. 清廉自守

　　无论是在朝还是在野，段祺瑞都保持着极其规律的作息。每天吃过早饭，就在书房里看公事，看完公事即赴其公署。中午回家吃饭，饭后午睡，醒后会客，客来除交谈外，也常对弈几局。下午除下棋外，也起诗社，王揖唐、曹缦蘅、梁鸿志等酬和最多，并自编有一部《正道居集》，同时他也参加过徐世昌的晚晴簃诗社。晚饭则常同棋友或诗友一起，乘兴继续切

磋。膳毕则照例打麻将，一般 8 圈到 12 圈，也不至于太晚。老朋友冯国璋、张勋等都是牌友，也有因会"打牌"而博得他的重用者，如傅良佐就被讥为"打牌打出的督军"。督军团进京开会的时候，段祺瑞家的牌局最为热闹，许多军政大事，都决定于牌局之上。

段祺瑞对围棋非常痴迷，水平极高，长子段宏业受他影响，棋艺堪称国手，曾得到过日本的段位。段祺瑞还养了一批国手陪自己下棋，最为后人熟知的当属吴清源。退隐津门，段祺瑞更有时间打点棋艺。他下野后，日渐虔诚礼佛，曾受聘为中日密教研究会的会长，亲朋故旧辐辏在侧，形成了一个信佛的小圈子。在这个圈子里，大家互以佛界人物相称，段祺瑞当仁不让，自称"释迦牟尼"。

信守"三·一八"之后立下的誓言，段祺瑞不仅吃素，而且吃得很简单。主食之外，段祺瑞用来佐餐的常只是一碟雪里蕻加一碟辣椒。由于吃得太过简单，家人多不与他同桌共餐。段祺瑞不止饮食简单，在生活作风上也有值得称道之处，可谓戛戛不同于流俗。他号称"六不总理"，即不抽不喝不嫖不赌不贪不占。段祺瑞一生爱穿布衣长衫，邋里邋遢，自己从不在意。他也不事产业，生活但求自给。贵为总理时，车马服饰还不如一个次长。到了晚年，更是潦草度日。

虽然下野，但麻烦仍接踵而至，最直接的是来自日本人的拉拢。北洋政府中，段祺瑞被视为"亲日派"。所以，1931 年九一八事变后，日本方面找到段祺瑞，请他"调停"中日关系，有"就地停战"之语。段祺瑞回答道："我们在野之人，若要出面调停，说话就要有根据。以就地停战作为调停，恐非易事。当局若问到东三省，将如何答复？如今中国军队士气之高，不下于关东军。若说停战，也应由日军先停，因为是日军先开战的。"

围棋国手吴清源亦曾回忆道：段祺瑞最擅长的手法是打入对方，在对方的空地中活一小块，并自称为"在公园里搭建小房子"。日本在东北扶植"满洲国"时，段祺瑞以棋喻事："搭个小房子可以，据为己有就不行了。"

蒋介石也在争取段祺瑞。他通过国民党皖籍要员吴忠信引见，在北京饭店和段祺瑞的侄子段宏纲见过一面。蒋介石对段宏纲道："我也是保定陆军学堂学生，段先生是我的老师。我因公务繁忙，不能前往天津看望先生。"蒋介石早年曾就读于保定军官武备学堂，段祺瑞当时兼任该校总办，虽未为蒋介石直接授业解惑，但也算有师生之谊。会见后，蒋介石派吴忠信去天津拜访段祺瑞，送去两万元生活费。以后经常赠送巨款，保障段祺瑞全家的日用开销。这些钱对于捉襟见肘的段祺瑞来说，无疑是雪中送炭。

1933 年 1 月 19 日，蒋介石派交通银行董事长钱永铭迎段祺瑞南下。年近七旬的段祺瑞本想在北方颐养天年，但当时风传日本人要劫持段祺瑞的消息，因此他也同意南下。段祺瑞对钱永铭说："我已老，不中用了，如介石认为我南下于国事有益，我可以随时就道。"

1 月 22 日，段祺瑞抵达南京。蒋介石亲自到下关码头迎接段祺瑞，执弟子礼甚恭。次日，蒋介石又陪他拜谒了中山陵。之后，段祺瑞谢绝了蒋介石提出的留居南京的建议，以探望女儿为名，赴上海定居。

到南京之初，蒋介石想借段祺瑞之口激励民众的士气。在记者面前，段祺瑞慷慨陈词：

"当此共赴国难之际，政府既有整个御侮方针和方法，无论朝野，皆应一致起为后援。瑞虽衰念，亦当勉从国人之后。"

几日后在上海，段祺瑞又一次面对记者说道：

"日本横暴行为，已到情不能感理不可喻之地步。我国惟有上下一心一德努力自救，语云：'求人不如求己。'全国积极备战，合力应付，则虽有十个日本，何足畏哉！"

段祺瑞在上海依然冠盖云集，不唯蒋介石常来奉教，如章太炎等名流，亦常来府上拜谒。人虽驳杂，但他始终超然处之。1935 年，段祺瑞被任命为国民政府委员，却一直未就职。著名报人王芸生曾采访段祺瑞，向他询问对国事的看法。段祺瑞坦然道："吾觉得治国之道很简单，'维持人民，提倡商业'八个字足以尽之。中国传统文化轻视商业，这不行，这么大的国家，这么多的人口，没有商业怎么行？蒋先生几次来信问我治国之策，我寄给他一首诗：'忧乐与好恶，愿尽与民同。三章法定汉，民足国不穷。兴邦用顺守，世民竟全功。提倡兴百业，四海扬仁风。'其大旨便是吾方才所说八字的意思。"

段祺瑞接着说道："中国的事情太过复杂，人才太缺。现在中国无一等人才，二等人才也很少，蒋先生是沾二等边上的。就治军论，蒋先生是个人才，但历时数年，将兵数十万，还未将江西肃清，则中国事之难可知。"

王芸生又询问段祺瑞对中日关系的看法，段祺瑞说中日关系阔大，牵扯多个国家，富有世界性，并非局限中日两国之间。王芸生又问道："中日关系将推演至何种地步？"段祺瑞答道："中国本无亡国之理，而目前的情形却向亡国之途以趋。中国吃亏在'大'字上，日本却得力于'小'与'穷'。日人的妄念太重，当然有碰钉子的那一天，不过中国人若长此池沓，前途实难乐观。"这或许是段祺瑞对时局最后的看法了。

1934 年春，段祺瑞突患胃溃疡，经治疗后暂愈。随后由蒋介石安排赴庐山调养三个月，车马劳顿，身体转弱。1936 年暑间，他因贪吃了几片西瓜，致腹泻数日。入秋后腹部又感不适，吐血便血，确诊为胃溃疡复发。这时，医生劝他开荤增强体质，段祺瑞说："人可死，荤绝不能开！"10 月下旬，前安福系首脑李思浩自华北来，谈及长城内外国土日危，段祺瑞听后十分悲哀，病情转重，数日后即不治而逝，终年七十一岁。

段祺瑞临终留下遗书，内讲"八勿"。文曰：

> 余年已七十余，一朝怛化，揆诸生寄死归之理，一切无所萦怀。惟我瞻四方，蹙国万里，民穷财尽，实所痛心……国虽危弱，必有复兴之望。复兴之道，亦至简单。勿因我见而轻启政争，勿空谈而不顾实践，勿兴不急之务而浪用民财，勿信过激之说而自摇邦本，讲外交者勿忘巩固国防，司教育者勿忘保存国粹，治家者勿弃固有之礼教，求学者勿骛时尚之纷华。本此八勿，以应万有。所谓自力更生者在此，转弱为强者亦在此矣。

段祺瑞去世后，国民政府明令特予其国葬。段祺瑞的葬礼依照佛教礼仪，于右任、张群、居正等国民政府军政要员前往致祭，当日上海下半旗志哀。葬礼结束，段祺瑞的灵柩被运抵北京西山卧佛寺后殿。段祺瑞灵柩运抵北京当天，老对头吴佩孚出现在公众面前，为段祺瑞送上一副传诵一时的挽联：

> 天下无公，正未知几人称帝，几人称王，奠国著奇功，大好河

山归再造；

　　时局至此，皆误在今日不和，明日不战，忧民成痼疾，中流砥柱失元勋。

而多年前梁启超对段祺瑞的评说，更是耐人寻味——"其人短处固所不免，然不顾一身利害，为国家勇于负责，举国中恐无人能比。"

第四章

"民选总统"黎元洪

1. 殉国不成

　　黎元洪字宋卿，同治三年（1864年）生于湖北汉阳。黎家世居黄陂，原本家道殷实。不过，太平军西征时，黎家产业被焚毁殆尽。黎元洪的父亲黎朝相怀着对太平军的深仇大恨，投奔了淮军。父亲从军在外，家中生活甚为贫苦。小时候，黎元洪给人放过牛，也偷挖过邻舍的萝卜，这都是家境所迫。幼年的黎元洪还颇有些小聪明，溜到邻居家地里偷萝卜，怕被邻居发现，吃完萝卜还知道把萝卜叶插回去。

　　后来，父亲黎朝相积功升迁，俸银宽裕起来，黎元洪才有了入私塾读书的机会。不久，黎朝相又将黎元洪接到自己驻军的直隶北塘。光绪九年（1883年），黎元洪入天津水师学堂就读，时年十九岁。开学后仅二十天，父亲便不幸病故。父亲过世，没了俸禄，黎元洪身为家中长子，以学校每月发给的四两银子担负起全家的开销。尽管如此，黎元洪在水师学堂依然才角峥嵘，颇具气度，人人都称他有过人之处。

　　光绪十四年（1888年），黎元洪自天津水师学堂毕业，马上做了把总，这是父亲在淮军中用了半辈子才坐到的位置。他先在北洋海军"来远"号服役，两年后奉调广东水师"广甲"号。光绪十七年（1891年），黎元洪晋升千总，得到五品顶戴。三年之后，中日甲午战争爆发，黎元洪随"广甲"号北上，参加了惨烈的黄海大东沟海战。海战中，"广甲"号在大连湾三山岛附近搁浅。舰上人员决定凿船自沉，以免军舰被日本人俘获。十余名官兵负责这一任务，其中就有黎元洪。

　　黎元洪等人凿沉了"广甲"号，驾救生艇逃生。附近的日本军舰发现了他们，逼近救生艇，勒令他们投降。黎元洪等人宁死不降，相继跳入黄海，以死殉国。黎元洪本不会泅水，却穿了一件救生衣。他在海中漂了3个多小时，被冲到岸边，居然侥幸捡回一条命。战后追究责任，尽管黎元洪当时铁了心要一死报国，但还是被判监禁数月。出狱后，他去了上海，多方寻找能重新被启用的门路。找来找去，处处碰壁，无人理睬。黎元洪深陷彷徨，不知该何去何从。不期之间，他巧遇早年一个天津水师学堂的同窗。同窗指点他道："黄海之战，丧师辱国，责任在朝廷大员，与我辈何干？如今水师已全军覆没，谁还会想到我等？为今之计，自当各顾前程，岂能坐老此际？否则，于自己于国家都毫无好处。"一席话说得黎元洪大彻大悟。

思前想后，黎元洪决定南下，投奔两江总督张之洞。甲午战争的次年，袁世凯在天津小站编练新建陆军，张之洞也在南京编练自强军。自强军分以步、马、工、炮各兵种组成营队，完全照搬德国军事制度和模式进行编练。张之洞聘请德国军官担任部队各级正职长官，副职长官征聘广东水师学堂和北洋武备学堂的毕业生担任。黎元洪正是应此而来。张之洞一见黎元洪，马上对他大加赞赏。黎元洪被委派监修南京城外的幕府山炮台，由于差事办得出色，张之洞干脆奏请任命他为南京炮台总教习。从此，黎元洪成了张之洞的心腹。等到张之洞复任湖广总督，黎元洪随他前往湖北武昌，任枪炮厂监制兼护军后营帮带官。从此，黎元洪在湖北官运亨通，人生真正顺畅起来。

黎元洪从千总一路做到副将，数次受命赴日本考察军事。光绪二十九年（1903年），清廷下令统一全国军制，黎元洪官至第二十一混成协协统，官居二品，成为湖北新军中最重要的实力派之一。此外，黎元洪还兼任从兵工厂会办到兼辖湖北水师在内的诸多职衔，俨然湖北省内的一员风云人物。

光绪三十二年（1906 年）十月，清廷在河南彰德举行南北新军秋操大演习。参加这次野战演习的北洋军由第五镇及第一混成协组成，段祺瑞为总统官；南军为湖北的第八镇和河南第二十九混成协，张彪为总统官，黎元洪为统制。但张彪自知不胜，令黎元洪实际指挥。光绪三十四年（1908 年）十一月，清廷又在太湖举行秋操，黎元洪仍为南军实际总指挥。两次秋操，黎元洪皆大获全胜。他因指挥出色，表现优异，获得清廷嘉奖，声誉鹊起。

2. 荣任都督

清末革命党人起义频繁，武昌起义早在他们的计划之中。武昌起义还有一个不同凡响之处——这是革命党人迄今为止唯一一次起义成功并占领一座城市达到一周以上者。由此，全国才能发生连锁反应，革命才能星火燎原。至于黎元洪，正是因为武昌起义彻底改变了自己的命运。

1911 年 10 月 10 日晚上，此前已有迹象的武昌起义突然爆发。黎元洪闻讯，赶紧在会议厅召集军官开会，下达的命令是但求自保——党人进攻则还击，退去则不追击。正在此时，起义的革命党士兵周荣棠赶来会议厅联络，见大家都在，立刻号召大家都来造反，一起去攻打督署。黎元洪正担心军心不稳，见状当机立断，抽出佩刀，一刀将周荣棠砍死。但黎元洪阻拦不住士兵们的革命大潮，眼见士兵们都去革命了，他自己只好躲出去，藏到部下参谋刘文吉家里。不料，黎元洪的行踪被一个下人在搬运行李时泄露。第二天上午，一队革命军士兵赶到刘宅，点名要黎元洪出来。黎元洪见他们荷枪实弹，以为死期已到，出来悲愤道："各位兄弟，我自问不曾亏待过大家，何以却不放过我呢？"不料，革命军士兵们却道："统领说哪里话来，我等哪里有什么恶意？我们是奉命请统领出来，主持革命大计的。"

原来，武昌首义成功后，革命党内部矛盾重重。孙武试制炸弹不慎爆炸，起义暴露，若干同志被捕牺牲，起义计划被打乱。起义总指挥蒋翊武溯汉川而上，以求避祸。另外几个领导人张振武、吴兆麟等分属不同团体，都不足以令对方认可。黄兴、宋教仁等革命领袖又远在上海。革命党人为了头把交椅争吵不休，眼看分裂近在眼前。所以，有人提议这头把交椅由黎元洪来坐，结果获得了大多数人的同意。

而且，在辛亥革命中，革命党和立宪派组成联合阵线，武昌亦然。革命党推举黎元洪为都督，尚须征询立宪派的意见。结果，立宪派对黎元洪出任都督十分满意，一方面他们与黎元洪也交情甚厚，另一方面黎元洪与革命党并无渊源。这样，黎元洪之出任都督，就成为一个皆大欢喜的选择了。

革命军找到黎元洪后，当即将他带到楚望台，接着又拥至咨议局，让他出席革命党和立宪派的联席会议。会上正式宣布黎元洪为湖北军政府都督，著名立宪派人士汤化龙为民政长，拟由黎、汤二人出面主持大计，号召天下。黎元洪执意不肯接受。他道："此举事体重大，务要慎重。我不是革命党，我没有做都督的资格，够资格的是孙文，你们何不接他来担任都督。"众人哗然，革命党人蔡济民当即痛哭道："昨夜多少同志牺牲，方有今日之光复，若因无人主持而功败垂成，何以面对死去诸同志？若黎协统再不答应，我便自杀以谢烈士！"另一革命党人朱树烈则抽刀断指，用断指指着黎元洪道："你要再说一个'不'字，我就同你拼命。"黎元洪

皆闭目不答。这时，安民文告草就，须黎元洪以都督名义签署，结果黎元洪仍是连连摆手道："莫害我！莫害我！"周围的革命党人气愤地骂道，"黎元洪不识抬举，是清朝的忠实走狗""干脆给他个枪子儿吃算了"。革命党人李翊东举枪对黎元洪吼道："你本是清朝奴才，当杀！我们不杀你，举你做都督，你还不愿意。你甘心做清朝奴才，我枪毙你，另选都督。"说着就要扣动扳机，吓得黎元洪面无人色，出了一身冷汗。李翊东见状，便执笔替他在布告上写了个"黎"字张贴了出去。

是日下午，武昌的各大街口都贴出了以"中华民国军政府鄂军都督黎"名义发布的安民告示，路衢为塞，欢声雷动，黎元洪威震武汉三镇。此安民布告张贴之前，由于消息闭塞，整个武汉弥漫着恐慌情绪，即便革命军内部的氛围也彷徨苦闷，布告一经张贴，即焦虑顿去。商民闻都督乃黎元洪，均欢欣鼓舞，照常营业，连外国人都赞叹"不意革命尚能如此"。原先逃匿的新军军官闻黎元洪上台，也纷纷出山，表示愿归附革命军。确实，对普通百姓来说，黎元洪素以仁义宽缓著称，今日竟然带头革命，其意义非革命党人所能企及；对清廷而言，连忠厚老实的黎元洪都造反了，打击更是沉重。

此后几天，黎元洪一直是不思米食，缄默不语。他抱定主意既不再做清朝的官，亦不宜担任革命军职务。直到1911年10月13日，黎元洪仍不肯就任都督，革命军只好将他软禁在军政府。他整天愁容满面，心事重重，心想，这下可完了，朝廷把我当叛徒，党人把我当囚徒，妻妾儿女，不得见面，如有手枪在身，莫如饮弹自尽，一致了之。

黎元洪被软禁在军政府，由那位断指的革命党人朱树烈佩刀持桅，严加监守。革命党则以黎元洪的名义，连续发布《布告全国电》《致各国领事照会》《告汉族同胞之为清军将士者电》等电文，以及采取了一系列政策措施。真正让黎元洪转变态度的，还是战局的变化。10 月 13 日上午，革命军的陆上炮兵与湖广总督瑞澂的三艘军舰舰炮展开激烈的炮战。革命军大获全胜，瑞澂的三艘军舰中，两艘受伤，被迫撤离，结果与黎元洪的预测大相径庭。朝廷水师居然如此不堪一击，黎元洪不禁感叹——朝廷气数当绝。何况，他早已上了"贼船"，百口莫辩，纵使革命军失败，朝廷也必然会追究他的"附逆"之罪。事已至此，只能一条道走到黑了。

10 月 13 日下午，黎元洪开口同革命党人甘绩熙和陈磊说起话来。甘绩熙道："你这几天总是苦脸对待我们，太对不起我们。我们抛头颅，洒热血，换来今天成绩，抬举你做都督。革命成功了，你可做华盛顿；革命不成功，你可做拿破仑。你很讨便宜呢！你再不下决心，我们就以手枪对你。"黎元洪答复道："你年轻人说话不要太激烈，我在此近三日，有什么事对不起你们？"陈磊道："你的辫子就对不起我们，武汉三镇人人都剪辫子，你身为都督，就该做个模范，先剪掉辫子，以表示决心。"黎元洪此时也顺水推舟道："你们不要如此激烈，我决心与你们帮忙就是。你们说要剪辫子，我早有此意，你们找个理发匠来，我把辫子剪去就是了。"

甘绩熙见此状，立即向上报告，并请来了理发师。理发师请示道："都督剪去辫子，留多长头发？"黎元洪答道："剃个光头。"不到半小时，理发师便给黎理了个光头。这时的黎元洪，头是圆的，肩是圆的，身子也是圆的，肥头大耳，顶放青光。蔡济民在旁打趣道："都督好像个罗汉。"黎元洪嘻嘻一笑道："像个弥勒佛。"一句话惹得周围开怀大笑。黎元洪去掉发辫后，吴兆麟还特地买回一挂鞭炮，以示庆贺。接着士兵们请去掉长辫的黎元洪训话，黎元洪说道："元洪不德，受各位抬举，众意难辞，自

应受命。我前天未下决心，昨天也未下决心，今天上午也未下决心，现在是已下决心了。无论如何，我总算军政府的人了。成败利钝，生死以之。"黎元洪的一席讲话赢得了与会者的热烈掌声。

3. 湖北军政府

不久，黎元洪再度向革命军全体将士发表正式演说：

"今日革命军起义，是推翻清朝，恢复汉土，废除专制，建立共和的开始，承党人及军、学界多数同志推戴兄弟为都督，我无德无学，何能担此大任。但众意难辞，自应受命。我等身为军人，从此须抱破釜沉舟的精神，扫除一切顾虑，坚决去干。但革命须有充实武力，才能成功。湖北军界同事多不明革命宗旨，因而临时走避不少，为扩充武备起见，亟应招致，以做对抗清军进攻的准备。尤其是老兵更不应逃避，其中品行操练俱优者可以军佐委任，庶几吸引人才。拟派员往说张彪，如其赞同革命，不妨让出都督职务，俾有利大局。如其仍执迷不悟，即以敌人看待。我民军光复武汉后，清廷虽调兵遣将，企图扼杀革命，但革命成功有十分把握，可谓胜券稳操。我鄂军出差驻防各部队，闻义帜飘扬江汉，必立时响应，前来归附，各省党人联络已有成效，响应成约自无问题。长江下游及云、贵等省军队中之军官，多为鄂军出身，北洋军中，由吴禄贞统领带去的军官不在少数。东三省的上、中级军官由湖北军界调升去的亦有五十余人，下级军官自不待言。这些人平素即有革命志向，也一定能够响应革命。因此，革命事业成功，绝无疑问。各位回去后，克尽职责，速召集同学同事，鼓励士兵，稳定军心，不使逃脱，这是目前要务。"

不日，黎元洪在接见美国《大陆报》记者埃德温·丹格尔时说："民军的目标是推翻满洲人的统治，以美国为榜样建立共和制度。满洲统治者从未公正对待过汉人，只是镇压屠杀，因而才激发了革命。我虽然早就知道新军中有革命党人，但并未参加，更不曾想到会成为党人的领袖，如今我要做的，是尽量减少革命中生命的牺牲。等建立共和国家后，中国将更大地对外开放，使外国资本能自由地与中国资本以及劳动力结合，以开发中国的资源。"一番讲话，令这名记者十分叹服，即在报端声称："如果没有黎元洪，就没有这场革命。"

1911 年 10 月 17 日，武昌阅马厂祭坛高筑。祭坛前香烟缭绕，坛上有黄帝轩辕氏灵位，灵前摆设香案，陈玄酒，旗立两侧，鼓乐喧天，三军鸣枪，全体跪拜，山呼万岁。这是湖北军政府祭天大典，也是黎元洪视职的庆贺大典。黎元洪戎装佩剑，缓步登台，宣读誓词：

"义声一动，万众同心，兵不血刃，克服武昌。我天地、山川、河海、祖宗之灵，实凭临之！元洪投袂而起，以承天庥，以数十年群策群力呼号流血所不得者，得于一旦，此岂人力所能及哉！日来搜集整备，即当传檄四方，长驱漠北，吊我汉族，歼彼'满夷'，以与五洲各国立于平等，同顺天心，建设共和大业。"

誓词宣读完毕，台下报以雷鸣般的掌声。在百姓和士兵们"中华民国万岁""四万万同胞万岁""黎都督万岁"的山呼声中，黎元洪正式主政武昌。当时湖广总督瑞澂尚乘军舰在长江上观望。他原以为这是一小撮士

兵作乱，当听说乱军首领是黎元洪，顿时绝望。10 月 28 日，同盟会领袖黄兴抵达武昌。黄兴素以军事才能著称，受到黎元洪热烈欢迎。黎元洪力排众议，委任黄兴为战时总司令之职，全权负责防御北洋军进攻。11 月 3 日，黎元洪效法刘邦、韩信登台拜将，在阅马场搭起高台，树立"战时总司令黄"的大旗，亲自将令箭、印信交给黄兴。黄兴获得了军事指挥权，黎元洪则进一步赢得了在革命党人间的威望。

由于与北洋军兵力相差悬殊，汉阳沦陷，黄兴痛不欲生。眼见难敌对手，黄兴提议暂时放弃武昌，撤往上海与江苏党人会合，以后寻机北伐。湖北党人强烈反对，甚至要求追究黄兴的责任。在黎元洪的一力维护下，黄兴总算离开武昌，安全返回了上海。清廷海军提督萨镇冰率"楚有"号等十余艘军舰封锁武汉江面，炮击革命军。萨镇冰是黎元洪在天津水师学堂时的老师，与黎元洪关系匪浅。黎元洪利用这层关系，对老师写信相劝。他在信中说，自己出任革命军都督并非自愿，但党人和民军万众一心、同仇敌忾的精神，以及百姓对革命事业的热情支持，令自己大为感动，于是才下决心跟从革命。黎元洪以慷慨之言在信中相劝："谁无肝胆？谁无热诚？谁不是黄帝子孙？岂甘作满族奴隶而残害同胞？洪有鉴于此，识事体之大有可为，乃誓师宣言，矢志恢复汉业，改革专制政体，建立中华民国。"他在信末又说："元洪并非为私事，而是为四万万同胞请命，如今满汉存亡，就在于老师您一人。"萨镇冰读信后沉吟良久，长叹道："真不忍见到同胞骨肉相残。"从此，诸舰的炮弹只射往荒郊野外。又过了几天，萨镇冰最终选择了弃军而走，麾下的所有舰只都投向革命。

此时袁世凯已经来到前线。有人认为袁世凯可以争取来为革命所用，黎元洪却看得分明："袁世凯是枭雄，又有北洋六镇做资本，不会受制于人的。"当袁世凯派使来求和时，是黎元洪代表革命军方面提出了和谈条件："若要和谈，首先必须要满洲皇帝退位。"袁世凯一直以湖北方面和黎元洪为谈判对象，来往电报信件开头都是"与黎大都督或其代表人讨论大局"。但是汉阳失守，武昌形势危急，革命军在湖北方面处于下风。相反，江浙革命军却攻占了南京。革命党中的沪派和鄂派为此吵得不可开交，要求将和谈地点从武汉改为上海，要袁世凯的代表唐绍仪去上海与南方代表伍廷芳和谈。黎元洪多方调解，仍是难以压服革命党的内斗。直到12月25日孙中山从海外归来，情况才有了转变。

身为革命党的最高领袖，孙中山归国平息了革命党内部的诸多争吵。12月29日，孙中山当选中华民国临时大总统，黎元洪当选为副总统。手中既无权又无兵，与各方利益无涉，而且品德资望为人称道，依然是黎元洪为人公推到前台的最重要原因。据说当初湖广总督陈夔龙因女儿病死大办丧事，有下属送丧仪费十几万元，黎元洪仅送了五元钱。时隔不久，湖北各地遭水灾，黎元洪一捐就是三千元，抵得上自己半年的薪俸。黎元洪吃得了苦，他在任上以廉洁自律著称，为士兵慷慨解囊的故事极多。武昌起义之初，他与军政府的职员一样，每月只支二十元的生活费，这与他效命清廷时五百大洋的俸禄不啻天壤之别。不过，黎元洪并不满意于孙中山，他清楚只有袁世凯才能让清帝退位，避免独立各省分裂，建立统一的中华民国。整个南北议和的过程中，黎元洪始终站在袁世凯一边。

等到袁世凯逼清帝退位，自己做了大总统，黎元洪总算松了口气。袁世凯颇为感激黎元洪，任命黎元洪为副总统，兼任参谋总长。黎元洪虽然无权又无兵，却也清楚湖北是自己的根据地。现在局势尚不明朗，还不能将自己贸然送到袁世凯手上。所以，黎元洪并不离开湖北，就在武汉设

立副总统府，遥领参谋总长。当时已经有人推测，袁世凯恐怕不会满足于民国大总统的权力，有朝一日或许会做皇帝。当被问及若有这一天该怎么办时，黎元洪回答："目前国情，以统一及安定民生为主。若全国统一，国会告成，项城如有野心，变更国体，即为违反约法，为国民公敌，不啻自掘坟墓。我当追随国人之后，誓死反对。即便我毁家灭身，继起者也必大有人在，中华民国断不至于灭亡。"

4. 反对帝制

黎元洪有个外号叫"黎菩萨"，原因是他体态富贵，性情温和，更是因他为人宽厚，品德出众。不过，黎元洪早年在水师学堂的老师严复曾评价他"德胜于才"，这里面即隐含着"德有余而才不足"的意思。黎元洪在水师学堂常替同学承担过错，固然有长兄气度，却也为多年后在北洋政府中的人生际遇埋下伏笔。更何况，湖北方言中"黎""泥"的发音相同，"黎菩萨"常被人叫做"泥菩萨"。他手中既无权又无兵，位子总是不牢靠。环境危机四伏，周围虎视眈眈，黎元洪常如泥菩萨过河般自身难保，这正是他在北洋政府中的本相。

民国成立后，黎元洪声望正隆，孙中山称他是民国首义的第一伟人。民国已经进入了政党政治的时代，黎元洪很快有了新的身份。在孙中山等人的支持下，黎元洪成了举足轻重的政党领袖。立宪派的梁启超、章太炎、熊希龄、汤化龙、张謇等人将各党派合并，组成共和党，公推黎元洪为党首。武昌起义后一年，民国正式大总统选举开始。在国会的投票中，黎元洪得票数仅次于袁世凯。用了三轮投票，袁世凯方得以胜出。而在副总统选举中，黎元洪以高票一次性当选。这次选举令袁世凯十分尴尬，他断不能允许号召力仅在自己之下的黎元洪继续坐镇武汉，对自己构成实质性的威胁。为此，袁世凯想尽办法要将黎元洪召入北京。

袁世凯先笼络了黎元洪的谋士饶汉祥，将饶汉祥派回武汉游说黎元洪。饶汉祥前脚刚到武汉，袁世凯又派段祺瑞赶去武汉帮腔。经过反复游说，黎元洪总算坐上了北上的列车，去北京与袁世凯"磋商要政"。几乎是黎元洪刚上火车，袁世凯马上发布命令，任命段祺瑞为湖北都督，断了黎元洪的退路。令黎元洪多少有些欣慰的是，袁世凯以当初接待孙中山的崇高礼仪接待他。黎元洪抵达北京前门火车站时，袁世凯亲率众多官员民众热烈欢迎。为了表示自己的诚意，袁世凯还特地让黎元洪乘坐金漆朱轮双马车。这是当时全国最为奢华的专车，此前只有1912年孙中山来北京时乘坐过。

袁世凯设宴款待黎元洪，宾主尽欢，外界传为美谈。宴会结束后，黎元洪来到了袁世凯在京城为他特设的副总统办公和下榻处。黎元洪没有想到，袁世凯选的地方居然是瀛台，即清末慈禧太后常年软禁光绪皇帝的地方。黎元洪见此，心中雪亮，知道湖北回不去了。他从此闲居瀛台，实为遭软禁。由于来京时没带一兵一卒，黎元洪在瀛台的卫兵、厨师、随扈都是袁世凯从河南老家特意找来的，黎元洪实际上失去了自由。袁世凯则全力拉拢黎元洪，跟他结成儿女亲家，让自己的第九个儿子娶了黎元洪的女儿黎绍芳。这并不能消解黎元洪心中的惆怅。后来在致家乡父老的通电里，黎元洪写道："今者燕京之行，原因磋商要政，将来驻都回鄂，两难预揣。遥望汉江，不禁泪下。"

黎元洪在瀛台绝口不谈世事，袁世凯则紧锣密鼓地张罗帝制。黎元

洪风闻此事，开始不敢相信。眼看袁世凯复辟帝制的步子越迈越大，黎元洪终于沉不住气了。从 1915 年 11 月起，黎元洪就拒领副总统薪金，并坚请裁撤副总统办公室，同时不断向参政院请辞。至于损失每月三万块大洋的巨额薪水，他毫不在意。最后，袁世凯为了帝制自为之事，亲来瀛台探访黎元洪。袁世凯试探道："近来有许多人要我做皇帝。亲家，你看怎样？"不料黎元洪当即措辞激烈道："辛亥革命为推翻帝制、建立共和，死者何止千万，如今大总统回头再做皇帝，如何对得起这些先烈？"袁世凯碰了个钉子，自讨没趣。

黎元洪辞去副总统和总参谋长之职，不再有资格住在副总统办公和下榻地瀛台。袁世凯在东厂胡同为自己亲家置下私宅，黎元洪只得率家人迁了进去。参政院会议上，黎元洪还毫不妥协地同鼓噪帝制的政客们争斗。最后他干脆遭到帝制党的阻挠，无法再参与会议。黎元洪辞去了参政院院长之职，不再参加参政院会议。这段日子，黎元洪堪为替共和守节，过得颇为不易。

1915 年 12 月 13 日，袁世凯接受百官朝贺，正式称帝，改元"洪宪"。两天后，袁世凯发布的第一道敕令就是册封黎元洪为"武义亲王"，以表彰其武昌首义、恢复华夏汉土之功。敕令曰：

"光复华夏，肇始武昌，追溯缔造之基，实赖山林之启，所有辛亥首义立功人员，勋业伟大，及今弥彰，凡凤昔酬庸之典，允宜加隆。上将黎元洪，建节上游，号召东南，拱卫中央，坚苦卓绝，力保大局，百折不回，癸丑赣宁之役，督师防剿，厥功尤伟，照《约法》第廿七条特颁荣施，以昭勋烈。黎元洪着册封武义亲王，带砺山河，与同休戚，槃名茂典，王其敬承。”

令袁世凯万万没有料到的是，“黎菩萨”这回骨头真的硬起来了。册封令颁布后，文武百官在国务卿陆征祥的带领下到东厂胡同黎宅祝贺。不料黎元洪当场表示：“大总统虽明令发表，但鄙人决不敢领受。盖大总统以鄙人有辛亥武昌首义之勋，故尤于褒封。然辛亥起义，乃全国人民公意，及无数革命志士流血奋斗，与大总统主持而成，我个人不过滥竽其间，因人成事，决无功绩可言，断不敢冒领崇封，致生无以对国民，死无以对先烈。”说完就退入内室不再露面，陆征祥等人只好悻悻而去。随后黎元洪又命手下草拟了一份声明，公开表明了自己的态度。

袁世凯不久又派裁缝来量做亲王制服，被黎元洪逐客。袁世凯闻讯，仍不死心，派儿子袁克定等人往黎府馈赠各种礼物，皆被拒收。自愿来祝贺的也大有人在，如内史监阮忠枢、公府顾问舒清阿等就前来道贺，阮忠枢一见黎元洪便口称“王爷”，并传达袁世凯的旨意，说打算封黎元洪为副元帅和辅国大将军。黎元洪怒道：“你们不要骂我！”梁士诒来道贺时，黎元洪干脆指着厅中一根石柱说道：“你们如再逼我，我就一头撞死。”

袁世凯迫于压力取消帝制，还想继续当大总统，自然遭到全国的反对。袁世凯下台已成定局，各方势力开始考虑起新总统的人选。就北洋政府而言，蔡锷的威望不够，他们更绝不会接受孙中山。南方的护国军政府方面，冯国璋和段祺瑞都不可相信。双方都倾向于找一个可以平息各派之争的人物。此人必须与各派没有太多纠葛，名望也足以令各派接受。考虑到这里，人选呼之欲出。护国军大元帅唐继尧抢先通电全国，推举黎元洪为大总统。久病缠身的袁世凯在临终前，也指定黎元洪为继承人，嘱咐徐世昌、段祺

瑞辅佐黎元洪。如此一来，总统非黎元洪莫属。1916 年 6 月 7 日，黎元洪在东厂胡同的家中就任民国大总统。

5. 府院之争

黎元洪接任总统，让段祺瑞极度不满。段祺瑞来东厂胡同的黎元洪私宅拜访，恭贺黎元洪就任大总统，场面极其尴尬。据说，段祺瑞在总统府秘书长兼教育总长张国淦的陪同下，一路表情凝重，一言不发。到了东厂胡同黎宅，一张长方形楠木桌子，段、张分坐两边。段祺瑞起身向黎元洪三鞠躬，黎元洪欠身答礼。礼毕，二人仍归原座。段祺瑞不开口，黎元洪也不出声。段祺瑞临走时向张国淦交代："副总统方面的事，请你招呼。"张国淦问："国务院方面的事呢？"段祺瑞回答："有我。"一面说一面上了汽车。如此，段祺瑞竟然除了三鞠躬外对黎元洪一言不发，拜完就走。"府院之争"，自此悄然开始。

所谓"府"，指黎元洪的总统府。所谓"院"，指段祺瑞的国务院。所谓"府院之争"，即总统制与责任内阁制之间的冲突。段祺瑞坚持责任内阁制，凡事不与黎元洪商量，只是将黎元洪当盖印机器。段祺瑞将政务基本都交给自己的第一亲信、国务院秘书长徐树铮来处理，徐树铮则是出了名的嚣张跋扈，对国会和大总统黎元洪根本不放在眼里。一些国会议员痛恨徐树铮，发动数十人联署，要求罢免他的秘书长职务。段祺瑞坚决支持徐树铮，甚至不惜以辞去国务总理相威胁。黎元洪终究没能斗过段祺瑞。

时值第一次世界大战，围绕着中国是否参战、是否对德宣战的问题，府院双方爆发激烈争论。段祺瑞一力主张对德宣战，黎元洪则坚决反对。

段祺瑞依靠张勋等人的"督军团"，全力对抗黎元洪的权威。1917年5月23日，忍无可忍的黎元洪签署命令，罢免段祺瑞的国务总理职务。段祺瑞避居天津，宣布大总统无权直接干预国务院的政务，不肯承认自己已遭罢免。段祺瑞退居天津，"督军团"乘势一哄而起，各省纷纷宣布"独立"。安徽省长倪嗣冲通电表示，免去段祺瑞的国务总理是非法行为，准备"北伐"，要做"北洋派的李烈钧"。无奈之下，黎元洪只能请"督军团"盟主张勋进京，寄希望于张勋来解决府院之争。张勋还没进京，先强逼黎元洪解散了国会。等张勋进了京，复辟闹剧顿时上演。黎元洪再度遭到软禁，明白为今之计只能再度依靠段祺瑞。他起草了重新启用段祺瑞的任命书和讨逆命令，又发电报命冯国璋在南京代行总统职权，然后悄悄逃往日本使馆避难。

段祺瑞接到任命书和讨逆命令，赶紧组织讨逆军，于马厂誓师，攻向北京。不过一周，讨逆军顺利攻入北京，张勋复辟的闹剧落幕。此番段祺瑞大获全胜，府院之争的结果显而易见。经此一事，黎元洪不愿再当这个有名无实的民国大总统。他发表声明，准备辞职。等到冯国璋北上接任总统，黎元洪干脆于1917年8月离开北京，到天津隐居。从此，黎元洪息影津门长达五年。

黎元洪的公馆在天津英租界内。他决心不再过问政治，过起自由自在的平民生活。每天，黎元洪喜欢在花园散步，看园丁浇花。他每天早上起来锻炼身体，然后洗澡，进早餐。早餐后，黎元洪会挑选一些报纸随意浏览。中国的政治局势一再恶化，每当黎元洪从报上看到令人懊丧的消息，便只能以练书法来排除他心中的烦恼。黎元洪还喜欢骑马、溜冰、打网球，也喜欢听戏和看电影。他与政治划清界限，对有政治企图的访客不欢迎，

对北洋政府每月致送的一千元费用坚辞不受。不过，黎元洪的一些老朋友常来访问他，经常畅谈到晚饭时分。晚饭后，黎元洪喜欢听留声机作为消遣。他还有早睡的习惯，经常在晚上九点便回到寝室入睡。

黎元洪在天津的五年，正是西方列强忙于第一次世界大战，中国的民族工业获得喘息的五年。黎元洪在政治上虽然不得志，投资实业却颇有收获。1914年，山东枣庄中兴煤矿公司大井突遭水祸，又因公司总理张莲芬病故，公司一时陷入危机。当时第一次世界大战刚刚爆发，煤炭需求量大增。黎元洪联合徐世昌等人，与早年结拜的把兄弟徐荣廷在湖北招集股份，投资中兴煤矿公司。经过募股，投资额多达两百万元，这是黎元洪在各项实业、金融投资中收益最大、投资最多的一个厂矿。等到了寓居天津时，政治上失意的黎元洪受到企业盈利的巨大鼓舞，全力进行实业投资。五年内，黎元洪投资的企业有二十余家，包括矿业、金融、工厂等等。这些投资大多十分成功，黎元洪的资本也迅速扩大。在许多公司的股东名单上，黎元洪都名列首位，成为不折不扣的资本大鳄。

黎元洪一生关心文化教育事业。投资获利，他更是慷慨赞助。1914年，黎元洪到北京后特意重返天津北塘，为父亲黎朝相营造墓地，并且在当地捐资办起了一所北塘贫民小学，使许多贫民子弟得以上学。1916年，黎元洪任大总统期间，亲自任命蔡元培为北京大学校长。1917年，黎元洪谕令将北京故宫端门、午门一带地方拨归教育部，设置京师图书馆，是为今日国家图书馆的前身。梁启超倡议在上海建松坡图书馆以永久纪念护国运动的元勋蔡锷，黎元洪也慷慨解囊赞助。黎元洪寓居天津时，对南开大学的兴办也充分关注。他不仅捐款，南开大学举行开学典礼时还亲临学校祝贺，甚至把自己的子女送到南开读书。此外，黎元洪对黄陂私立前川中学、中国大学、神户中华学校、燕京大学、上海交通大学等均有捐助。每逢天灾，他一概慷慨解囊，捐款赈灾。黎元洪还一直想在武昌创办一所江汉大学，可惜直至去世都未能如愿。

五年来黎元洪置身政坛之外，许多国人却依然将他奉为合法和正式的中华民国大总统。直皖战争结束后，段祺瑞被迫下野，直奉开始共掌北京。双方为北洋政府的实际控制权争得不可开交，最后直至酿成第一次直奉战争。奉系战败，退出关外，直系总算控制了北洋政府。为了收拾局面，直系准备用"恢复法统"为名义来号召天下。要"恢复法统"，一定要当初的合法大总统黎元洪再度出山。奉系的这一提议，各地督军纷纷表示支持，南北各地顿时一片迎黎的声浪。重登前台的机会来了，黎元洪这回却不愿再给人当傀儡。

经过深思熟虑，黎元洪提出了一个响亮的口号："废督裁兵。"由文胆饶汉祥起草，黎元洪发出了一份长达三千字的"鱼电"，表示有条件同意复职。这份电报系统阐述了黎元洪"废督裁兵"的构想：

"抑诸公所以推元洪者，谓其能统一也。十年以还，兵祸不绝，积骸齐阜，流血成川。断手削足之惨状，孤儿寡妇之哭声，扶吊未终，死伤又至。必谓恢复法统，便可立消兵氛，永杜争端，虽三尺童子，未敢妄信，毋亦为医者入手之方，而症结必有在乎？症结惟何？督军制之召乱而已！民军崛兴，首置都督，北方因之，遂成定制。名号屡易，权力未移，千夫所指，久为诟病，举其大害，厥有五端：

"练兵定额，基于国防。欧战既终，皆缩军备，亦实见军国主义，自促危亡。独我国积贫，甲于世界，兵额之众，竟骇听闻。友邦之

劝告不闻，人民之呼吁弗恤。强者拥以益地，弱者倚以负嵎。虽连年以来，或请裁兵，或被缴械，卒之前省后增，此损彼益，一遣一招，糜费更多。遣之则兵散为匪，招之则匪聚为兵，势必至无人不兵，无兵不匪，谁实为之？至于此极。一也。

"度支原则，出入相权，自拥兵为雄，日事聚敛，始挪省税，终截国赋。中央以外债为天源，而典质皆绝。官吏以横征为上选，而罗掘俱穷。弁髦定章，蹂躏预算，预征至及于数载，重纳又艰于崇朝。以言节流，则校署空虚；以言开源，则市廛萧索。卖女鬻儿，祸延数世，怨气所积，天怒人恫。二也。

"军位既尊，争端遂起，下放其上，时有所闻。婚媾凶终，师友义绝，翻云覆雨，人道荡然！或乃……宰制一省，复冀兼圻，……扼据要塞，侵夺邻封。猜忌既生，杀机愈烈，始则强与弱争，继则强与强争，终则合众弱以与一强争，均可泄其私仇，宁以国为孤注。下民何辜，供其荼毒。三也。

"共和精神，首重民治。……自督军制兴，滥用威权，干涉政治，囊括赋税，变更官吏。有利于私者，弊政必留；有害于私者，善政必阻。省长皆其姻娅，议员皆有重儓。官治已难，遑问民治？忧时之士，创为省宪，冀制狂澜。……顾按其实际，以为积重难返之势。……易汤沿药，根本不除，虽有省宪，将焉用之？假联省自治之名，行藩镇剖分之实，鱼肉我民，而重欺之，孑遗几何，抑胡太忍。四也。

"立宪必有政党，政党必有政争，果由轨道，则政争愈烈，真义愈明，亦复何害。顾大权所集，既在督军，政党争权，遂思凭借。二年之役，则政党拥督军为后盾，六年之役，则政党倚督军为中心。

自是厥后，南与南争，北与北争，一省之内，分数区焉！一人之下，分数系焉！政客借实力以自雄，军人假名流以为重。纵横捭阖，各戴一尊。……卒至树倒猢散，城崩狐迁，军人身徇，政客他适。受其害者，又有别人。斩艾无遗，终于自杀，怒潮推演，可为寒心。五也。

"其余祸害，尚有不胜枚举者。……今日国家危亡，已迫眉睫，非即行废督，无以图存。若犹观望徘徊，国民以生死所关，亦必起而自救，恐督军身受之祸，将不忍言。为大局求解决，为个人策安全，莫甚于此。……

"督军诸公，如果力求统一，即请俯听刍言，立释兵柄，上至巡阅，下至护军，皆克日解职，待元洪于都门之下，共筹国是。……国会及地方团体，如必欲敦促元洪，亦请先以诚恳之心，为民请命，劝告各督，先令实行。果能各省一致，迅行结束，通告国人，元洪当不避艰险，不计期间，从督军之后，慨然入都，且愿请国会诸公绳以从前解散之罪，以为异日违法者戒。奴隶牛马，万劫不复，元洪虽求为平民，且不可得，总统云乎哉？……若众必欲留国家障碍之官，而以坐视不救之罪，责退职五年之前总统，不其惑欤？诸公公忠谋国，当鉴此心，如以实权为难舍，以虚号为可娱，则解释法律，正复多端，亦各行其志而已。"

黎元洪向国民倾诉苦衷，列举督军制的五大弊端，认为国家危亡迫在眉睫，非即行废督无以自存。黎元洪这个黯淡多年的名字，一下子又变得光芒万丈。他"废督裁兵"，最切身的考虑自然是加强中央权力，让总统获得实权，让自己做一回真正的民国大总统。无论如何，"废督裁兵"

获得全国的广泛支持，连直系也不得不在舆论上表示拥护。直系首领曹锟通电表示支持"废督裁兵"，河南督军冯玉祥、江西督军陈光远、山东督军田中玉、陕西督军刘镇华、湖北督军萧耀南、江苏督军齐燮元等直系人物纷纷表态，表示愿意"废督裁兵"。当然，这只是做姿态而已。

6."废督裁军"

1922年6月11日，黎元洪赴京。当天下午，他在中南海怀仁堂举行了复职典礼。黎元洪复职之前，蔡元培、胡适、丁文江、汤尔和、陶孟和等人便在《努力周报》上联名提出宣言，主张政治改革，提倡"好人政府"，建议召集各省和平会议，谋求南北统一。黎元洪上任之后，邀请清流颜惠庆组阁，撤销解散国会令，撤销对孙中山的通缉令，要求全国各地一律停战。南方迅速响应，云南的唐继尧、四川的刘湘、贵州的袁祖铭、广东的陈炯明等都通电表示拥护。还没等黎元洪高兴起来，麻烦接踵而至。麻烦不在别处，正在"废督裁兵"的执行上。

黎元洪打算先从吴佩孚下手。在颜惠庆内阁中，吴佩孚被黎元洪任命为陆军总长。任命吴佩孚为陆军总长有两个用意：第一，任命吴佩孚为陆军总长，吴佩孚的直鲁鄂豫四省副经略使之职自然取消，等于无形中去掉一个手握重兵的督军；第二，调任吴佩孚为陆军总长，主持"废督裁兵"和全国的军事事宜，其他大小督军慑于吴佩孚的威力不敢不从。黎元洪请吴佩孚出山的策略确实是一步妙招。不料，吴佩孚更为老谋深算，根本就不赴任陆军总长一职，此事弄巧成拙。

为了给黎元洪一个台阶，1922年6月15日，曹锟、吴佩孚等人在保定主持召开了"废督裁兵"的会议。提出在全国设立九个军区，将全国军队编为四十个师，直接隶属于中央政府，但由各军区的"军区长"主持计划。这次会议的内容只是挂着"废督裁兵"的羊头，实质上却是直系的一次军事整顿会议。黎元洪当然不能认可这种形式下"废督裁兵"。即使是那些当初允诺"废督裁兵"的督军，眼见曹锟、吴佩孚二人公然反对的态度，也都见风使舵，以各种理由表示"废督裁兵"不宜实行。后来，黎元洪想出一个主意：对于兼任省长的督军，裁去督军，存留省长，用省长名义办理一省的军务善后；对于不兼省长的督军，改派为督理军务善后事宜。这实际上是换汤不换药，不过将"督军"换个名称而已。即便如此，也只有江西、浙江、东北等五省"废督"成功。

"废督裁兵"失败，财政危机又来。各地因索要军饷而兵变不断，北京城也无法幸免。北京政府各部的公务员终日忙于讨薪，全体教职员因断炊而罢课。陆军部被裁人员七百多人甚至包围国务院，殴打财政总长董康。压力之下，国务总理颜惠庆被迫辞职。黎元洪好不容易说动唐绍仪组阁，吴佩孚却发布"麻""阳"两电，声明对唐绍仪组阁"绝不赞成"。此时黎元洪才真正意识到，自己完全是直系的傀儡。

事实上，傀儡也不是好当的。曹锟处心积虑要做大总统，驱逐黎元洪就成为当务之急。支持曹锟的国会议员搜寻法理依据，指出黎元洪这次复职从 1922 年 6 月起已三百三十余日，超过了合法任期一百七十五日，所以应自动退位。拥护黎元洪一派的议员则坚持认为，黎元洪的任期应从 1914 年 5 月袁世凯召集"约法会议"时算起，到 1916 年 6 月黎元洪继任正式大总统，再加上冯国璋代理的一年零两个月，合计为三年零三个月。因此，黎元洪的任期应到 1925 年 9 月。由于内阁总理张绍曾也支持黎元洪，

曹锟等人索性定下了"倒阁驱黎"的策略。曹锟先多方筹划，利用"制宪经费"问题驱逐了张绍曾。接下来，曹锟又指使冯玉祥、王怀庆率领部队进城，借口内阁无人负责，直接向黎元洪索要军饷。总统府门外一连数日成为军警索饷、流氓围攻和市民哄闹的场所。一些"公民大会"反复在此召开，不断有人上台演讲，主题只有一个——黎元洪下台。

局势日趋恶化，总统府的电话和自来水都被切断。黎元洪知道自己大势已去，直系就是要赶他下台。他还是不打算向直系妥协，决定离京赴津。黎元洪一连下达七道命令，裁撤全国的巡阅使、巡阅副使、陆军检阅使、督军和督理，军队由陆军部直接管辖，声讨这次政变的发纵指使之人，然后向各国公使和国会宣布——由于北京不能自由行使总统权力，中央政府临时迁往天津。

曹锟闻讯，即刻令人去总统府取总统印信，却不见踪影。他猜到，必是黎元洪将总统印信带走。曹锟赶紧下令，一定要将总统印信夺回来。直隶省长王承斌得到命令，乘快车赶赴杨村车站，截住了黎元洪的专车，上车讨要印信。

王承斌问："总统出京，可曾通电声明？"

黎元洪道："我每日都发一电，只是电报被电报局扣留，所以须等到达天津后，再另行通电。"

王承斌继续问："总统出京，目的何在？"

黎元洪回答说："我在北京已经不能行使职权，所以移到天津来办公。"

王承斌马上追问："总统此次是以总统的身份来天津，还是以私人的身份来天津？"

黎元洪知道王承斌这是给自己设陷阱，逼自己就范，于是道："这几天我精神疲倦，没时间回答这个问题。你这样刨根问底，打算干什么？"

王承斌解释："没什么，我是地方官，应当保护总统。"

随着黎元洪专车逐渐驶近天津，王承斌忍耐不住，干脆单刀直入："总统既出京，印信已无用处，何以携来天津？"

黎元洪直截了当地回答："印信在北京，并未随身携带。"

王承斌不信："总统应当讲实话。"

黎元洪气愤道："我就不把印信交给你，看你能把我怎么样！"

王承斌冷笑道："总统既然不肯交印，还是请回北京。"车到天津新站，王承斌下令将火车头摘下，将专车扣留在新站，派一团军警将车站围得水泄不通。他以为这样一来，就能够逼黎元洪就范。可没有料到黎元洪就是不肯合作，王承斌一时也没有了办法。

黎元洪被困在车上，无法下车。黎元洪的子女四人前来接站，被军警阻止。英国领事和美国领事要上车探望，也被阻拦。黎元洪听说这些，想到自己堂堂中华民国大总统竟然如阶下囚一般，愤不欲生，举枪就要自杀。幸亏左右随从及时把枪夺下，这才避免了悲剧的发生。万般无奈之下，黎元洪最终交出了总统印信，在王承斌的电文上签字——同意由国务院摄行大总统职务。

黎元洪从天津悲愤地通电全国："元洪迟暮之年，饱经凶衅，新站之危，已拼一死已谢国人，左轮朱殷，创痕尚在，夫以空拳枵腹，孤寄白宫，谓为名则受谤多，谓为利则辞禄久，权轻于纤忽，祸重于邱山，三尺之童亦知其无所依恋，徒以依法而来，不能依法而去，使天下后世知大法之不可卒折，正义之不可摧残……"经过这一次打击，他渐渐意气萧索，对政治不愿再涉足，1923 年 11 月 8 日，黎元洪赴日本疗养。在日本参观游览

并疗养半年后，黎元洪最终决定彻底退出政坛的角逐，从此缄口不言政治。他回到天津，安心做寓公。段祺瑞执政时期，曾试图拉黎元洪再出来做傀儡，遭到他的断然拒绝。

黎元洪此后只关心自己投资经营的厂矿企业，一心一意投身实业活动。身为中兴煤矿公司董事长，每次董事会议他必亲自出席。他于实业兴致高昂，曾对人说："我两次做总统，皆赔累不少，不如做生意较为安闲自在。"黎元洪晚年投资的企业达到七十余家，包括银行、证券、矿产、森林、造纸、食品、贸易、保险等许多行业，投资地区覆盖大半个中国。黎元洪爱穿西装、吃西餐、做西式体操、看西洋电影，与资本大鳄的身份极为相合。

黎元洪在天津又住了四年多，除了投资实业，他更注意修身养性。黎元洪极好京剧，每逢节日，常常在黎公馆举办招待会、舞会、曲艺晚会、京剧专场，等等。同时，他也是天津第一电影院的常客。黎元洪热爱书法，多临张迁、华山等汉代碑帖，以颜体见长。有人请他题词或书写楹联，他也是有求必应，全国许多地方都有黎元洪的墨宝。黎元洪依然好客，与故友多有往来。1925 年孙中山病逝，黎元洪甚感悲伤，在家中设立灵堂，亲自祭奠。

1926 年 10 月，黎元洪突患脑溢血，经名医会诊治疗，至年底病情大为好转。次年清明已基本恢复，并能独自外出散步，甚至偶作郊游。1928 年，蒋介石的北伐军到达山东临城时，欲没收中兴煤矿。黎元洪托谭延闿向蒋介石说情，蒋介石回答："别人的我可以没收，黎黄陂的我不能没收。"不过，北伐军还是向中兴煤矿摊派了许多军费，命令黎元洪捐军饷百万元，买公债八十万元。北伐军声称，黎元洪若逾期不交，还是要没收中兴煤矿。

当时黎元洪患糖尿病已有时日，闻此威胁，病情愈加沉重。

1928年5月25日，黎元洪到赛马场观看赛马，突然旧病复发，晕倒在地。经过会诊，确定是脑溢血。几经医治无效，终至卧床不起。6月3日晚，黎元洪病逝于天津英租界寓所，终年六十五岁。临终前，黎元洪口授了一封遗电，对中国政治提出十条忠告：

（一）国民于济案，应以沉毅态度求外交正义之解决，不得有轨外行动；（二）从速召集国民大会，解决时局纠纷；（三）实行垦殖政策，化兵为农工，勿使袍泽失所；（四）调剂劳资，应适合全民心理与世界经济趋潮，统筹兼顾，豫定翔实法规，行之以渐，毋率尔破坏社会组织及家庭制度，俾免各趋极端；（五）振兴实业，以法律保障人民权利；（六）正德利用厚生，不可偏废，毋忘数千年立国之根本精神，道德礼教，当视物质文明尤为重要；（七）革命为迫不得已之事，但愿一劳永逸，俾国民得以早日休养生息，恢复元气；（八）参酌近今中外情势，似应采用国家社会主义，毋遽思破除国界，为外强所利用；（九）早定政治方针与教育宗旨，以法治范围全国，应折中至当；（十）民元以来，凡无抵触国体之创制，应仍旧保存，请勿轻议纷更。

黎元洪病逝后，国民政府充分肯定了黎元洪的历史功勋，两次发令举行国葬。国葬历经天津殡殓，北京追悼，武昌安葬，盛况空前。吊唁者名流荟萃，连段祺瑞也来吊唁。跟当年府院之争的开端一样，段祺瑞到黎元洪灵前三鞠躬，嗒然而退。最别致的是黎元洪老友章太炎的一副挽联：

继大明太祖而兴，玉步未更，绥寇岂能干正统；

与五色国旗同尽，鼎湖一去，谯周从此是元勋。

更耐人寻味的，则是严复对黎元洪的一番评价："黎公道德，天下所信。然救国图存，断非如此道德所能有效。何则？以柔暗故！遍读中西历史，以为天下最危险者，无过良善暗懦人。下为一家之长，将不足以庇其家。出为一国之长，必不足以保其国。"

叱咤北洋

第五章

"复辟忠臣"张勋

1. 书童发迹

　　张勋本名张顺莲，又名张和，字少轩，亦字绍轩，生于清咸丰四年（1854年），江西奉新县赤田村人。张勋命苦，他八岁丧母，十二岁丧父，未成年即为孤儿。十五岁时，无以为生的张勋只好到离家不远的江际头村一个大户人家当仆役，为东家牧牛，聊以糊口。因乖巧可爱，不久改为书童，伺候东家少爷读书。年少的张勋聪慧机敏，性情乖巧，懂得抓住一切看似不起眼的机会。某日，张勋奉主人之命，去给当地豪门许振祎送自家新出产的柑橘。许振祎，字仙屏，可说是奉新县一等一的人物。他乃是同治年间的进士，曾入曾国藩幕府，后任陕甘学政，再历任河南按察使、江宁布政使，最后一直做到东河河道总督、广东巡抚。张勋被主人派到这样一位大人物府上送礼，可说是见了回难得的世面。

　　张勋来到许振祎府上，正巧碰到这里另有访客，他只好在客厅外面等。许振祎吩咐仆人为客人上茶，不巧的是，许府家仆这天因私事请假，主人的吩咐居然无人应答。乖巧的张勋见出现这种情况，灵机一动，便自己上堂客串了一回许府家仆，代为替客人献了茶。这一举动妥善维持了场面，让许振祎免于尴尬。待客人走了，许振祎便问张勋：你是何人？张勋据实以告。许振祎见年少的张勋善解主人之意，很是喜欢，便致信张勋主人，将张勋留下自用了。就这样，张勋从普通大户人家的书童，翻身一跃便进了许振祎府上。

　　张勋在许振祎府上又当了好几年书童，既任劳任怨，又聪明乖巧。利用在许振祎身边的机会，张勋接触了不少官场人物，努力给他们留下印象。功夫不负有心人，张勋夤缘结识了一个叫陈湜的知县。陈湜经常到许振祎府上走动，屡屡听书童张勋大谈自己慨然有请缨入伍、澄清天下之志。陈澧见张勋是个机灵的角色，又是许振祎身边的人，便答应帮忙，成全张勋的志向。征得许振祎同意之后，张勋先到长沙投军。陈澧又替张勋写了封荐书，荐他到广西提督苏元春帐下，充一名末弁。三十岁的老书童张勋自此由行伍之路走上了官场，这一年乃是光绪十年（1884年）。

张勋从军第二年，正赶上中法战争爆发。他随苏元春所部参战，颇立了些劳功苦绩。镇南关大捷之后，张勋被越级提拔，升为参将，管带广武右军各营，驻扎广西边防。之后不到十年，张勋又受到老东家许振祎的转介，投效李鸿章，进入淮军。光绪二十年（1894年），甲午战争爆发，张勋随四川提督宋庆调驻奉天。甲午战败，淮军再无前途，李鸿章又将张勋转荐给袁世凯。此时正值袁世凯在天津小站编练新军，是用人之际，张勋得以顺利到天津小站练兵处当上了一名工程营的帮带。不久，张勋又当上了新军工程营管带，行营中军督练处总务长。几个月后，张勋随袁世凯到山东剿灭义和团。等到光绪二十五年（1899年），张勋升任总兵，仕途一帆风顺。

张勋真正冒出头，就是在庚子之乱中。八国联军攻进北京，慈禧太后带着光绪皇帝仓皇遁逃，号称"西狩"。有两个闻讯急忙前来护驾的朝廷官员，讨得了慈禧太后的宠信和封赏。这两人，一个是甘肃按察使岑春煊，另一个就是张勋。民国著名报人陶菊隐记述张勋"西狩时，护驾口外，夜不交睫，为西后（即慈禧太后）激赏，许以不次迁擢。张感镂心骨，叩首不已，其忠于清室之念，盖胚孕于是时。"

的确，张勋虽性情乖巧，但性格中却有实心眼的一面，甚至有些憨厚。孟子曰："君以国士待我，我当以国士报之。"八国联军撤走后，光绪

二十七年（1901年），张勋调到北京，宿卫端门御前护卫，多次担任慈禧太后、光绪皇帝的扈从。宣统帝溥仪即位后，张勋更是升任江南提督，率江防军驻防南京。皇恩如此浩荡，张勋怎敢不以国士报之？

此时，张勋已经五十多岁了，人生堪称志得意满。为官多年的张勋爱女人，尤其爱年轻漂亮会唱曲的女人。张勋有个女人，名叫"小毛子"。此女是秦淮河畔青楼中的一名歌妓。张勋驻防南京，经常出没于秦淮河畔钓鱼巷，结识了小毛子。他将小毛子弄到手，收为三姨太，金屋藏娇，宠爱一身。醇酒妇人，志气消磨，看起来张勋这辈子似乎已经不会再有更大作为。

然而，晚清的局势已然是风起云涌，变局即将来临。宣统三年（1911年），武昌起义突然爆发。消息传来，天下震动。南京城里的绅商们相约去见两江总督张人骏和江宁将军铁良，要求江苏脱离清廷，实行独立。绅商们一个个慷慨激昂，局面眼见不好控制。这时，只见张勋将辫子缠在脖子上，头裹黑帕，身着戎装，脚蹬皮战靴，端两把手枪，怒气冲冲闯进来，大骂——谁敢在制台衙门公然鼓吹造反独立，老子他妈毙了谁！绅商们吓破了胆，一个个灰溜溜走了。

革命当然不会因为张勋的恐吓而平息。南京新军暗中联络，准备响应。可惜，南京新军的起义很快失败。同盟会元老陈其美与江浙等地起义将领在上海开会，公推徐绍桢为江浙联军总司令，在镇江设立江浙联军司令部，指挥各部进攻南京城。张勋率部死守南京城，此战成为清军在辛亥革命中最大的亮点，也是整个辛亥革命中最惨烈的战役。江浙联军血战十天才将南京光复。在此期间，张勋满城盘查，发现私自剪辫子者，一律处决。

南京被革命军攻破，张人骏、铁良逃进停泊下关的日本兵舰，逃往上海。至于张勋，甚至来不及回私宅一枝园带上三姨太小毛子，就带着卫队逃出汉西门，从大胜关渡江北去。他顺带还掳走了停在浦口车站的二十列客车、八十列货车，一路逃到了徐州。

张勋退到徐州，仍被清廷授为江苏巡抚兼署两江总督、南洋大臣。而另一方面，江浙联军将躲藏在秦淮青楼中的小毛子抓获。小毛子被捕的消息传到江苏都督程德全和沪军都督陈其美的耳朵里，二人大喜过望，认为这是对付张勋的一张王牌。革命元勋陈其美提议把小毛子送到大上海去展览，门票价格都想好了，一人四角。陈其美坚称，小毛子艳名远扬，如果将她陈列在上海张园，供人参观，卖十万元门票不成问题。这样一来可以给革命军筹款，二来可以打击清廷爪牙的气焰。不过小毛子当时没在陈其美手上，而在江浙联军总司令徐绍桢的掌握之中。徐绍桢接到陈其美的来电后，只能摇头苦笑道——某公又来跟我开玩笑了。

徐绍桢回电坚决反对——革命军仁者之师，不宜有此儿戏之举。何况建立民国的目的是人人平等，怎可把妇女做玩物？另一边，张勋丢了小毛子，食不甘味，睡不安寝，烦躁不已。张勋其他的姨太太早对小毛子夺宠醋意大发，这下小毛子落入敌手，于是个个都跑过来争宠。正在郁闷的张勋张开五指，将众姨太一顿暴打。又有参谋长来报告江防军的伤亡情况，张勋极不耐烦："丢了几营兵算什么？老子把小毛子丢了！"

听说陈其美要把小毛子关在笼子里任人参观，张勋冲冠一怒为红颜，咬牙切齿道："大将军连自己的女人都保护不了，令人耻笑！"于是传令三军，准备联合在颍上的北洋倪嗣冲部，反攻南京。

其实，在徐绍桢的监护下，小毛子的日子过得很不错。他的计划，是用小毛子去跟张勋换回车皮。旁人对此表示不信，徐绍桢只是用京剧韵

白戏道："山人自有妙计。"他派津浦路铁路局局长陶逊去打前站，先跟张勋通气。与张勋取得联系之后，徐绍桢当即给张勋写了一封信，提出了交换条件。张勋果然表示同意，回信道——先放回小毛子，本帅保证交还一百辆火车，绝不食言，否则火烧昆岗，玉石皆焚。

就这样，陶逊护送小毛子到达徐州。张勋派军队到火车站迎接，军乐队竟然高奏《马赛曲》。张勋设宴招待陶逊，慷慨道，回去谢谢徐总司令，本帅绝不食言。陶逊回到南京的第二天，每隔一小时，徐州便发出一列火车，隆隆南下。用小毛子换一百列车皮，张勋"不爱江山爱美人"，居然成为辛亥革命中一段传奇"佳话"。

2. 南京城中"小复辟"

张勋在徐州至山东兖州一线督兵布防，拆毁津浦铁路，招兵买马积极图谋反攻南京。他阻止不了历史大势，北方的清廷与南方的革命军政府已经开始了南北议和。清廷议和总代表唐绍仪清楚张勋的一举一动。张勋是主战派，反对议和。唐绍仪深恐张勋的主战立场会破坏和议，遂向袁世凯提出了秘密建议——诱杀张勋，以除后患。想要张勋死的不止唐绍仪一个，还有段祺瑞。因为张勋所部的军纪实在太坏，而且编制与北洋新军的编制不合，所以段祺瑞对张勋素来不满。最重要的是，段祺瑞将自己视为袁世凯之后的北洋接班人。他在南北议和中主张议和，而张勋居然主战。这样的人待将来自己执掌北洋大权，恐怕难以驾驭。就这样，段祺瑞向袁世凯发去密电——请设法杀张。

这一切张勋自然蒙在鼓里，毫不知情。不过，张勋平日结交的人脉关系,此时发挥了连他自己都不清楚的巨大作用。张勋平日喜与文士交游,且肯折节为礼,与人交接,如话家常,使人觉得平易近人,很有亲和力。所以,张勋结交了不少文官好友,还有了阮忠枢这样的结拜兄弟。阮忠枢字斗瞻,安徽合肥人,出身于淮军将领家庭,由李鸿章推荐入新军,管理军制饷章文牍机务,成为袁世凯重要的参谋人员。他是袁世凯身边不可或缺的能人、炙手可热的人物。袁世凯和阮忠枢的相逢也可说是缘分所致。早年袁世凯从上海到山东,身上宦囊羞涩,偏偏遇上阮忠枢。阮忠枢一见袁世凯,大为投缘。交谈中阮忠枢知道袁世凯将来可能要成就一番事业,于是倾其所有,赠与袁世凯。袁世凯发迹以后,找到阮忠枢,聘请他做文案,自此成为莫逆。袁世凯甚至对外说:袁就是阮,阮就是袁。这次,正是阮忠枢救了张勋一命。

阮忠枢听说唐绍仪与段祺瑞皆力主杀张勋,急忙赶去见袁世凯,对袁世凯道:"张勋为人,说实话,不骗人,虽鲁莽粗率,但是个血性汉子,和三国时代的张飞一样。宫保(指袁世凯)不欲成大事则已,欲成大事,不能少这个人,还得重用。"袁世凯向来对阮忠枢言听计从,这次同样深以为然。阮忠枢知道时任内阁军咨大臣的徐世昌同样与张勋亲近,又将这一消息通知了徐世昌。徐世昌也赶忙去见袁世凯,道:"我可以劝说张勋,听宫保命。"袁世凯清楚张勋性子倔强,不易就范,嘱咐徐世昌——亲自去徐州劝说张勋。

当时徐世昌身兼津浦铁路督办大臣之职,借公干之名秘密前往徐州。徐世昌与袁世凯一文一武互为同道,张勋向来对他恭敬备至,亲自设宴招待。宴毕,徐世昌从容对张勋道:"绍轩(张勋字)忠于清室,我与宫保同具此心。惟目前党人势盛,人心受其蛊惑,其势不可以力敌。宫保通权

达变，与党人言和，假以时日，必败党人。若以一朝之忿而乱大谋，无以对宫保，即以报清室。识时务者为俊杰，吾弟任重而道远，愿三思而后行。"

徐世昌这一番话，说得张勋茅塞顿开。不知这番话的结穴之所在是"与党人言和，假以时日，必败党人"，还是"识时务者为俊杰"。反正张勋当即表示："老师远来指教，弟子勋一定遵照老师的话，扶助宫保。"第二天，张勋向袁世凯发电报："拥护宫保的共和民国。"就这样，随着袁世凯入主北京就任临时大总统，张勋也摇身一变，成了北洋政府的一根台柱。

不过，张勋对此倒是有一套自己的说辞。张勋曾对人道："清帝故主也，袁总统恩师也，今袁为总统，宣统仍为皇帝，余为国民服务，公义私恩，两无妨碍。"张勋所部改称武卫前军，仍驻扎徐州至兖州一线。人归了民国，心却仍在大清。为表示仍效忠清室，张勋命令麾下三千武卫前军将士，谁也不准剪辫子，时人遂称之为"辫子军"。在中华的大地上，居然还保留着这样一支"辫子军"，实在是一件匪夷所思之事。更匪夷所思之事，自然是张勋这位不剪辫子的"辫帅"。

张勋不但不剪辫子，还喜好前清的一切。他平时在衣着上极力模仿前清旗人的打扮，头戴尖顶缎帽，身穿尺寸肥大的大褂或马褂，腰缠绸带幅下垂，挂着眼镜盒、扇子套及槟榔荷包。夏天他爱穿两截大褂，足蹬官靴。张勋不但喜欢前清的衣着和辫子，对前清的叩头大礼更念念不忘。驻军徐州时，张勋喜叩头是出了名的。每有客人来，张勋身边的侍弁总是低语告之："见大帅须行大礼。"来宾慑于张勋的声势，勉强从之，张勋也会应答如仪。也有来客不愿行这般大礼，张勋自有其妙法：自己先对客人行礼。眼见张勋先屈膝，客人在不自觉间，膝盖也就屈了下来。

"辫子军"比自己的大帅张勋还要出格。张勋所部的军纪原本就极差，改称"武卫前军"后，军纪败坏有增无减。曾有西方人搭乘火车自津浦路南下，见有兵士二人占据头等座，旁若无人。西方人忍不住问他们是否有头等座的车票，只见这两名兵士岸然回答："有！"他们亮出脑后的大辫，原来是张勋的"辫子军"。在津浦路沿线，辫子兵的大辫堪称硬通货，坐车可顶车票，买东西可顶钱票，入戏院则顶戏票。辫子兵们如入无人之境，没人敢阻拦。

此时，孙中山领导的"二次革命"已是山雨欲来。"二次革命"前夕，袁世凯准备对南方用武，分别密令山东都督周自齐和"辫子军"统帅张勋，集中部队，枕戈待命。张勋命令驻扎徐州的"辫子军"立即扣留津浦路的客货车，以备南下运兵之用。周自齐见状大惊，以为"辫子军"要造反，忙不迭地拆毁泰安、兖州之间的铁路，山东省内一度风声鹤唳。消息传到北京，参谋部赶紧去电说明。原来袁世凯虽然决定对南方用兵，但在准备时期，为保密计，对于北方军队只是分别通知，而未说明用兵对象，以致大家虚惊一场。不过，张勋嗅觉之敏锐，动手之早，反应之快，由此可见一斑。

不久，1913 年 7 月，孙中山通电讨袁，"二次革命"爆发。袁世凯命张勋杀回南方，攻城略地。张勋挥师南下，进兵南京。是年 9 月，张勋率领"辫子军"攻打南京太平门，掘地道，埋地雷，终于轰倒一段城墙，杀进城内。两年前革命军攻克南京，张勋狼狈逃走；两年后张勋志得意满，总算杀了回来。"辫子军"与讨袁军展开巷战，烧杀抢掠，无所不为。南京城内民众遭屠杀达数千人，许多妇女投秦淮河自杀。成功拿下南京，张勋因功升为江苏都督。

张勋在南京城里大肆复古，恢复前清两江总督时代的官制和排场。

张勋下令，将长江路都督府的大门、二门以及大柱和栋梁上都涂上一道朱红色的漆。从前的吹鼓手和炮手都被招了回来，每天三次，按时按响奏乐、开炮。张勋还用"扎委"的形式分发各级官员，前清的厘捐总办、粮台总办、督销总办、道台、知府、知县等名目全部恢复。南京城内重新有了一个知府"江宁府杨"和两个知县"江宁县左""江宁县沈"，知县衙门也恢复了刑名、捕快等旧名称，连藤条、小条这些刑具都重新摆了出来。大小官员都拖着辫子、坐着轿子去办公，谒见"大帅"时要先递交手本，非此不见。见"大帅"要行跪拜礼，自称"卑职"……南京城内一时怪招迭出，时人称为"小复辟"。

张勋非此不悦，与人谈话时频频注视其脑袋后面，有辫子的立即允予差遣，否则一律不能做官。因此有不少攀龙附凤的家伙，用马尾做一条假辫子来蒙事。张勋最绝的一手，是在江苏都督府门前的大旗杆上挂一个斗大的"张"字红旗，并下令不许在南京城内悬挂中华民国五色国旗。这一来就引起了外交上的麻烦，外国公使馆纷纷质问北洋政府外交部。不过，惹起外交纠纷的还不只是国旗问题。

"辫子军"在南京城内肆意妄为之时，竟杀了三个日本人。这引起了日本的愤怒，日本驻华公使向北洋政府提出强烈抗议，军部参谋们甚至向外相请愿，要求出兵中国。袁世凯立即派人去劝张勋，说日本的外交使团要撤换他，要张勋主动辞去江苏总督之职。张勋听后雷霆震怒，大声骂道："老子的印把子是拿性命拼来的！袁大总统想怎么办就怎么办，用不着用洋人来吓唬我，也用不着劳你的大驾来劝我！"迫于无奈，袁世凯任命张勋为长江巡阅使，并授予其节制五省水上警察的权力，同时拨给他一百万银圆作为安抚。张勋这才放弃南京，不舍地回了徐州。

3. "十三省区大盟主"

在徐州，张勋静观国内局势变化。袁世凯秘密酝酿恢复帝制，特意派阮忠枢到徐州找张勋联络。张勋拍着胸脯对救命恩人阮忠枢保证："大总统是我的知己恩师，我怎会对大总统有二心？"为了让袁世凯信得过自己，张勋立即发通电以表明心迹："仆随侍我大总统廿年，迭受恩培，久同甘苦，分虽仆属，谊等家人。自古谓人生得一知己可以无憾，仆历溯生平，惟大总统知我最深，遇我最厚，信我最笃。仆一心归仰，委命输诚。"待酝酿恢复帝制的活动公开，张勋再度发表通电："中国数千年历史，向无民主、共和字眼。辛亥革命骤改共和，勋期期以为不可。惟仰体我大总统因时制宜、息事宁人之意，亦不得不勉为赞同。"

等到袁世凯称帝已临近事实，张勋又向袁世凯发去第三封电报："大总统将为应天顺人之举，勋受数十年知遇之恩，自当效命驱驰。惟处置清室，应预为筹议。昔丹朱之谓虞宾，商均仍奉舜社，皆服其服，如其礼乐，客见天子，以示不臣。我大总统舜禹同符，先后一揆，此后宣统帝及诸太妃如何保全，宗庙如何迁让，陵寝如何守护，皇室财产及经费如何规定，我大总统宵虑所及，无待勋之哓哓，特优条件载在《约法》……恳将勋之所陈提交参政院议决，宣示海内外，使天下万世晓然于大总统之对清室，无异于舜禹之对唐虞。想参政诸老多先朝旧臣，当能仰体大总统圣德之高深，别无异议，则有清列后在天之灵爽，与隆裕逊位之初心，实凭鉴之。"袁世凯看完电报后大为感动，让政事堂回电，称赞张勋"见识远大"，保证优待清室的条件绝不变更。

饶是如此，袁世凯并不真正相信张勋。而袁世凯笼络控制部下的手

段有时太过阴险，也令表面效忠、实则观望的张勋寒心。比如有一日，张勋赴南京与时任江苏都督的冯国璋相见。张勋多喝了几盅老酒，对冯国璋酒后吐真言道："老头子（指袁世凯）打了密电来，叫我调查你的行动。"谁知冯国璋不慌不忙道："是吗？"他也从案卷中抽出一张电报来，递到张勋手里，说道："这是老头子叫我注意你行动的密电。"张勋恍然大悟，从此对袁世凯更多了几分提防。

袁世凯宣布称帝，全国各省蜂起独立。护国战争爆发，袁世凯又有了借重张勋之处。蔡锷的护国军第一军左路连战连胜，从前支持恢复帝制的北洋人物们如今或暗通款曲，或骑墙观望。在这种情况下，袁世凯想调冯国璋和张勋前去剿平西南"叛党"，却发现根本调不动。冯国璋早已是阳奉阴违，不肯出兵的理由又多又名正言顺。至于张勋，他甚至不跟袁世凯兜圈子，直接就向派来劝解的救命恩人阮忠枢提出"四不忍"，作为拒绝出兵的答复。

何谓"四不忍"？"容忍纵容长子，图谋复辟帝制，密电岂能戡乱，国本因而动摇，一不忍也；赣宁乱后，元气亏损，无开诚布公之治，开奸佞尝试之门，贪图尊荣，将国家当作赌注，二不忍也；云南不靖，兄弟阋墙，寡人之妻，孤人之子，生灵堕于涂炭，地方夷为灰烬，国家养兵，反而自祸，三不忍也；宣统名号，依然存在，妄自称尊，惭负隆裕，生不齿于世人，殁受诛于《春秋》，四不忍也。"

从前连发三道通电支持袁世凯称帝的张勋如今翻脸不认人，全然不顾自己在通电里对袁大总统的溢美之辞。在这"四不忍"里，张勋明明白白指出——袁世凯完全是无风起浪，瞎闹一场；南北议和时强迫清帝退位，已经是铸成大错，如今又恢复帝制，这现成的宣统皇帝就在宫中，为何不把他请出来再坐龙庭？袁世凯自己要做皇上，全然是不自量力。面对出尔反尔毫无信义可言的张勋，阮忠枢气得浑身发抖，却也无可奈何。

无路可走，袁世凯只得宣布取消帝制，并向西南各省提出议和。观望局势多时的张勋终于发觉机会来了。此时冯国璋在南京召开"南京会议"，目的是想在拥袁派和反袁派中间，造成第三力量。以冯国璋的如意算盘，既要挟袁世凯对付西南的护国军，又要挟护国军对付袁世凯。袁世凯早对见死不救的冯国璋失去信心，所以他采取以毒攻毒的手法，派张勋督理安徽军务，仍然驻守徐州。袁世凯又任命死党倪嗣冲为安徽省省长，让他暗示张勋——如果能驱逐冯国璋，就让张勋重任江苏都督。这样一来，张勋和倪嗣冲联合起来，将南京会议搅得一团糟，让南京会议无果而散。

南京会议失败，张勋赶紧把参加南京会议的各省代表邀往徐州开会。1916年6月7日，也就是袁世凯死后的第二天，张勋发表了"保境卫民"通电。在为各省代表接风洗尘的宴会上，张勋向各省代表高谈阔论，大谈"大清朝深仁厚泽"。6月9日，徐州会议正式开始。张勋派参谋长万绳栻宣布《会议要纲》十条，提出"固结团体，巩卫中央"。这自然是张勋放出的烟幕，他骨子里是想组织北洋系的各省军事攻守同盟。只有各方组成同盟，才能挟制北京政府对抗西南护国军，保全各省的实力派。

张勋把握了一个最好的时机，让自己成为当时的政治宠儿。袁世凯死后，北洋人物们正感前路茫茫，后顾皇皇，不知道应该怎么办才是。恰好在这个时机张勋召集了徐州会议，将因袁世凯称帝、护国军起而四分五裂的北洋系重新团结在一起。徐州会议召开时，外间盛传是讨论复辟，全国舆论大哗。张勋赶紧通电全国，公开否认是讨论复辟，这才平息了舆论。其实外间的传言并没有错，徐州会议正是张勋苦心布局清室复辟的第

一步。

参加徐州会议的，原来只有奉、吉、黑、直、豫、晋、皖七省代表。会议过后，张勋继续吸收各省实力派参加，因之"九省同盟"及"十三省区大同盟"的说法盛行一时。有了"同盟"，张勋自然有了"盟主"的权力。8月，国会议员赵炳麟提出议案，要求军人不得干涉国会。张勋联合多位地方督军，通电予以痛斥。9月，陈允中等国会议员质问督军同盟的问题，张勋等又发表了第二次排斥国会的通电。

9月21日，张勋公然召集第二次更大规模的徐州会议，将七省攻守同盟扩大为"十三省区联合会"。各省督军代表到徐州时，张勋派绿呢大轿前往车站迎接，包定徐州四大旅馆为招待所。会议在巡阅使署大客厅举行，门禁森严，代表入场也要通过人身检查。会议决定：推举张勋为十三省区的"大盟主"，制定了《省区联合会章程》十二项。如此，张勋成功组织起一个对抗国会、国民党和西南各省的军事同盟。

不过，这对张勋来说还远远不够。他授意安徽省省长倪嗣冲，在会议上提出更激烈的主张——仅仅制定章程，而不采取行动，这是不够的。倪嗣冲直接建议：解散国会，废止旧《约法》，罢免西南派的唐绍仪等五位内阁总长。他还要求，将此项决议通告北京政府，限于三日内答复。人们看明白了，这些建议实际上就是要把中华民国一脚踢翻，实行军人专制。他们要将中华民国改为中华军国，以武力消灭西南各省的势力。

紧接着，由张勋领衔，倪嗣冲等三十四人联名通电，要求唐绍仪辞职。这几乎是用北洋派系全体将领的名义，与一个手无寸铁的北洋老文官作战。实际上这份电报是由张勋、倪嗣冲两人包办，各省督军代表有些随声附和，有些则表明了不赞同的态度。江苏、江西、湖北三省代表表示，要向本省长官请示后才能决定签名与否。倪嗣冲干脆站起来,大声言道:"你们不能代表,就让我来代表吧。"他径直上前,提笔代为签名。9月25日,唐绍仪被迫通电辞去外交总长职务,张勋大获全胜。

"十三省区联合会",后来即被称为"督军团"。当上"盟主"的张勋独断独行,跋扈之极,各省督军敢怒不敢言。张勋每发表一次意见,各省督军只能随声附和。一次,福建督军李厚基的同意电报来迟了一步,张勋拍案而起,"李培之(李厚基字)是什么东西!"他大骂李厚基破坏北洋系,影响盟主威信,吓得李厚基来电谢罪,并且委过于秘书办稿太迟。后来北京选举副总统,张勋命令各省盟员通电为徐世昌捧场,李厚基干脆回电说:"与其推戴东海(徐世昌字),毋宁推戴我帅。"如此态度,看得张勋心满意足。

4．"辫帅"进京

袁世凯称帝失败,洪宪短命,这倒更勾起了张勋的复辟痴想。当上"盟主"之后,他的这个"痴想"越发强烈。张勋干脆与几个心腹谋划出复辟的步骤:一、解散国会;二、逼迫大总统黎元洪退位;三、宣布复辟。

机会还真让张勋给等来了。1917年5月,大总统黎元洪与总理段祺瑞爆发了"府院之争"。段祺瑞坚持主张参加第一次世界大战,举国对德国宣战,加入协约国联盟,以争取主动。段祺瑞自有难言之隐:他向英、法、俄等协约国的银行大举贷款,如果不对德宣战,无法向列强交代。大总统黎元洪宅心仁厚,与国会站在一起,坚决反对向德国宣战。5月下旬,黎元洪与段祺瑞势成水火,争执不下。外间传言,段祺瑞策划武力推翻黎元

洪，解散国会。黎元洪得到消息，抢先下令免去段祺瑞的国务院总理，解散了段祺瑞内阁。段祺瑞退避天津，发表通电——根据《民国约法》，总统无权免总理的职，他对此免职令不予承认。

黎元洪胆敢免掉北洋首脑段祺瑞的职，全国各地督军顿时开了锅。安徽省省长倪嗣冲首先宣布独立，随后河南、浙江、山东、福建等七省宣布独立。督军团在天津设立各省军务总参谋处，指责黎元洪为"奸人"，甚至扬言"北伐"。无奈之下，黎元洪遍视北洋各大员，有足够资历和声望的，只有督军团"盟主"张勋。黎元洪只能电召张勋进京，调停府院之争。

其实，张勋一直在紧密观察北京的府院之争。早在黎元洪电召他入京调停之前，张勋即又一次邀请各省督军到徐州开会。督军团主张"联省自治"，大总统黎元洪却主张加强中央权威，督军团早已不满黎元洪继续坐在大总统位子上。所以，各省督军连称张勋为前辈，挑动张勋对黎元洪不要客气。张勋看着督军们对黎元洪如此愤恨，心里得意。他又把黎元洪免去段祺瑞国务总理职务的电文拿出来给大家看。顿时，各省督军大惊失色，暴跳如雷。

督军们情绪激动，纷纷表示，希望张勋带头倒黎。张勋面露难色，似乎不愿接这个话。有人立即明白了，高呼道："我们知道您就是想复辟清室，只要您带头，我们誓死跟从！"

张勋面色随之一振，接道："要真是这样，那太好了！但这可不是空话，我们既然干，就必须坚定不渝！"督军们全部表示赞同。张勋又问参加会议的段祺瑞第一亲信徐树铮和安徽省省长倪嗣冲——段祺瑞是什么态度？徐树铮和倪嗣冲给张勋吃了最后一颗定心丸——段祺瑞的态度明确，只求倒黎，不计手段。

徐州会议商定了复辟的路线图：张勋进京后，先解散国会，再逼黎元洪退位，然后迎废帝溥仪复辟。会后，按张勋的要求，各省督军在一块赞同复辟的黄绫子上签名。就这样，张勋率领六千"辫子军"，在奉大总统黎元洪征召的合法名义下，准备开进北京。一出复辟的闹剧即将上演。

张勋毕竟是北洋系的老班底。进京之前，他偕同新任命的国务总理、合肥人李经羲先去了天津，拜码头，访名流。要想人不知，除非己莫为。张勋在天津的可疑活动，如拥兵北上、要挟黎元洪解散国会等等，已引起了有识之士的警惕。段祺瑞当面问张勋："此次进京，是否有复辟打算？"张勋急忙表白："我这次来，不仅仅为息事宁人，而是要为国家谋一劳永逸的安全。"话说得模棱两可，让人不得要领。有人进一步问张勋，听说你与清室有特别的关系，是不是这样？张勋辩解半天，众人仍是不信。无奈之下，张勋赌咒说："老夫若有复辟之心，将来这一颗老头颅必为利刃所断。"

6月3日，张勋率军进京之前，通电全国："比因政争，致酿兵事。勋奉明令，入都调整……默察各方面之情形，大多数心理，咸以国会分子不良，力主解散另选……勋拟即应名入都，共筹国是。俟调停就绪，即商请出师各省撤回军队。"随张勋一同入京的，还有一个封得严严实实的箱子。那个箱子中，整齐放着张勋早年的全套清朝官服。

进了北京，张勋的复辟行动愈发紧锣密鼓。复辟心腹每日聚集在张勋的私宅里，名气最大的自然是保皇派领袖康有为，万绳栻、梁鼎芬、张镇芳、雷震春、刘廷琛、辜鸿铭、胡嗣瑗等人皆来相助。6月30日傍晚，张勋派梁鼎芬、王士珍、江朝宗、陈光远、李庆璋等人，分别代表民国、清室和张勋本人，前往总统府，劝说黎元洪退位让权。黎元洪坚决不肯退

位，反而开口大骂，将这些复辟党人骂出了总统府。

可惜，眼下已经无人能阻止张勋的复辟计划。派人去劝说黎元洪的同时，张勋以先前定的日程，照旧去江西会馆，出席江西同乡会为他安排的专场京剧演出。张勋是有名的戏迷票友，尤喜梅兰芳。他拿过戏单子一看，梅兰芳是压轴戏。等到梅兰芳出场，必定过了半夜。张勋自知明日凌晨要进宫举大事，今夜不可耽搁太久。他干脆利落，下令让梅兰芳先唱。梨园哪有这等安排？没人敢忤逆"辫帅"的意思，只好照办。梅兰芳不解，观众更是狐疑。张勋倒是不管不顾，听完梅兰芳径直回府歇息去了。

午夜12点钟，张勋听完梅兰芳回府，马上命令他的"辫子军"把京津临时警备总司令王士珍、副司令江朝宗和陈光远，以及京师警察厅总监吴炳湖"请"来。张勋向他们宣布道："本帅此次率兵入京，并非为某人调解而来，而是为了圣上复位，光复大清江山。"接着他告诉众人，今日傍晚，他已进宫面圣，召开了"御前会议"，决定明晨请皇上复位。说完，张勋厉声问道："诸位尊意如何？"王士珍等人被这突如其来的事件吓得心惊肉跳。王士珍壮着胆子问道："各省及外交部接洽过吗？"张勋回答："外交确有把握。冯国璋、陆荣廷均表赞意，并有电来催。各省督军也一致拥护。"王士珍等默默无语。张勋又说："我志在必行。你们同意，则立开城门，放我兵马进来。否则请各归布置，决一死战！"王士珍等人面面相觑，不敢再说什么。张勋下令打开城门，六千"辫子兵"全部进城。接着，张勋穿上蓝纱袍黄马褂，戴上红顶花翎，带领康有为和王士珍、江朝宗、陈光远、吴炳湘文武官员，乘车进宫。

1917年7月1日凌晨3时，张勋一干人顶戴花翎、补服朝靴地穿戴齐整，从东华门入宫，奏请宣统复辟大位。坊间传闻，张勋带人入宫之时，宣统皇帝正酣睡未醒。张勋亲自由龙床上将小皇帝拽起来，溥仪吓得大哭不止。瑾太妃、太保世续、贝子溥伦闻声赶来，询问何事。张勋答曰："今日复辟。"瑾太妃等人执意不肯。他们反复表明，继续享有清室优惠待遇即可，其他之事断不可行。张勋大声叱曰："今日之事，不能听你们做主。有不从者，莫怪老夫无情。"贝子溥伦诘问道："你此番举动，不是学曹操逼宫故事吗？"张勋回答："曹操逼宫，是杀后惊主；我今日逼宫，是拥君即位，那是不能一概而论的。"溥伦无词以对。如此大事，张勋竟以京剧之念白对答。

　　十二岁的小皇帝刚回过神来，不知"复辟"的利害关系，只觉得好玩。溥仪戴上皇冠，穿上龙袍，神气活现地在紫禁城里照了一张全身像。这是溥仪在张勋复辟之时留下的唯一一张照片。张勋见小皇帝坐上了龙椅，立即甩开马蹄袖，领着众人匍匐在地，向溥仪行三跪九叩首大礼。接着，由张勋奏请复辟。张勋道："（五年前）隆裕皇太后不忍为了一姓的尊荣，让百姓遭殃，才下诏办了共和，谁知办得民不聊生……共和不合咱的国情，只有皇上复位，万民才能得救……"溥仪按照事先指点，表示谦让道："我年龄太小，无才无德，当不了如此大任。"张勋立即赞颂："皇上睿圣，天下皆知，过去圣祖皇帝（指康熙）也是冲龄践祚。"溥仪按事先的嘱咐说："既然如此，我就勉为其难吧！"于是，张勋、康有为等人又跪拜在地上，高呼万岁。王士珍等人也只得跪下，随口欢呼。

　　复辟上谕同日颁行，其曰："朕不幸以冲龄继承大业，茕茕在疚，未堪多难，辛亥变起，我孝定皇后至德深仁，不忍生民涂炭，毅然以祖宗创垂之重，亿兆生灵之命，付托前阁臣袁世凯设临时政府，推让政权，公诸天下。……权衡重轻，天人交迫，不得已准如所奏，于宣统九年五月十三

日临朝听政，收回大权，与民更始。自今以后，以纲常名教为精神之宪法，以礼义廉耻收溃决之人心。……"

大约"以纲常名教为精神之宪法，以礼义廉耻收溃决之人心"两句是康有为的修订之笔，康老夫子扬扬自得，放出大话说：这两句话实可抵半部《论语》，天下从此可望太平。

5. 北京城中"大复辟"

凌晨4时，张勋派清室旧臣梁鼎芬等人叩开了总统府的门。他们带着小皇帝赐封黎元洪一等公的诏书，还有康有为预先代写的"黎元洪奏请归还国政"奏折，要求黎元洪在奏折上签字。黎元洪仰天长叹，悔不该前门赶走段祺瑞那只狼，后门竟然引来张勋这只虎。现在木已成舟，追悔莫及。不过，黎元洪还是坚持原则，与袁世凯称帝时一样，坚决不肯受封。第二天，黎元洪通电冯国璋在南京代行总统职权，起草了重新起用段祺瑞的任命书和讨逆命令，自己逃到东交民巷日本使馆避难去了。

复辟第一日，天下改元，民国六年变成宣统九年。小皇帝溥仪一天之内发了八道上谕，过足了钤印的瘾。紫禁城内，又是任命官员，又是诏告天下，"钦此"之声简直不绝于耳，甚是热闹。跟当年南京城里"小复辟"相比，此番北京城里可算是货真价实的"大复辟"。张勋的复辟令下，京城龙旗飘荡，旗人喜形于色。市面上则大受影响，商家不敢再收纸币。吃饭购物只认大洋，北京城里一时物价上涨。更有人想要在这大变局中谋个门路，捞个一官半职，光宗耀祖。张勋有自己的规矩，他选人、用人的标准以"辫子"评判。张勋明文规定："凡前清官僚，自亡国后，保存发辫而不服官于民国者为上选，可得内阁宰辅位次；有发辫而曾应民国之聘出山者为次选，可得尚书、侍郎之职；至若无发而又为民国官员者，虽有奇材异能，亦屏而不用。"也就是说，一切以是否留辫子为准。问题是，现在已经到了民国六年，不仅百姓，连清室王公贵戚都已剪发，谁脑后还留着辫子？一时间，街面上八仙过海，各显神通。有人找假辫子，甚至剪下老婆、小妾的辫子，缝在前清的朝冠上，用来蒙混过关。复辟的当天下午，手下来报告——街上到处都是留辫子的人。张勋乐不可支，大笑道："我说人心不忘旧主，今日果应其言。不然，哪里来这许多有辫子的人呢？这就是民心所向啊！"

不光是辫子，连朝服也成了稀缺之物。做官服的裁缝大发其财，日夜加班也难以完工。无奈之下，有人跑到梨园去租戏装。紫禁城门前投帖问安的人一夜之间多了起来。守门兵士也把自己当成了大内御林军，趾高气扬。内务部司长王扬滨、欧阳溥存去递折请安，守门兵士问他们什么职务。王扬滨、欧阳溥存道："前内务部司长。"守门兵士大声呵斥道："司长不过掌印郎中，五品官而已！够不上请安。"直接将他们轰了出去。

张勋在津时，指天发誓："若有复辟之心，将来这一颗老头颅必为利刃所断。"复辟即行，当日听他赌咒发誓的某公气不过，写信大骂张勋："前日誓言，言犹在耳。今汝甘冒天下之大不韪，吾恐断送老头颅之语，将成言谶矣。"张勋看完信后，笑笑说："以我一颗头颅换取大清帝国，有什么不值呢？"

张勋复辟有功，宣统皇帝亲封他为"忠勇亲王"。回到家中，张勋向老婆曹氏炫耀，面有骄色。曹氏倒是深明大义，大骂张勋无良。她说："民国待你不为不厚，今冒天下之大不韪，你就是不为你自己着想，也得为子

孙后代想想吧。今天皇上虽封你为'忠勇亲王'，恐怕将来你就要成为平肩王了。"张勋不解，问："何为平肩王？"曹氏答曰："你将来首领必不保。一刀将你的头颅砍了去，你的脖子不就与两肩一字平了吗！"张勋"呸、呸"几声，算是吐走了晦气。他是个惧内之人，只得咽下这口怨气。

不过，张勋很快将这口怨气抛到了脑后。他给自己印了个名刺，这名刺不一般，长约九寸，宽约四寸，上面印有"前两江总督兼南洋通商大臣、前江苏都督、前长江巡阅使兼安徽督军、现直隶总督兼北洋通商大臣、钦命御前议政大臣、晋封忠勇亲王张勋"等字样，官衔五行并列，见到的人无不发笑。而张勋却得意扬扬，自以为有清一朝，就没有比他更风光的了。

张勋的复辟劣行，立即遭到了全国各界的强烈反对。仍在北京的总统黎元洪、身在南京的副总统冯国璋，第一时间通电全国，声讨张勋的倒行逆施。复辟当日，北京大学教授李大钊愤然离开北京，南下上海。当时在教育部供职的鲁迅冒雨到教育部提出辞职，以示抗议。时在上海的孙中山闻讯后极为愤慨，立即发表讨逆宣言。然后，孙中山乘军舰南下，计划到广州组织武力讨伐张勋。全国各地尤其是南方各大省会召开万人大会，各家报纸发表大量文章，一致声讨张勋。段祺瑞更是立即组建讨逆军，于7月3日在马厂誓师，兵分两路，直捣北京。局外人一看便知，张勋的日子不多了。

讨逆战开始，冯国璋和段祺瑞都出十万块大洋买张勋的人头。康有为听后很高兴，说戊戌年慈禧太后也悬赏十万两银子买他的人头，看来自己和张勋的身价差不多。康有为又道，只可惜通缉名单中没有自己，想来是自己的弟子从中转圜所致。张勋听后大笑："你当年才十万两银子，我这次是两个十万元，顶多也就值我的一半身价。再说了，这次通缉名单上没有你，是因为人家觉得你的人头不值钱罢了！"取笑完康老夫子之后，张勋又得意道："姓冯的和姓段的都出十万元买我的人头，他娘的，一个个都想在我身上发财。我若是有变身的法子，倒是想变出两个张勋来！"

讨逆军大小十余战，每战必胜，数日之内即由马厂逼近北京丰台。张勋的"辫子军"实在不堪一击，枪声一响，"辫子兵"们丢下枪械，轰然而散。双方7月7日开始交火，7月12日战事便结束了。战事一共六天，其中四天没有战斗，实际只有两天。张勋的六千"辫子军"共十个营，战事一开始就被策反了六个营。只剩四营兵力稍加抵抗，很快一败涂地。讨逆之战中，却出现了一个划时代的历史事件——北京南苑航空学校校长秦国镛驾驶飞机，向紫禁城投弹轰炸。这是中国历史上第一次空军作战，轰炸的目标竟然是皇宫。秦国镛一共向紫禁城投下三枚炸弹，都是尺把长的小炸弹，却吓得宫中的小皇帝溥仪、太妃和诸位"大臣"魂飞魄散。这三枚炸弹一枚落在隆宗门外，炸伤轿夫一名；一枚落在御花园的水池边，炸坏水池一角；一枚落在西长街隆福门的瓦檐上，没有爆炸，只把几个聚在那里赌钱的太监吓个半死。

6. 复辟失败

兵临城下，胜负已成定局。冯国璋、段祺瑞列举了张勋八大罪状，通电全国：

> "国运多舛，张勋造逆。国璋、祺瑞先后分别通电声罪致讨，想尘清听。逆勋之罪，罄竹难书，服官民国已历六年，群力缔造之邦

基，一人肆行破坏，罪一。置清室于危地，致优待条件中止效力，辜负先朝，罪二。清室太妃、师傅，誓死不从，勋胁以威，目无故主，罪三。拥幼冲玩诸股掌，袖发中旨，权逾莽、卓，罪四。与同舟坚约拥护共和，口血未干，卖友自恣，罪五。捏造大总统及国璋等奏折，思以强暴污人，以一手掩天下耳目，罪六。辫兵横行京邑，骚扰闾阎，复广募胡匪游痞，授以枪械，满布四门，陷京师于糜烂，罪七。以列强承认之民国，一旦破碎，致友邦愤怒惊疑，群起以谋干涉，罪八。凡此八罪，其最昭彰，自余稔恶，擢发难数。国璋忝膺重寄，国存与存，祺瑞虽在林泉，义难袖手。今已整率劲旅，南北策应，肃清畿甸，犁扫逆巢。凡我同胞谅同义愤，仁盼云会，迅荡霾阴，国命重光，拜嘉何极！"

段祺瑞通过外国公使向张勋提出解决时局的四项办法，张勋却用四句歌谣来作答复："我不离兵，兵不离械，我从何处来，我往何处去。"有人问他，怎样对清室做一个交代？张勋大声道："我太傻了，人人都很聪明，复辟不是我一个人的主张，也不是我一个人的愿望，复辟成功大家享福，如今干垮了拿我一个人受罪。这件事本来和清室不相干，干成了，小皇帝安坐龙庭，失败了，我一个人受罪。"

于是，张勋去见诸位亲王和太妃，请求辞去直隶总督及议政大臣之职。清室众人问张勋，意欲何往？张勋说，要率队回徐州，请清室给予黄金万两，以酬其劳。宣统小皇帝居然精明地说出一番道理："黄金万两便是四十余万元，我即位不过七天，给你四十万岂不是花五万元一天买个皇帝做？"张勋听后很不高兴，便说："陛下自从辛亥退政后，六年以来，老臣先后报效不下五十万元，我今天来要黄金万两，这也不算过分吧？"瑾太妃说："如今复辟势将消灭，民国每年优待的四百万岁费，都要断送于你之手，我们又向谁去讨呢？"张勋听后哑口无言，只能灰溜溜退了下去。

7月11日上午，讨逆军已攻进北京城，逼近南池子张宅。北京各城门布满了半月形的沙袋，南池子张宅门外架起了机枪，市区的商店关门闭户，老百姓惶惶不安。张宅中平日里的文武百官已作鸟兽散，偌大宅院几无人影。张勋要万两黄金不成，似乎鬼迷心窍，抱定了与清廷共存亡的决心。7月12日凌晨4时，枪炮声自天坛方向传来，讨逆军要发动最后的攻势了。张勋表示，绝不撤退，绝不投降。他居然起床来到院中的水池之内，划船倚桨，态度与平时无异。周围的仆人早已吓得说不出话，瑟瑟发抖。危急时刻来了两辆外国汽车，手下人硬将张勋塞进汽车，送到荷兰大使馆避难。至此，半个月的复辟闹剧终告收场。

事后，徐世昌与段祺瑞商量说："绍轩（张勋字）虽为祸首，但只不过是一莽夫，请念北洋同胞之谊，穷寇莫追。"段祺瑞同意了。于是，徐世昌致电张勋："执事既不操柄，自可不负责任，至于家室财产，已与段总理商明，亦不为己甚，昌当力保护。"1918年3月，北京政府以"时事多艰，人才难得"为由，对洪宪祸首和辫帅复辟案犯均一律实行特赦。就这样，张勋获得自由后一直蛰居津门德租界6号寓所。

张勋复辟失败，舆论几乎一边倒地称之为倒行逆施，唯独一位北洋大员站出来为张勋说了句公道话。此人正是洪宪帝制的拥趸，张勋当年的救命恩人阮忠枢。这位袁世凯曾经的手下红人力排众议，称张勋此番举动，虽然近于粗率，却不失为烈烈轰轰之好汉。张勋听后大喜，说："我结交半生，尚得这个仗义朋友，便死也瞑目了！"

1922年，复辟失败已五年的张勋在家开堂会，庆虚寿七十。一些戏苑名角如杨小楼、梅兰芳、余叔岩等人，在八十多岁的京剧界老前辈孙菊仙带领下，前来天津的张府给张勋祝寿。这也成为当时梨园一场空前的盛会。在张勋面前，这些名角儿当然都很卖力，获得的报酬也相当优厚。特别是孙菊仙，张勋是他的老戏迷，这次给出的报酬高达六百大洋。孙菊仙感动得老泪长流，连连说："懂戏者，张大帅也！知音者，张大帅也！"

一年之后，1923年9月12日，张勋在天津公馆病逝，终年六十九岁。废帝溥仪赐谥"忠武"。当时政界闻人和文化名流纷纷致电哀挽，祭文、哀诗和挽联不计其数。后来张勋家属在门生故吏的帮助下，专门编了一本《奉新张忠武公勋哀挽录》。所有人中最真诚的，恐怕算是京剧界老前辈孙菊仙了。张勋死后，孙菊仙甚至哭倒在地，悲绝道："黄钟大吕，恐自绝响！"

成于乖巧，毁于愚忠，张勋的一生即由此作结。张勋也算叱咤半世，但其广为今人所知的，便只有那十二天的复辟闹剧。与张勋一道筹划复辟的康有为曾写诗一首，道出了这幕复辟闹剧的台前幕后，张勋的一生，却也隐隐透在其中：

围城惨淡睹龙争，蝉嗲声中听炮声。
诸帅射王敢传檄，群僚卖友竟称兵。
晋阳兴甲何名义，张柬无谋召丧倾。
信义云亡人道绝，龙𫭟收影涕沾缨。

第六章

"贿选总统"曹锟

1. "曹三傻子"投军

曹锟字仲珊，同治元年（1862年）农历十月二十一日生于天津大沽。曹锟家境贫寒。父亲在大沽的一个船行当排船工，终年累月辛劳，收入微薄。曹家有五男二女，曹锟排行第三。家里人口众多，生活艰难，真是穷到家无隔宿之粮的程度。为了一家人糊口，年仅七岁的曹锟每天清晨天还不亮就背着筐出去挖野菜。野菜挖回来，掺在玉米面里，蒸野菜窝头吃。全家九口人，天天就靠野菜窝头果腹。又过了两年，曹锟十八岁的大姐嫁给了当地一户毛姓人家。毛家比较富裕，看在儿女亲家的面上，逢年过节总会周济一些。曹家少了一张吃饭的嘴，加上亲家周济，日子总算慢慢好转。别看曹家穷，曹锟的父亲为人要强，宁愿自己勒紧腰带也要供孩子识几个字。曹锟兄弟几人虽是贫家子弟，却都读过几年私塾。

曹锟十六岁时，父亲让他学造船，他不肯。叫他种地，他也不依。父亲只好让曹锟去卖布。家中贫穷，甚至买不起一辆手推车，曹锟只得把布匹搭在肩上四处叫卖。曹锟觉得种地、造船丢份儿，贩布比务农做工似乎要上流一点。可惜的是，他并非做生意的材料。曹锟性情豪爽，爱交朋友，喜欢武术，好酒贪杯。他喝醉了便席地而卧，有时街上一些顽童就趁机把他钱袋里的钱偷走。曹锟酒醒后发现钱没有了，只是一笑了之，从不追问。别人问他为什么，曹锟笑道："我喝酒，图一乐；别人拿我的钱，也是图一乐，何苦再去追？"豁达至此，以至于曹锟在大沽一带得了个绰号——"曹三傻子"。

"曹三傻子"喜欢酒肉，也好女色，但囊中羞涩。于是他想了个办法，每到中午晚晌，大小饭馆上座的时间，曹锟便逡巡于酒楼饭肆的门口。一遇上相熟之人往里走，曹锟赶紧跟进去，不声不响，坐下就大吃大喝。酒足饭饱之后，抹抹嘴巴，扬长而去。几次三番之后，"曹三傻子"吃白食的名声不胫而走。但凡认识曹锟的人，进饭店都要东张西望、左顾右盼。看清了没有"曹三傻子"的踪影，这才敢进去。父母见曹锟不成器，便在他十七岁那年托人说媒，将西大沽一家姓郑的姑娘娶过来。郑氏长于曹锟两岁，相貌平平，但为人通情达理，过门后上敬公婆，下疼小叔小姑，对曹锟更是十分体贴。小两口和和睦睦，很少口角。

一日，曹锟贩布到保定城门，被两个守城的士兵拦住，不但没让进城，反而被他们谩骂嘲笑一番。曹锟无端受辱，窝了一肚子火儿。他想起自己寒来暑去，历尽艰辛，也未能改变自己吃苦受累的命运，于是他暗下决心，立志从戎。另一件事更坚定了曹锟投军的想法。某日曹锟在贩布路上碰见一位相面先生，相面先生打量他一番，忽然走近前来揽生意，说他有七品县太爷之相，希图一点银子。不料曹锟听罢并不答话，劈头一巴掌打去，口中喃喃骂道："跟你素不相识，怎敢挖苦老子！"可回到家，曹锟细品相面先生之言，不禁怦然心动，最终决定投效军中。

光绪八年（1882年），二十岁的曹锟丢了卖布的小买卖，应募入伍，开始了行伍生涯。他先是在淮军当兵。一直做到毅军的哨官。甲午战争中，曹锟随部赴朝鲜作战。翌年，曹锟赴小站投袁世凯的新建陆军，又从大头兵当起。他知道当大头兵毫无前途，要发迹必须得读设在天津的北洋武备学堂。为了投考北洋武备学堂，读书不多的曹锟苦练书写。营中每晚熄灯后，他便将床单撑开，在床下点一小蜡烛读书写字。最后，他如愿以偿考入武备学堂。毕业后，曹锟成为小站新军右翼步队第一营帮带。

在小站，曹锟既无背景，又老实巴交，时常受人欺负。但他有一大

特点——憨厚，喜怒不形于色，好处都让给别人。他自己则吃苦耐劳，千依百顺，不管心中怎么想，面上从无怨言。久而久之，相对于周围那些浑身毛病的武弁来说，曹锟竟颇有些出淤泥而不染的味道。于是，曹锟渐渐地也就闻达于上司，甚至袁世凯都知道了有这么一个与众不同的人物。

多年苦干，曹锟终于成为了袁世凯小站练兵的骨干。他日益得到袁世凯的器重，光绪三十三年（1907年）被袁世凯任命为北洋军第三镇统制官。当年同他一起练兵的那些同袍基本上都做过镇统制了，曹锟到这时才混上第三镇的统制，晋升速度真不算快。即便如此，当第三镇统制官时，曹锟还自认为德才望俱不足，故往往做莫名其妙之举。曹锟那时最常干的是微服私访，侦伺军中袍泽对于他的反映。他换上士兵服装，独自一人跑到某一处营房里去，找自己的部下闲聊。聊着聊着，每每这样发问："咱们新来的统制官怎么样？"回回都能捞到一大堆恭维和奉承。曹锟自以为深获军心，非常得意。

民国成立后，曹锟任陆军第三师师长，曾于护国战争时率军南下四川，与护国军作战。在此期间，曹锟获得了一生最强的臂助——吴佩孚。当时曹锟率第三师暂驻湖南岳州，督湘的是汤芗铭。某日，汤芗铭举行一个典礼，请曹锟即席演讲。曹锟不善言辞，险些闹出尴尬。一旁的副官长吴佩孚趁机自荐说，愿代表师长讲几句话。曹锟欣然同意。吴佩孚的演说大获汤芗铭激赏，对曹锟称赞吴佩孚是个人才。过后不久，汤芗铭又向曹锟借吴佩孚。曹锟不置可否，而对左右说："咱们的人才，咱们不会用？"随即任命吴佩孚为第三师第六旅旅长。

就这样，曹锟与吴佩孚绑在了一起。曹锟决定以吴佩孚代替自己任第三师师长时，招致不少人反对。曹锟气极，大吼道："吴子玉（吴佩孚字）跟我多年，无役不与，且文武全才，不用他用谁？我俩是焦不离孟，孟不离焦，用了他，我就是败了也认，这用不着你们跟着瞎搅和！"吴佩孚这才得以当上第三师师长，镇守一方。后来直皖战争前，张作霖问吴佩孚："三哥，边防军（指皖军）比你军力大、器械比你精，你有什么把握？"曹锟回答："我没有把握，子玉说有把握，他的把握就是我的把握。"果然，在吴佩孚的指挥下，直皖战争以直军大获全胜告终，曹锟丝毫没有看错。

曹锟特意在保定为被俘的皖军前线总指挥曲同丰组织了一次"受降礼"。曹锟先在大厅中站立，曲同丰由其他被俘直军将领陪同，全副戎装进入大厅。曲同丰由腰间解下军刀，双手捧献曹锟，朗声道："鄙人今天愿意向贵经略使投降，特将军刀献上，宣誓决不与贵军为敌。"曹锟双手接刀后，又将军刀发还，用和悦的音调对曲同丰道："本使今天愿意接受贵司令投降，贵司令作战勇敢，本使深为敬佩，特将军刀发还，仍请佩带。本使当按照优待俘虏条例，予贵司令以最优待遇。"受降礼完成后，两人握手叙旧，欢若平生。

2. 当上直隶督军

自 1916 年 9 月任直隶督军起，曹锟一直驻在保定。从直皖之战到第一次直奉战争，乃至后来的贿选总统，一系列大事曹锟都是在保定谋划决策。直系之中，以曹锟为代表的一派便被称为"保派"。等到吴佩孚羽翼渐丰，练兵洛阳，自行开衙建府，直系中以他为代表的那一派便被称为"洛派"。虽然"保派"与"洛派"暗中也多有龃龉，但曹锟一直对吴佩孚甚

为倚重。

以曹锟的性格，这辈子闹的笑话不少。曹锟平时喜欢以老大哥自居，动辄呼人"老弟"。他对待部下官兵，一律声称"有福共享"。有一年冬天，曹锟特地购置了一万件皮袍，凡属直系军官，每人发一件；又买了几万袋面粉，每个士兵赏给两袋。部下因此欢声载道，士卒乐于效命。曹锟在散给皮袍的时候亲自演说道："咱们军人向来有个'同袍'的名字，所以我今天每人赏一件羊皮袍子，就是实行'同袍'二字的意思。"下面的人听曹锟的这个歪解，不免忍俊不禁，开怀大笑。曹锟此举，虽说是小恩小惠，却很能买服人心。就这点而言，敦厚木讷的"曹三傻子"一点儿也不傻。

山东督军张怀芝是曹锟的铁杆拥趸，他常与人说"曹三爷是我长兄，他走一步，我随一步；他跑一步，我也跑一步"。1917年府院之争愈演愈烈，大总统黎元洪派人来保定，鼓动曹锟通电支持自己。曹锟同意了，通电支持黎元洪，张怀芝也跟着通电支持。没几天，曹锟受段祺瑞鼓动，宣言否认，张怀芝也跟着宣言否认。等曹锟当了直隶督军，张怀芝也要去当山东督军，说是"要跟曹三爷走！"不过，张怀芝做参谋总长的时候，不识字而好弄文，某日下一命令，"派某人到参谋部"，却把"派"字写成了"抓"字。结果所派之人，被抓到参谋部等候发落，闹出一个大笑话。北洋元老王士珍得知后，笑着写道："怀芝事事学曹仲珊（曹锟字），仲珊不乱动笔，自为藏拙；怀芝独对此事，未曾学得到家。"藏拙而不露拙，曹锟的真精明又显现了一次。

1921年，曹锟欲将保定大清河两岸六百余亩地兴建为规模宏大的花园。刚刚经受了大旱之苦的保定人，听说曹锟要建花园，扶老携幼前来参加修建，为的就是讨口饭吃。一年后，花园终于建成，里面有楼台轩馆，水榭曲廊，花径亭石，苍松翠竹，汇集南北园林之精华。曹锟十分喜爱这个花园，几乎每天早上都到此散步打拳，同时也允许普通老百姓进园游览。曹锟亲撰碑文记其事，还特请来鼎鼎大名的"南海圣人"康有为。康有为欣然为其撰写一联，其曰："一游一豫同民乐，知止知足仰山高。"上联"一游一豫"语出自《孟子·梁惠王下》，喻他修此公园并非独自享用，而是与民同乐。下联笔锋陡转，写成了"知止知足仰山高"。字面看来，"仰山高"还是赞扬，关键处却在"知止知足"四字。"知止"出自《老子》"知止不殆，可以长久"。"知止不殆"是说适可而止，就能避免危险。康有为此时已经看出曹锟有不择手段爬上大总统高位的野心，故以老友身份，借写对联委婉告诫曹锟要"知止知足"。可惜，曹锟对此置若罔闻。

　　1922年农历十月二十日，是曹锟的六十大寿。此时，直系在第一次直奉战争后控制了北京政权，北方俨然是直系天下。作为直系首领的曹锟踌躇满志，决定大庆六十大寿，借以扩大自己的政治影响。做寿这天，光园内外张灯结彩，门前车水马龙，各省军政要员纷纷奉承巴结，大送寿礼。吴佩孚从湖南赶到保定，为曹锟张罗场面。曹锟见吴佩孚如此恭顺，十分高兴。他对幕僚们说："子玉生性古怪，却独能推崇老夫，这也算是前生的缘分咧！"众人听了争着奉承说："玉帅无论怎样威望，怎比得上老帅勋高望重，震古烁今？此中不但有缘，也是老帅德业所感召啊！"曹锟听了大为开心。

　　曹锟做事一向沉稳，稳打稳扎，不像某些人冲动冒进，所以逐渐成了气候。如今，直系势力成为了把持北京政府的唯一军政集团。曹锟信心爆棚，一心要过一把民国大总统的瘾。任何事情皆有其前奏。早在1918

年，冯国璋代总统任期届满，段祺瑞控制下的安福国会将选举总统与副总统。此前，段祺瑞为对抗冯国璋，以未来副总统作饵，极力拉拢曹锟。段祺瑞亲自向国会"力荐"曹锟为副总统，又以支付军费为名拨给曹锟一百五十万元，作为其选副的"运动费"。但直到曹锟将每张选票开到二千元的高价，大部分议员仍不买账，曹锟最终还是落选。事后曹锟才打听清楚——原来议员中风传，曹锟花十万银元从武汉买了位如夫人，身家竟然是议员的五十倍。如此不拿议员当回事，议员们谁会投曹锟的票？

这次选举副总统不成，算是让曹锟跟大总统的位子较上了劲。曹锟是军人出身，政治上没有什么经验，但他把握住了民国政治的最核心要素，那就是钱。有钱能使鬼推磨，没钱万事莫开口，有钱什么都好办，古今一理。曹锟不缺钱，他缺的是机会。

3. "贿选"总统

五年之后，曹锟一直等待的机会来了。1923 年，逼走黎元洪逼走之后，曹锟谋任总统的大戏马上开锣。吴佩孚对曹锟急于当大总统，很不满意。他曾向曹锟建言："今虽三分天下有其二，然两广莫测，东三省尚在负隅；时机未至，不可强为。待国家统一，总统一席，不求自至。若勉强为之，诚恐资攻讦者之口，结局无法善后。"但曹锟对此未予采纳。

就这样，曹锟不顾吴佩孚反对，执意策划了贿选总统的丑剧。具体的工作不需要曹锟亲自出面，自有曹锟一派的众议院议长吴景濂等人在四处活动。总统选举在民国司空见惯，只不过这次来得更直接——贿选公开透明，选票明码标价，童叟无欺。议员投曹锟一票，可得五千元支票，选举成功后马上兑现。10月1日起，贿选的总部已经开始分别填送支票了。

最后一次，吴佩孚去光园拜见曹锟，对曹锟说："到天与人归时，大总统一定非您莫属。可是现在不要当总统，在现形势下当总统会由婆婆地位变成儿媳妇。"曹锟听后没有明确表示意见，只说了句："唉，我这就快到六十岁了！"吴佩孚明白曹锟当总统之意已决，从此对有关选举总统的事情不再过问，一切听凭曹锟自己运作。

临近大选前夜，议员们也难免紧张起来。他们关心的问题集中于选票的票价，以及付款的办法。议员们这边是怕投了票拿不到钱，曹锟那边则怕付了钱议员们不投自己的票。另外，票价的多少也因人而异。同样是一个议员，同样是一张票，喊价不同，卖价不同，成交也不同。至于付款是现款还是支票、支票是近期还是远期、出票人是谁、银行是哪一家，都是争论的问题。整个大选前夜，北京城里就这样热闹异常。

贿选过程之热闹，花边新闻之多，让后人读来只能捧腹大笑。1923年10月5日一大清早，国会一带就出现了很多荷枪实弹的军警，负责警务的官员都亲自在现场指挥，严阵以待。数百名便衣混在群众当中，既要监视群众，又要防止议员偷偷离京。北京东西火车站和各交通要道，事先都布置有军警，防的就是议员出逃。遇到真有议员出逃，先是由便衣上去一把揪住，大声诬赖其逃债。接着军警过来干涉，通通带回去盘问。事实上，议员直接给带回投票会场去了。

当天参加投票议员约有六百人，却有多名"议员"被人当场识破乃冒名顶替。选举的检票员，也都是由曹锟的心腹议员担任。饶是如此，大选时间虽然定在上午10点，实际上到下午1点20分前，尚未凑足法定人

数。曹锟情急之下向议员们承诺——只要出席会议，哪怕不选我曹锟，都可以领到五千元。这一招果然奏效，十几名议员立刻赶到了会场。即便如此，开会的人数仍是不足。曹锟干脆叫人到医院，把一些卧病在床的议员用软床抬来，如此才凑足法定人数。当然，天下人也不全是五千元能买得动的。大选当日，曹锟亲自临场督选。当他走到北京议员吕复席前时，发现这人居然没有投自己的票，不禁心痒难耐，干脆私下里对他道："为什么不选我曹锟？"不料吕复天生有反骨，指着曹锟的鼻子骂道："你要能做总统，天下人都能做总统了。你要是当了总统，总统也就不是总统了！"说罢，随手操起桌上的砚台向曹锟掷去。事先曹锟还曾公开对议员们吹风道："谁又有名又有钱，谁就可以当总统。"结果某议员立刻提议道："大帅，梅兰芳既有名又有钱，我看可以当总统。"所有人顿时哄堂大笑，曹锟自讨个没趣。

此外，直系的政治对手也纷纷拆台。如张作霖就勃然大怒道："妈拉巴子，曹锟是三花脸，是小丑，我们东北人绝不捧他。"他宣称，议员若能不接受曹锟的贿赂，就可以向自己领取相同数目，这叫"反贿选"。至于曹锟，贿选几乎是公开进行的。一方面他在选举程序上遵守《中华民国临时约法》的规定，对法定人数等要求都严格遵守；另一方面他也没有采取任何暴力，有的人拿了钱不投票，他也不曾采取报复手段。这对一个大军阀来说，并不是最坏的表现。曹锟的部下王坦就曾说："花钱买总统当，比之要了钱得贪污之名的人强多了，也比拿枪命令选举的人强多了。"

一直到下午2时，议员们才开始投票。结果总投票数为五百九十票，曹锟得四百八十票，正式当选为中华民国大总统。为了这个大总统的宝座，曹锟花了一千三百五十六万元。

面对这场贿选闹剧，各地军界要人、实力派人物纷纷通电声讨曹锟，言辞之激烈丝毫不逊于声讨袁世凯称帝时的檄文。浙江督军卢永祥率先发难，张作霖继起声讨，上海各省同乡会、学生联合总会等社会团体也群起通电。紧接着，国民党发表宣言，声讨曹锟。孙中山在广州大本营主持会议，讨论讨曹事宜。他致电各国外交使团，请否认曹锟为总统，以大元帅名义下令讨伐曹锟。孙中山还通缉贿选议员，并电段祺瑞、张作霖、卢永祥一致行动。他同时以大元帅名义对列强宣言，声明曹锟为僭窃叛逆，以中国全体人民视曹锟之选举为僭窃叛逆，请各令其驻京代表，避免任何行动可使僭窃者引为国际承认之借口。那些拿钱投了曹锟票的国会议员，则被骂做"猪仔议员"。各省争相声讨本省的参选议员，严重的甚至开除其省籍，给了议员们一些惩戒。

4. "曹氏宪法"

更怨愤的抨击还在后面。一些怀有正义感的京剧艺人，故意上演久已有之的《击鼓骂曹》，影射曹锟行为不端。曹锟身边那些惯于逢迎的谋士为取媚曹锟，居然下令京津梨园界禁演《击鼓骂曹》和《徐母骂曹》两出戏。名伶孙菊仙在天津丹桂茶园演《骂王朗》，演到半截，摘下髯口对观众道："总统姓曹就不准演与姓曹沾边的戏？若是总统有姓朱、牛、杨、马的，莫不是猪、牛、羊、马都不准杀，老百姓只能吃素了？"当时同盟会元老吴稚晖正在北京，某次演讲时提到曹锟贿选，他指出——人的精虫若能全部胎化为人，则曹锟和他太太房事一次，即可有四万万个子女，一致投票选他老子去了，根本不用浪费许多钱来收买议员。这异想天开的言

辞，让闻者大笑，从此有人称曹锟为"精虫总统"。

舆论风行之下，曹锟可以加派重兵保证自己就职当日的人身安全，但想堵住政敌们的嘴显然是难比登天。他只有一条路可以走，就是利用舆论自己来占领"法统"的制高点。曹锟当然清楚，民国最重要的东西并不是大总统的位子，而是一部《临时约法》。袁世凯1914年开始解散国会，就是因为废除《临时约法》一事弄得身败名裂。段祺瑞1917年马厂誓师赶走张勋，立下"再造共和"首功，但也是因为不肯恢复《临时约法》，最终落得寓居天津的下场。南方的孙中山频频挑战北京政府的合法性，就是以"护法"为旗号，每每赢得舆论与道义上支持。自从辛亥年以来，多少事件围绕着这部《约法》展开，而又有多少实权人物栽在了这部《约法》面前。只要能抓住这部《约法》，曹锟就算是有了主动权。

为了应对贿选行为带来的种种不利，摆脱千夫所指的窘境，化被动为主动，曹锟决定抢先制定颁布一部《宪法》，让各方势力失去声讨的口实，自己也可以借此一举将"法统重光"的功勋揽入怀中，一跃成为这个国家的合法元首。

贿选的同时，他督促北京宪法会议——在自己就职之前赶制出一部宪法，保证自己就职当天可以成为辛亥以来颁布《中华民国宪法》第一人。10月8日，经三读通过，中国宪法史上第一部真正的《宪法》诞生了。历经民国十一载的抗争妥协，前人没能办到的事情却在一位贿选总统的暗箱操作下，召开三次会议，花费十余小时就解决了。

吴景濂携带新总统的当选证书，乘坐专列赶到保定迎接曹锟。保定全城庆祝，家家悬挂五色旗，欢呼声不绝于耳。吴景濂见到曹锟，照例说了"众望所归、人心所向"之类套话。曹锟也照例说了"感谢国民的厚爱、敬谢不敏云云"之类套话。随后曹锟踏上专列，驶向北京。1923年10月10日早晨，曹锟的专列缓缓驶入北京正阳门火车站。军号响起。负责防卫任务的冯玉祥部官兵纷纷端枪立正。曹锟衣着军装，胸前配满各色勋章，走下火车向等候在站台内的各界人士频频点头招手。曹锟从火车站乘汽车到达怀仁堂，正式参加就职典礼。他面南而立，宣读了就职宣言。

宣言中说："锟军人，于政治初无经验，今依全国人民付托之重，出而谋一国之福利，深思熟计，不胜兢惕！所私幸者，国家之成立，以法治为根基；总统之职务，以守法为要义。历任总统，皆系一时之彦，只以国家根本大法未立，无所依据，未克实施。锟就任之时，适在大法告成之际，此后庶政举措，一一皆有遵循，私心窃幸遭遇有过于前人也。……当此国事未宁，民生正困，财政竭蹶，军事未戢之时，瞻顾前途，诚不敢谓有必达之能力。然不畏艰难，出于素性，所以答我父老昆季者，惟此至诚而已。近年以来，政治潮流，日新月异，譬之医者，不愿泥古，自囿于方书，不敢骛新，以国为试验。语云：'为政不在多言，顾力行如何耳。'谨以服膺，施诸有政。"

那部加紧制定出的《宪法》，也在曹锟宣誓就职的同一天正式公布。《宪法》在"国权"与"地方制度"两个问题上表述尚不完备，甚至有矛盾，但其已经成为中国宪政史上最富现代精神的宪法类文件。现代法律中的自由、平等、天赋人权等理念，已经基本齐全。单从条文上说，它是北洋政府时期立法机关经过十年规范化的法律程序，制定的第一部也是唯一的一部较为完善的正式国家大法。遗憾的是，这样一部生不逢时的法律，诞生后不久，就遭到了各方的抵制和发难。当时发行的《东方杂志》就不无嘲讽地说："国人不特不颂其功，反因反对声浪大气。且一部神圣的宪法，

亦被议员先生所累,得到'秽宪'两字的徽号了。"寄予厚望"法统重光"非但没能树立起贿选总统的合法性,《宪法》也被曹锟连累,被后人称之为"贿选宪法",甚至"曹氏宪法"。

5. "兵不再役"

曹锟贿选得来的总统之位并没有坐稳。第二次直奉战争爆发后,一直护卫曹锟走上总统宝座的冯玉祥会反戈一击。就曹锟下令对奉军发动总攻击的当天,冯玉祥从前线倒戈了。他派兵由古北口、密云潜入北京城,包围了总统府,切断了电话线,占领了电话局。未费一枪一弹,"北京政变"顺利完成。曹锟一觉醒来,发现城里到处贴满冯玉祥的国民军安民布告。缠着"誓死救国,不扰民,真爱民"臂章的国民军士兵站满街头,封锁了交通要道。总统府卫队全数缴械,曹锟本人也被软禁在中南海延庆楼。就这样,"贿选总统"执政不过一年即宣告下台。

本来曹锟总统之位坐得好好的,顷刻之间遭此变故,他深感震惊。听说自己的旧部孙岳、王承斌的人都参加兵变了,曹锟气得半天都说不出话来。冯玉祥的代表薛笃弼与内阁总理颜惠庆去见曹锟,曹锟的口气仍旧强硬,连问:"子玉在哪?子玉在哪?"对方不愿回答,曹锟又断然说:"此次对奉作战,虽是子玉主张,但也是我同意的,要办子玉,就先办我曹某。"后来,孙岳等人来劝曹锟:"公身安全,某等可以保证。停战为和平而发,不妨早下,至于吴佩孚,可以给予名义让他下台。"孙岳曾是曹锟属下的参谋,早在清末便是革命党人,曹锟对他恩宠有加。现在连自己的爱将都反了,曹锟深感大势已去。再争也是无益,他无奈对颜惠庆道:"责任内阁,一切可以负责办理，你们自己看着办吧。"

曹锟无奈辞职，仍被软禁在延庆楼。直到 1926 年，吴佩孚在湖北东山再起，冯玉祥的国民军被奉军打败，曹锟这才被释放。冯玉祥的国民军撤出北京后，曹锟当总统的想法又死灰复燃。他向各省通电表示：冯玉祥的军队已撤走，北京安静如常。暗含希望各地拥护他复位之意。表态没得到回应，曹锟醒悟过来，大家是在观望吴佩孚的态度。曹锟立刻派心腹之人前去武汉，征求吴佩孚的意见。谁知，吴佩孚冷淡地说："三爷这个人在前台是唱不好的，我看还是请他在后台待待吧。等我把大局奠定，咱们再商量。"并说"好马不吃回头草""兵不再役"等语。这一来，曹锟大失所望，只好放弃幻想。

自吴佩孚东山再起后，与张作霖化敌为友，结拜为兄弟，共同对抗冯玉祥。不久后，曹锟又因直鲁两军争夺保定，不能安身，只能前往河南投靠吴佩孚，被安置在开封龙亭（宋朝宫廷旧址）。他每天写书法，对军政各方面仍有书信往来。张作霖常去信，依然称呼他为"三哥"。1927 年2 月，吴佩孚自郑州撤退，曹锟也只得匆匆离开河南回到天津。曹锟回天津后，住在英租界里。他每天早上起得很早，到院中练练自己编的一套虎拳，然后回到屋里打坐练气功。早饭后不是练书法，就是画画。曹锟脾气一向随和，对待家人和侍从们很少发脾气。每逢夏日傍晚，曹锟院子里常有一些贫寒的邻居来聊天。这些人中不仅有拉洋车的、卖菜的，甚至还有卖大碗茶的。大家围坐着喝着茶水聊天。曹锟也不坐躺椅，就坐在小板凳上，光着膀子，挥动着大蒲扇，和大伙聊年景、聊行市、聊政局，谈笑风生。此时的曹锟，感受到了远离官场的乐趣。谁会相信，树荫下这个穿着老头衫，摇着大蒲扇聊闲天的老人，曾是民国大总统呢？

他常独自回顾自己的一生，感慨万分。有时听到街上卖鸟的吆喝声，曹锟便命家人把卖鸟的叫到家中，将鸟全部买下。他仔细端详这些围居在笼中的鸟，然后把鸟笼放在院子中央，打开鸟笼门，看着这些鸟争先恐后地展翅飞向天空，良久向鸟儿飞去的方向注视。曹锟在饮食方面很随意，他每顿饭都要喝上一点白酒，主要是喝天津产的直沽白酒，偶尔也买上一两瓶洋酒。曹锟抽大烟，但不"困灯"，不上瘾。他爱听河北梆子，每遇生日做堂会，总要点几出河北梆子听听。有时来了兴致，自己也哼上几段。

曹锟家中一天到晚都有客人，齐燮元、高凌蔚、赵玉珂、吴秋舫、王璧臣、熊炳琦、杨钦山、杜锡钧、蔡虎臣、宋哲元、肖振瀛、谭庆林、阎治堂、靳云鹏等人是曹家的常客。这些人有时和曹锟谈谈政局，有时打打麻将，所以曹锟也不觉寂寞。吴佩孚与曹锟关系最厚，但他曾经宣布过自己"不进租界"，所以只是时常派子女前来探望曹锟。逢年过节，曹锟也派子女去探望吴佩孚。

1931年九一八事变，日军强占了东北，进逼华北。他们采取"以华制华"策略，搜罗有声望的北洋旧人充当汉奸，组织伪政权。自然而然，日本人将工作的重点锁定在曹锟身上。对曹锟的诱降工作，由日军情报机关负责人土肥原贤二亲自策划。土肥原贤二认为，曹锟曾任民国大总统，又有"贿选"的劣迹，拉其出山不是难事。他先后派几个日本人去曹宅探访，邀请其出山，却均遭到严词拒绝。

曹锟坚决拒绝与日本人合作，和他的四夫人刘凤玮有着直接关系。刘凤玮家世贫寒，自幼学戏，专攻老生，是轰动京津的"名角"。曹锟几次派人说媒，才将其娶进家门。她虽文化不高，但心地善良，聪明好强，非常痛恨日寇的暴行。日本人身着便装来探访曹宅，曹锟本想听听他们要说什么，刘夫人堵着门不许曹锟出去。刘夫人指桑骂槐高声叫骂，将日本人骂了出去。事后，刘夫人对曹锟说："就是每天喝粥，也不能出去为日本人办事。"曹锟听了连连点头。

刘夫人见晚上常有日本人来访，便立下一条规矩：晚9点钟锁大门，不许家人出去，也不许客人来访，大门钥匙由刘夫人亲自掌管。土肥原贤二在曹锟家碰壁后不死心，又派在"冀察政务委员会"做委员的曹锟旧友齐燮元来做说客。齐燮元晚上叩门求见，曹锟的仆人遵照刘夫人嘱咐，不予开门。从此以后，齐燮元再没去过曹家。伪河北省省长高凌蔚白天奉日本人之命来访，正赶上曹锟躺在炕上抽大烟。曹锟一见高凌蔚，脸色骤然大变。他把烟枪狠狠一摔，大声吼道："你给我滚出去！以后不许你登曹家的门！"高凌蔚吓得浑身哆嗦，被几个侍从架了出去。从此他也没敢再来过。

1938年，曹锟得知台儿庄大捷的消息，连声道："我就不相信，咱们还打不过那小日本。"5月17日，曹锟因感冒转成肺炎，经医治无效，在天津英租界泉山里刘夫人寓所去世，终年七十六岁。临终前他对女儿曹士英道："台儿庄大胜之后，希望国军能乘胜收复失土，余虽不得见，亦可瞑目。"

曹锟的葬礼十分隆重。吴佩孚派夫人张佩兰赴津吊丧，吴佩孚本人则在北平身穿重孝举哀致悼。曹锟入殓时，家人为他穿上当年的总统制服，将一个赤金的九连环和一柄他生前随身佩带的宝剑，分置于棺木内。日本方面和国民政府方面都派人前来吊丧。1938年6月14日，重庆国民政府发布训令，追授曹锟为"陆军一级上将"。训令中称：

"故陆军上将曹锟息影津沽，抱道自重，比岁以来，值寇势之方张，遭奸佞之叵测，威胁利诱，逼迫纷乘，而该上将正气凛然，始终峻拒，不挠不屈，通国具瞻，且于疾革弥留之际，以抗战胜利为念，忠诚纯笃，志节昭然，尤见军人之风范，足垂奕祀之清芬，今者老成永逝，轸悼殊深，允宜明令襃扬，式资当世楷模，特先颁赠'华胄忠良'匾额一方，一俟寇氛靖平，再议饰终令典，凡其旧日僚属，能断志励操矢忠报国者，并当一体宏奖，优予登用，藉示眷念忠贞淑浊扬清之至意，此令。"

第七章

"中国最强者" 吴佩孚

1. 秀才当兵

吴佩孚，字子玉，生于同治十三年三月初七（1874年4月22日），山东蓬莱北沟吴家村人士。父亲做小生意，依靠祖上传下的小杂货铺维持生计。据说母亲张氏有娠时，父亲竟然梦见抗倭名将戚继光进自家门。父亲大感惊异，取戚继光的字"佩玉"，为自己的儿子取名佩孚，字子玉。如此，吴佩孚一生以戚继光自命。在他成为叱咤风云的中州王吴大帅之后，还特意在洛阳造了一幢"继光楼"。

自六岁入私塾，吴佩孚不负父母厚望，勤学苦读。家里虽然开着一间小杂货铺，却连张书桌都没有。母亲找来块木板，往磨顶上一放，把放学回家的吴佩孚抱起来放到磨棍子上，书本摊在木板上。石磨当书桌，吴佩孚就在磨上读书。吴佩孚十四岁时，父亲病故，家境贫寒，他曾想辍学养家。适逢登州水师营招收年龄在十六到二十岁之间的学子当学兵，每隔五天集训一天，每月发饷二两四钱。吴佩孚虚报年龄为十六岁，前去当了学兵。

半兵半读的生活里，吴佩孚也没有中断学业。光绪二十二年（1896年），登州府举行院试。主考官是翰林秦树春，监考官是山东学政姚丙然，考题为"惟女子与小人难养也"。当时年仅二十二岁的吴佩孚写作自如。他的答题被主考官誉为"亲切不肤，议论通辙"。发榜之日，吴佩孚以第三名中了秀才，从此得了做官的进身初阶。

吴佩孚乃一旧式书生，纲常伦理根深蒂固。中秀才不久，吴佩孚写了《戒淫说》一文，开篇即道："食色为天性，男女之大欲也，率性而节欲，可庶几于圣贤，纵欲而灭性，则近于禽兽。"恰逢此时，蓬莱县电报局局长因做寿招待宾客，大开堂会，特地从省城请来一家戏班子，男女混杂同台演出。当时男女同台演出为清廷所不许，吴佩孚于是邀了同年好友，直进局长公馆。年轻气盛的吴佩孚厉声喝止台上演出，大骂满座宾客违反禁律，助长淫风，愣是把人家的堂会搅黄了。

蓬莱县的县太爷被吴佩孚气得大发雷霆。第二天早上升堂，县太爷立刻革了吴佩孚的秀才功名，派差役去捉拿吴佩孚。谁知，吴佩孚昨天夜里就拜别了母亲，踏上了逃亡之路。县太爷抓不着人，一不做二不休，发下海捕文书，严令通辑。吴佩孚从此由秀才成了通缉犯。

吴佩孚日行夜宿，从蓬莱流落到北京，身上一枚铜板也没有了。他找到一个在京城开客栈的父辈朋友，人家收留了他，但说明只提供住处，差使要吴佩孚自己找。当时正是隆冬腊月，吴佩孚学着北京城里穷读书人的样子，备好笔墨纸砚，在北京街头做起了代人写春联的营生。过年后，春联卖不成了。为了谋生，吴佩孚只能凭自己念过四书五经的经历，刻苦攻读相命书，打算为人卜卦算命。随后，他摆起了测字摊，摊子上铺块白布，上边写"万般皆是命，半点不由人"。吴佩孚当起了算命先生，渐渐成了"吴铁嘴"。

好容易又捱过一年去。次年，驻扎在天津的淮军武卫前军聂士成部，因在四年前的甲午战争中伤亡惨重，奉命招兵，扩充队伍。吴佩孚曾经在家乡当过水师营学兵，闻此消息，决定投笔从戎，到天津应征入伍。经堂兄吴亮孚的举荐，二十五岁的吴佩孚到了天津，投到聂士成帐下，当了一名护勇，即满洲话"戈什哈"，每月饷银五两五钱。从此，吴佩孚踏上军旅生涯。

吴佩孚虽当过学兵，只不过是混点饭钱，实乃一文弱书生。初入聂士成部，他常因军训动作不合格，被教官惩罚示众。吴佩孚又总是保持沉默寡言，所以大家都称他"吴傻子"。上司只好让他当了个勤务兵，在军

中听差。

一日，吴佩孚为巡警营文案幕僚郭绪栋送一份公文。吴佩孚随便一翻，嘴里咕哝："这个典故用错了。"郭绪栋一惊："你说我错在哪里？"吴佩孚遂侃侃而谈，引经据典。郭绪栋见吴佩孚一副书生模样，不禁问道："你念过书？考过科举？"吴佩孚只得实话实说。郭绪栋乃山东胶县人氏，落第秀才出身。他叹息道："人说秀才遇见兵，我是在兵里头遇了秀才。我还是不第秀才，好意思叫你做我的下人吗？"郭绪栋遂与吴佩孚结为盟兄弟，时常把吴佩孚叫到家里吃饭。郭绪栋常道："子玉（吴佩孚字）前程无量，将来出将入相，我们都得仰仗他。"郭绪栋太太见吴佩孚身体孱弱，常被人欺负，总是取笑道："你大哥老说你能做大事，我看你和咱们娘儿们一样，怎能上战场呢？"吴佩孚听了，脸一红就开始打嗝。多年之后，吴佩孚当了威震八方的大帅，郭夫人总对人道："想起从前说的话，我都不好意思去见他。"

也算是命中遇贵人，郭绪栋总是道："枳棘非栖凤之地，我得替你想想出路。"光绪二十五年（1899年）春，在郭绪栋的鼓励下，吴佩孚报考由李鸿章创办的开平武备学堂。吴佩孚考试合格，但体重不够。郭绪栋找到学堂总办孙宝琦，极力保荐，终于说动孙宝琦，破格录取吴佩孚入学。三年之后，袁世凯在保定开办陆军速成武备学堂，学制一年。又经过郭绪栋的保荐，已是二级初等官（中尉）、年过二十九岁的吴佩孚被批准入学堂测绘科学习。一年后，吴佩孚以优等成绩毕业，任北洋督练公所参谋处中尉，正式成为北洋系的一员。

多年后，已成为北洋风云人物的吴佩孚没忘了郭绪栋，几次促其出山，曰："苟富贵，勿相忘。"郭绪栋就是不为所动。因为吴佩孚厉行禁烟，郭绪栋却有鸦片瘾。他预先声明，官可以不做，烟绝对不戒。吴佩孚大笑道："虽说是军令如山，但那不是对郭先生的。我现在就下一道手令，自我吴佩孚以下，凡吸鸦片者依律处罚，惟郭公可以过瘾。"后来，吴佩孚聘请郭绪栋为秘书长，管理军中要务。第一次直奉战争中，郭绪栋在吴佩孚身边参赞军务，提出了很多有价值的建议。

再后来，郭绪栋提出告老还乡，吴佩孚点头道："这事好办。"没过几天，北京政府下文——任命郭绪栋为山东盐运使。这职位是个肥缺，郭绪栋却对吴佩孚道："你高高在上，我难道就不能当个省长？"吴佩孚听后恍然大悟，劝道："老哥您别生气，我立刻跟曹三哥说，让你过一把省长瘾。"郭绪栋又叹息："老弟你听我说，我不做省长则已，要是能做山东省长，我就死也无憾了。"这事吴佩孚甚感为难——现任的山东省长熊炳琦，正是曹锟的参谋长。难道曹锟的参谋长不配做省长，要改用吴佩孚的秘书长去做？郭绪栋明白吴佩孚的心思，又道："我只是随便说说，你别放在心上。"

没想到，吴佩孚将这事记在了心上。他费时达六个月，软磨硬泡，终于将山东省省长一职要到手，送给了郭绪栋。可惜，郭绪栋已经病入膏肓，不久病逝洛阳。吴佩孚心中大恸，临棺痛哭，亲撰挽联。吴佩孚知恩图报，不忘旧友，一时传遍天下，成为美谈。

2. 追随曹锟

1904 年 2 月，日俄战争爆发。清廷表面保持中立，暗地里联日拒俄，为日军提供情报。日俄战争前夕，在日本驻华使馆副武官、北洋军顾问青

木宣纯的主持下，袁世凯从北洋督练公所中选拔出包括吴佩孚在内的16名青年军官，与31名日本军官秘密组成一支中日混合侦探谍报队，由日军少佐守田利远带领，渡海到旅顺、大连等地侦察刺探俄军情报。守田利远有句口头禅，遇事就问："这件事，你有法子没有？"问到别人头上，只要能推，谁肯揽事？几乎人人回答："没法子。"唯有吴佩孚，回答不是"有"，便是"慢慢想想看"。战后日本人如此回忆吴佩孚——"温和良顺，举动不苟；交人圆和而不露圭角；任事处变而不急近功和不邀虚名；所自信以为是者，则行之以渐。"共事过的所有日本人都称吴佩孚为"总有法子先生"。

吴佩孚扮成肩挑小贩或变戏法的艺人，到东北各地收集俄军情报。他出色的情报工作才能，深受守田的青睐。1904年10月，已荣升为上尉的吴佩孚奉命携带重要情报，到奉天附近的新民屯参加秘密会议，途中被俄军逮捕。俄军怀疑他是日军间谍，判处他死刑。吴佩孚拒不承认自己的谍报员身份，在押往哈尔滨途中跳车逃脱。

1905年9月，日俄战争以俄国的惨败结束。吴佩孚因屡立战功，被日本授予"单光旭日勋章"一枚。吴佩孚在历时一年有余的日俄战争谍报工作中初露锋芒，这也堪称其日后一跃成为北洋之星的端倪。在出色地以间谍身份完成一生当中第一次重大军务后，吴佩孚被派往北洋陆军主力第三镇。从此，他与恩主曹锟结下了不解之缘。

1906年春，到第三镇步队十一标第一营任督队官后不久，吴佩孚被保荐到天津讲武堂进行短期培训。毕业后，他又回到原所在的营部，升为管带。翌年，曹锟成了第三镇的统制。一次，曹锟驻防吉林时急需东北地图，整个第三镇只有吴佩孚有一张在日俄战争时亲自绘制的东北地图。自此曹锟对吴佩孚开始有所关注。

第二年，吴佩孚调任炮兵第三标第一营管带。1911 年 10 月，辛亥革命爆发，各省纷纷宣布独立。曹锟奉袁世凯之命，率第三镇官兵入关，负责天津、北京、保定一线京畿外围防务。这是吴佩孚第一次在曹锟麾下带兵。当时，山西新军突然宣布起义，袁世凯派曹锟率军攻打山西。队伍即将行进到娘子关时，第三镇第三标部分士兵跟革命党人有了联络，在标统的带领下准备起事。吴佩孚获知此事，马上报告曹锟，想办法化解了兵变。这是吴佩孚第一次救曹锟的命，事后，化解兵变的功臣吴佩孚论功受赏，被提拔为第三镇第三标标统。

随着曹锟势力的壮大，吴佩孚的官位也亦步亦趋，不断攀升。北洋政府成立的这年秋天，袁世凯将镇改为师，标改为团，曹锟继任第三师师长，吴佩孚继为炮兵团团长，驻防南苑。次年，吴佩孚随曹锟南下镇压"二次革命"。曹锟因功委任为长江上游警备司令，吴佩孚升任师部副官长，驻防岳州。

当时，袁世凯的心腹爱将汤芗铭以海军中将身份都督湖南。一日，汤芗铭在长沙举行全湘名流会议，请师长曹锟致词。曹锟不善于辞令，场面一时略有尴尬。看到机会，吴佩孚主动请缨。吴佩孚口才极佳，从汤芗铭督湘有方受到万民敬仰，一直说到湖南人杰地灵而湖南诸将胸有韬略。这番颇富煽情之言打动了在座诸位，尤其是汤芗铭，听得连连称赞。汤芗铭认为吴佩孚确是军中奇才，可惜官阶太低。会后，汤芗铭以湖南省督军府的名义向曹锟发来公函：

"兹借调贵陪吴佩孚来敝省主巡警旅军政。如贵部认为必须交换条件，敝省一定酌情满足之。"

　　曹锟心想：仅见吴佩孚一面，一个堂堂的都督竟然要将他借走，还要升其为旅长，想必这个吴佩孚一定有两下子。楚材晋用，不如楚弓楚得。曹锟于是回函道："本部已提升吴佩孚为第六旅旅长，掌管兵权，如何外借？"得到曹锟的器重，吴佩孚感激涕零。他从此誓死追随曹锟，成了曹锟的心腹爱将。

　　当上大总统不久，袁世凯开始实施复辟帝制的行动。1915 年 8 月，全国上下拉开了"劝进"的序幕。9 月，曹锟以直隶代表名义，电请袁世凯改变国体，实行帝制。两个月后，曹锟再次发表通电，请袁世凯早日登基。对袁世凯的帝制自为，吴佩孚很不赞成，多次劝曹锟与袁世凯划清界限。曹锟却一意孤行，由此深得袁世凯的赏识，还被授予"虎威将军"。等袁世凯登上帝位后，又封曹锟为一等伯爵。事后曹锟才明白，吴佩孚的眼光远在自己之上。

　　护国战争爆发，曹锟奉袁世凯之命率部前往四川，镇压蔡锷的护国军。此战吴佩孚不仅取得了泸州、纳溪的胜利，而且还第二次救了曹锟的性命——吴佩孚进攻纳溪的护国军时，曹锟被高洞场的护国军围困在峡谷中不足一里的范围内，人马所剩无几，性命危在旦夕。吴佩孚所部收到消息，第十六混成旅旅长冯玉祥建议全力猛攻纳溪，以"围魏救赵"之计解曹锟之围。吴佩孚不听劝阻，执意要火速援救曹锟。他率领几十名骑兵冒死杀出重围，直奔高洞场，将曹锟救出。曹锟感激万分，当场发誓今后与吴佩孚共进同退，不离不弃。此战之后，曹锟专门发电，向袁世凯禀报吴佩孚的战功。吴佩孚随即被授予陆军中将军衔。

　　护国运动进一步风起云涌，袁世凯已然行将就木。对此，吴佩孚劝曹锟审时度势，极力主张对袁世凯虚与委蛇，暗中联络各省，如此方能一举两全。果然，袁世凯死后，曹锟得益于吴佩孚之计，又手握重兵，因而成为一方强镇。段祺瑞继袁世凯之后控制北洋政府，对曹锟和吴佩孚不得不看重。就这样，段祺瑞将曹锟任命为直隶督军，驻防保定。在吴佩孚建议及积极协助下，曹锟加强第三师军事训练，大规模扩军为五个混成旅。

功夫不负有心人。1917 年 7 月张勋复辟，段祺瑞组织讨逆军反攻北京，曹锟被任命为西路讨逆军总司令。吴佩孚为讨逆军先锋，他率自己的精锐之师对驻守北京丰台、天坛等处的"辫子军"发起进攻，大获全胜。曹锟因此一役而兼直隶省省长，吴佩孚更深得曹锟的信赖，曹锟对他是言听计从。紧接着，孙中山在广东成立护法军政府。孙中山在西南实力派的支持下组成湘桂联军准备北伐，段祺瑞则兵分东西两路南下镇压。1918 年 2 月，西路统帅曹锟令吴佩孚以代理第三师师长身份任前敌总指挥。吴佩孚不负曹锟所望，连克岳州、长沙、衡阳等湘中重镇。北洋军中的"常胜将军"之名，一时不胫而走。

3. "秀才造反"

毫无疑问，湖南战事首功应属吴佩孚。段祺瑞却把湖南督军的宝座让给了自己的心腹张敬尧，吴佩孚仅仅被任命为援粤军副总司令。直系打仗，皖系做官，吴佩孚十分气愤。等到攻下通向西南的门户——湖南战略要地衡阳，吴佩孚干脆按兵不动，第三师全体罢战。

吴佩孚息兵衡阳，声誉极佳。他放眼全国形势，提出自己罢兵的理由是呼吁和平，所谓"罢兵主和"是也。端午节前夕，段祺瑞自北京急电，命令吴佩孚进攻两广，特地言明以后将任命吴佩孚为广东督军。吴佩孚嗤

之以鼻，就在段祺瑞的电报上批了一个"阅"字。第二天端午节，吴佩孚干脆邀全军团长以上的军官和湘军将领派至衡阳的代表一起饮酒。

吴佩孚自从开始罢兵，便连续不断地通电全国，提出和平主张，要求改"武力统一"为"和平统一"。电文中写道：

"兵连祸结，大战经年，耗款数千万，靡烂十数省，有用之军队破碎无余，精良之器械损失殆尽。至若同种残杀，尤足痛心。……此次奉命南来，明知阋墙之争非国之福，然为维持中央威信起见，势不得不借武力促进和平。……讵中央误听宵小奸谋，坚持武力，得陇望蜀，援粤攻川，直视西南为敌国，竟以和议为逆谋。……国亡于外敌，固军人之罪，国亡于内乱，亦军人之羞。此次中央平川援粤，实亡国之政策也，军人虽以服从为天职，然对内亦应权其轻重利害而适从之，非抗命也，为延国脉耳！……一、此次国会新选举，政府以金钱大施运动，排除异己，援引同类，被选议员半皆恶劣，此等国会不但难望良好结果，且必以司法机关受行政指挥而等赘疣，极其流弊，卒以政府不受法律约束，伪造民意，实等专制，酿成全国叛乱，若再以武力平内乱，是惟恐亡之不速也。二、我国对德奥宣战，若以兵力从事内争，重轻倒置，贻笑外人，日本乘我多难要求出兵，而丧权协定以成，内争不息，外患将不可图。三、内争年余，军费全由抵借，以借款杀同胞，何异饮鸩止渴……用人取德与才，不论党派，乃与此层相反，如傅以操切而祸湘，徐以违法而杀陆，政府赏罚倒置，而犹以叛逆责人，大张挞伐，岂得谓平！以上各理由，我军师旅团长俱表同意。近测南军心理，均不愿战。用特电达，请会同鄂赣两督通电南北提倡和平，使双方前敌各将士同声相应，大局转圜，当易生效力。曹经略使夙主和平，必赞成斯议也。"

　　本是不满于未得到督军的位子，吴佩孚将话说得大义凛然，无懈可击，舆论一片支持。段祺瑞在北京气得拍桌子，却奈何吴佩孚不得。为了拉拢直系，段祺瑞任命曹锟为四川、广东、湖南、江西四省经略使，成为民国以来最大的地方官。如此授官，段祺瑞就是希望曹锟能率军南下，进攻两广。同时，段祺瑞授予吴佩孚"孚威将军"，官阶与督军相等。可惜，曹锟和吴佩孚并不领情，继续拆段祺瑞的台。曹锟先率军北归保定，留在衡阳的吴佩孚继续通电主和。他还通电表示，今生"不做督军，不住租界，不结外人，不借外债"，这便是吴佩孚的"四不主义"。

　　吴佩孚衡阳罢兵，使此前一直私下里冲突不断的直系皖系，逐渐由暗斗变为明争。北洋系由表面上的和平共处，逐渐转入公开分裂。段祺瑞尚未做好与直系开战的准备，为免于与直系撕破脸，只能以退为进。他借总统选举的机会，与直系的大总统冯国璋一起下台。皖系的徐世昌当选为中华民国第五任大总统，北洋政府的实权却仍掌握在段祺瑞手中。最重要的是，以此为转折点，曹锟、吴佩孚取代冯国璋，成为直系的代表人物。吴佩孚由主战的"常胜将军"变成了主和的领衔人物，这让吴佩孚脱颖而出。尔后，吴佩孚的声望逐渐超过自己的老上司曹锟，成为北洋派系的中心人物。

　　1919 年，吴佩孚驻防衡阳不久，五四运动爆发。吴佩孚抓住时机，占据了民族大义的制高点。他通电大总统徐世昌：

"顷接京电，惊悉青岛主持签字噩耗，五衷摧裂，誓难承认。……某等眷怀祖国，义愤填胸，痛禹甸之沉沦，悯华胄之奴隶。圣贤桑梓，染成异族腥膻；齐鲁封疆，遍来淫娃木屐。虽虺蛇已具吞象之野心，而南北尚知同仇以敌忾。与鞭一日纵敌，不若铤而走险；与其强制签字，贻羞万国，毋宁悉索敝赋，背城借一。军人卫国，责无旁贷，共作后盾，愿效前驱。"

吴佩孚旗帜鲜明支持学生，反复通电抨击北京政府：

"山东青岛，系中国公共之领土，非少数人之私产也。况其地当冲要，为我国沿海第一门户，决不能断送于外人。故全国人民，同心协力，誓死相争，拒绝签字，非达交还目的不止。

"日本人此次争执青岛，其意不止青岛，其将来有希望大于青岛数万倍者。鉴于鲁案的这种非常性质，我政府必须以民意为从违，以军心为依据，释放学生，惩办国贼，并坚持到底，万勿签字。"

1919年11月，福州学生抵制日货，遭日本人枪杀。吴佩孚通电各省："闻此噩耗，义愤填胸，谨厉戎行，愿为外交后盾。"1920年1月，日本政府向北洋政府通牒，要求中日直接交涉。吴佩孚又通电大总统徐世昌："今我政府若与之直接交涉，国体何存？人格安在？我国民不惜以牺牲流血之价值，仅博此拒签之余地，若政府遂与直接交涉，是不啻与国民宣战也。"吴佩孚后来进一步通电："倘中日交涉至万不得已，而诉诸武力。届时敢请联合浙粤桂滇黔各军，力加整顿，备效前驱。"吴佩孚的通电深得国人的赞许。在爱国光环的笼罩下，吴佩孚和直系声望剧增。掌握北京政府的皖系却因对日本妥协退让，渐渐声名狼藉。

1918年至1919年间，直系兵力日趋强大。曹锟和吴佩孚决定，与段祺瑞决一雌雄，问鼎北京政权。为加大取胜筹码，吴佩孚力争奉系张作霖的支持。张作霖清楚认识到，自己的实力相对较弱，要将势力渗入关内，现在正是最好时机。1920年4月，张作霖联合曹锟、吴佩孚，结成八省反皖同盟。直系奉系与皖系的战争，已经万事俱备。

要击败皖系，推翻段祺瑞，要有一个实际行动者。这个角色自然落到吴佩孚肩上。吴佩孚的第一步行动是撤防北归。他继续一连串打电报到北京，并且坚持通电全国：

"湘鄂一役，几经剧战，各将士出死入生，伤亡者原宜悯恤，劳瘁者亦须慰安，迭据各旅长等呈请，或患咯血，或患湿疾，悲惨情状，目不忍睹。今戍期已久，日望北旋，急不能待，空言抚慰，不能遏阻……"

"戍卒疲苦，万难再事滞留，恳乞准予全部撤回，以慰众望。"

最后一次吴佩孚要求撤防的电报，流传最广：

"远戍湘南，瓜期两届，三载换防，不可谓速。阋墙煮豆，何敢言功。既经罢战议和，南北即属一家，并非寇仇外患，何须重兵防守？对外不能争主权，对内宁忍设防线？"

最后，吴佩孚不待北京政府的命令，径自率领第三师及三个混成旅

撤离衡阳北归。一路之上，吴佩孚兴致颇高，还拿出吟诗作赋的秀才底子，下一首《回防途次》：

> "行行重行行，日归复日归。江南草木长，众鸟亦飞飞。忆昔赴戎机，长途雨雪霏。整旅来湘浦，万里振天威。孰意辇毂下，妖孽乱京畿。虺蛇思吞象，投鞭欲断沘。我今定归期，天下一戎衣。舳舻连千里，旌旗蔽四围。春满潇湘路，杨柳正依依。和风送归鸟，绿草映晴晖。少年惜春华，胜日斗芳菲。来路作归程，风景仍依稀。周公徂东山，忧挽亦畏讥。军中名将老，江上昔人非。建树须及时，动静宜见几。何日摧狂虏，发扬见国威。不问个人瘦，惟期天下肥。丈夫贵兼济，功德乃巍巍。江上送归舟，风急不停挥。得遂击楫志，青史有光辉。春日雁北向，万里动芳徽。鸿渐磐石愿，衍衍不啼饥。止戈以为武，烽烟思郊圻。同仇复同仇，归愿莫相违。"

吴佩孚率军撤到武汉，与曹锟南北呼应。段祺瑞知道，这一仗非打不可了。他将西北边防军命名为"定国军"，自任总司令，任命第一心腹徐树铮任副司令兼总参谋长。曹锟针锋相对，成立以吴佩孚为前敌总司令的"讨贼军"，直皖战争正式拉开战幕。

这场仗仅仅打了四天。一开始双方实力算是相当，皖系"定国军"还要略胜一筹。吴佩孚看准时机，一马当先，率直军主力突进，一举将"定国军"击溃。"定国军"前线司令官、吴佩孚早年在保定学堂的老师曲同丰在自己的司令部里被俘。吴佩孚见到曲同丰，向他行了一个军礼，接着便请这位"老师俘虏"上车去保定。奉军直接出兵参战，更是让直系占了绝对上风。结果理所当然，直奉联军完败皖军，段祺瑞只得通电引咎辞职。

徐世昌当政时，为安抚势力强大的地方督军，特设巡阅使，兼管数省的军事和民政大权。直皖战争结束后，曹锟任直鲁豫巡阅使，吴佩孚为副使。张作霖则任东三省巡阅使，晋授为镇威上将军。自此皖系衰落，北洋政府由直奉两系共同控制。

4. 练兵洛阳

直皖一战，吴佩孚名声大震，甚至引起了国际上的关注。北京报纸上刊登了吴佩孚的"取胜心得"——"此次兴师讨贼，原为民意所驱策，即战胜结果，亦全国民意战胜，非直军战胜也；此次战胜逆党，谬蒙各界赞扬，实则非军队之力，全胜于民意。"在中国多年的日本军部参谋铃木贞一写道："我认为吴佩孚是个很了不起的人物。一般情况下，获胜的中国将军都进入北京大逞威风，吴佩孚却不声不响，径自领兵回到河南洛阳。"

直皖战争即将结束时，张作霖抢先将皖军遗留的军械辎重等物品全部囊括。其中有两只空军探照灯曾为直军获得，张作霖毫不留情地要了回来。曹锟气得不停道："张雨亭（张作霖字）真是地道的胡子，得那些东西还不够，连这两个灯还要。"在战争中立下汗马功劳的吴佩孚更是非常气愤："这次战争，不足言功，是一件最可痛心的事情。"吴佩孚的态度，证明了外国人对他的印象。战后，美国驻华使馆陆军助理武官费禄纳少校曾到保定访问曹锟、吴佩孚二人。费禄纳后来给美国国务院呈交报告，指

出在自己眼中吴佩孚才是真正意义上的领袖——"直系首脑中最杰出的是吴佩孚……他的行动是一个真正爱国者的行动，他是为国家利益，而不是为个人利益……他极为民主，他的士兵对他显然非常尊敬，十分爱戴"。

1920 年 9 月，吴佩孚升任鲁豫巡阅副使后，率领他的第三师开进军事重镇洛阳，招贤纳士、筹饷练兵，扩充实力。吴佩孚开公路，修铁路，建金谷园车站，设电报局，成立造币局，通市内公共汽车，还为河南建起了第一座钢筋混凝结构桥梁。吴佩孚又修周公庙、邵康节祠，在大关庙中增塑岳飞像，改大关庙为关岳庙，更不用说那座"继光楼"。同时，吴佩孚设立无线电台，修建飞机场，购买飞机，开洛阳航空之先河。

吴佩孚在洛阳编练的军队共有五个正规师、两个非正规师，练兵十万。他成立教育处，编练学兵队，建立军官教导团，设幼军兵团、讲武堂军官讲习所、铁甲车队，扩大巩县兵工厂，轮训直系各部队。吴佩孚坚持每日早晨阅操，亲自在操场上督练。上海大陆电影公司曾拍下八部新闻纪录片，总题目为《吴佩孚洛阳练兵实况》。

1921 年底，北洋政府任命吴佩孚为两湖巡阅使，率大军南下平息两湖战争。此时吴佩孚的官职已与曹锟相当，势力日渐坐大。此间，直奉两系的斗争日趋激烈。直系先占直鲁豫，夺取江苏、陕西地盘，吴佩孚又夺得两湖，直系已占有了中国的半壁河山。张作霖在关外的势力也得到迅猛的发展。1921 年 6 月，张作霖正式就任蒙疆经略使，除控制了东三省外，还得到了热河、绥远、察哈尔三特区，成为事实上的"满蒙王"。12 月，在日本的支持下，张作霖以亲日派梁士诒组阁成为奉系内阁。在对北京政府的影响方面，奉系已经隐隐超过了直系。直系不甘心受到挑战，决定与奉系兵戎相见。而奉系在扩大关外势力的同时，还想染指长江流域。1922

年 4 月，第一次直奉战争爆发。

曹锟授予吴佩孚军事指挥全权，代表直系以洛阳之师为主力，迎战张作霖。奉军入关兵力达十二万人，军容强盛，大有泰山压顶之势。吴佩孚直接参战的军队只有张作霖的一半，兵力装备悬殊。谁知，就在这样的实力对比之下，战事持续一个多月，奉军损失高达十万人，仅余两万多人逃出山海关。第一次直奉战争，让吴佩孚达到了自己军事生涯中的顶峰。蒋方震为此称道吴佩孚是中国武将中最杰出之将才。当吴佩孚回到天津时，中外各路人士都纷纷要求晋谒这位秀才出身的吴大帅。吴佩孚为人耿直，即便面对北洋元老也是本色傲然。曾做过东三省总督的赵尔巽劝吴佩孚勿为已甚，适可而止，吴佩孚只是傲然说："从前提拔张作霖的，就是您，胡匪祸国家，追源溯始，您也该负责任，还要替他说情吗？"气得赵尔巽脸都青了。

第一次直奉战争结束后，虽然直系完全掌握了北京政权，孙中山、段祺瑞、张作霖却迅速结成了"反直三角联盟"。就当前形势所应采取的方略而言，吴佩孚与曹锟意见相左。吴佩孚力主以武装统一为当前头等大事，曹锟却迫切想当总统，认为做了总统再统一也不迟。在苦劝无果的情况下，吴佩孚回到洛阳，集中精力继续苦心经营自己的大本营。

次年，曹锟上演贿选丑剧获得了成功，把吴佩孚升为直鲁豫巡阅使。从此，吴佩孚被称为"大帅"，曹锟则升称为"老帅"。吴佩孚虎踞洛阳，在最鼎盛时期拥兵数十万人，控制着直隶、陕西、山东、河南、湖北等省地盘。当时全国有十八个省的督军、总督代表机构就设洛阳。洛阳成为各方所仰望的中心，时人称为"西宫"。其时天下名士奔走于洛阳道上，张謇、章炳麟、康有为都是吴佩孚的门下客。上至北洋政府的国务总理、各部总

长、各省督军省长、蒙古王公，下至各类政客、议员、商绅，吴佩孚往往一天要接待二三十人。一年之内，各方宾客的名片就装满了吴佩孚一尺见方的手提箱。不过吴佩孚还是在继光楼上亲题一联，表明态度：得志当为天下雨，论交须有古人风。

吴佩孚五十寿辰时，曾禁止部属入洛阳，并在各报刊有"谢入洛宾客启"。然而，全国各地来洛阳向吴佩孚祝寿的达官显贵、文化名人及各国驻华使节还是有六七百人之多。湖北督军萧耀南为吴佩孚祝寿别出心裁，他让人将一百万只鞭炮拴在一起，用两只云梯架着，挂起来有五层楼高，要十几个小伙子才抬得动，放起来声势浩大。另加大红蜡烛一对，每支重一百斤，世人前所未见。连"南海圣人"康有为也来致贺，送了吴佩孚一副传颂遐迩的寿联：

牧野鹰扬，百岁勋名才半纪；

洛阳虎踞，八方风雨会中州。

5. 权力巅峰

吴佩孚当时已成为北方实力最大的军阀，洛阳实际上成为了北方的政治、军事中心。按曹锟所言："只要洛阳打个喷嚏，北京天津都要下雨。"1923年，北京政府为解决国会会场狭小问题，决定拆掉三大殿改建为西式议院。吴佩孚听闻后，立即给大总统、总理、内务总长、财政总长发了电报："……据云，百国宫殿，精美则有之，无有能比三殿之雄壮者。此不止中国之奇迹，实大地百国之瑰宝。……若果拆毁，则中国永丧此巨工古物，重为万国所笑，即亦不计，亦何忍以数百年故宫，供数人中饱之资乎？务希毅力维一大地百国之瑰宝无任欣辛盼祷之至。"各报刊争相登载吴佩孚的通电，举国上下坚决拥护吴佩孚的主张。有赖于吴佩孚之力，故宫的三大殿才得以保全。

吴佩孚在洛阳时，甚少单独会客。长案横陈，吴佩孚坐于一端，来客则坐于条案两侧，坐满为止，说完即走，随去随来，故有"洛阳无秘密"之说。不过，吴佩孚的部下多年后回忆——吴佩孚这是好卖弄聪明，效仿三国人物庞统的做法，手中批文，口中发落，耳中听词。吴佩孚时常一面会客讨论问题，一面批阅公文处理事务，所有机密事项往往会无意中泄露，结果把事情办糟。

1924 年，吴佩孚处于其一生之中的巅峰时期。9 月 8 日，吴佩孚成为首位亮相美国《时代》杂志周刊封面的中国人。这个有着"一嘴短短的红胡子，长脸高额，鼻相很好"的"吴将军"（General Wu）被《时代》周刊称作"中国最强者"（The biggest man in China）。是时，人们普遍看好吴佩孚的前途，上海英文杂志《密勒氏评论报》的主编、美国人约翰·鲍威尔甚至认为他"比其他任何人更有可能统一中国"。美国史学家费正清显然更看重这个北洋军人的文化背景，干脆称吴佩孚为"学者军阀"。

此时吴佩孚声望无双，来找他跑官买官请托办事者络绎不绝，吴佩孚自有一套办法应付。某先生曾在别处为官，名声不怎么样，得知吴佩孚主政直鲁豫，便托关系欲到河南谋个官职。报告呈上，吴佩孚批曰："豫民何辜？"——河南老百姓有什么过错，竟要这样的人来当官，承受因他当官而带来的祸害？直接顶了回去。又有某下野将官，获悉吴佩孚帐下有一旅长出缺，经政要介绍拟了自荐书，里面大谈理想抱负志向，然后言归

正传，最后道"愿为前驱，功成解甲，退居故里，植树造林，福泽桑梓"云云。吴佩孚批示："先种树再说。"吴佩孚不愿买推荐者的账，也不用官话套话挡驾，仅以家国大义、百姓利益为由拒绝，谁还能再置喙多言？

据说当时德国驻华公使的千金正值妙龄，对吴佩孚无限仰慕，相思无门，居然径直写信向吴佩孚求婚。吴佩孚不识德文，吩咐秘书译出呈上，那情书便成了公函。吴佩孚依例挥毫阅示——"老妻尚在"。以老妻拒洋妞，其直截了当真是前无古人。

直系掌握北京政府后，由于贿选遭人唾弃和镇压"二七"大罢工，引起举国公愤。1924年9月，东南一隅的皖系浙江督办卢永祥与直系的江苏督军齐燮元发生江浙战争，曹锟、吴佩孚决定援助齐燮元。就在吴佩孚成为美国《时代》杂志封面人物的一个星期后，9月15日，张作霖以反对直系发动江浙战争为由，出兵十五万人，分两路向山海关、赤峰、承德方向进发，第二次直奉战争爆发。

曹锟急召吴佩孚来京。吴佩孚的专列抵京时，曹锟以隆重的礼节欢迎他。从车站到总统府，五步一哨，十步一岗。直系大将冯玉祥、王承斌、王怀庆等都排队欢迎，这是吴佩孚生平到北京最威武显赫的一次。曹锟充满喜悦，像吞了一颗定心丸，堆着笑脸迎接吴佩孚。吴佩孚向曹锟行礼，曹锟连声说："子玉，辛苦你了。我老了，一切请你做主。"直系诸将对吴佩孚都表示极端的恭顺，吴佩孚本来顾虑内部不团结的疑云为之一扫而空。吴佩孚进京的当天，曹锟下令讨伐张作霖，特任吴佩孚为讨逆军总司令，以四照堂为总司令部，指挥直系二十万人马迎战。

9月17日，吴佩孚在四照堂就职，亲笔点将。他安排下三路大军，做了万全准备。吴佩孚这次点将，从下午2时一直到晚上12时。他亲笔书写而命令，最后写到"总司令吴佩孚"几个大字，总统府全部电灯突然熄灭。这本是例行的每晚12时整断电，可是不巧在吴佩孚点将的最后时刻。吴佩孚正点到自己的名字，眼前一片漆黑，难免让人联想到这是不祥之兆。

　　直军兵分三路迎击奉军，吴佩孚亲自指挥十二万大军与奉军战于山海关。直奉两军打得天昏地暗，处处尸积如山。第二次直奉大战，双方除了陆战和海战，还第一次展开了空战。场面之惨烈，前所未有。当吴佩孚正在激战之时，直系第三军总司令冯玉祥突然带领他在后方的三万人马从热河撤军，与直系将领胡景翼、孙岳密谋倒戈，发动"北京政变"，囚禁曹锟，推翻直系政权。吴佩孚猝不及防，他一边指挥部队全力迎击奉军，一边发表通电讨伐冯玉祥。冯玉祥的国民军和奉军夹攻吴佩孚，吴佩孚腹背受敌，十万大军全线崩溃，兵败如山倒。直系最终在第二次直奉战争中惨败。11月，直军全军覆没。悲痛之极，吴佩孚致信笃信基督教、以清教徒传统治军的冯玉祥，写下了一篇足以名留史册的妙文——《与基督将军绝交书》。

　　第二次直奉战争结束，吴佩孚一下跌到人生的低谷，率残部两千余人败走天津，想从水路乘船南逃武汉。在生命攸关之时，吴佩孚的部下建议他逃入租界保性命，吴佩孚拿出自己当初的"四不主义"——"不做督军，不住租界，不结外人，不借外债"，坚决拒绝。他对部下道："谁要我上租界，我便要谁脑袋。"面对日本公使的邀请，吴佩孚坚持道："战败逃入租界苟全性命，是我所最不齿的，也是一个国家大员最丢国家颜面的行为，我决不做这种我生平最反对的事。设若不幸，我宁玉碎于此，也不愿托庇租界以谋瓦全。"

　　一路撤退，吴佩孚沿途除受到阎锡山、冯玉祥及奉军的追击，吴佩

孚还看尽了种种世态炎凉。他率残部乘军舰驶离大沽口，四处漂泊。山东宣布中立，拆毁沧州、马厂间轨道以阻直军溃兵，同时山东沿海口岸拒绝吴佩孚登陆。吴佩孚的坐舰路过青岛时，旧部温树德只派人送了食物，却不欢迎靠岸。吴佩孚只好继续乘船南下，从上海入长江过武汉返回洛阳。他打算在大本营洛阳重整旗鼓，谁料喘息未几，肘腋之患又起。陕西督军刘镇华与冯玉祥的国民军结盟，东出潼关，进军洛阳。吴佩孚无兵可防，只得继续南逃。危急之下，吴佩孚一度避难鄂豫交界的鸡公山。其间遭到冯玉祥一个多月的围困，吴佩孚头发一夜全白。当吴佩孚带病下鸡公山，准备去湖北时，湖北方面索性破坏路轨，阻拦火车，拒绝吴佩孚入境。

就在吴佩孚险象环生之际，1925 年春，浙江、江苏、湖南三省督军孙传芳、齐燮元、赵恒惕联名致电吴佩孚，愿一如既往地跟随其后。于是吴佩孚率"决川"号和"睿蜀"号两艘军舰前往湖南。10 月，孙传芳发动反奉战争，应孙传芳之邀，吴佩孚赴武汉出任"十四省讨贼联军总司令"。至此吴佩孚才结束了寄身于兵舰七个半月的水上漂泊生涯。虽然"讨贼联军"对付的是张作霖，吴佩孚心中第一大敌实际上还是冯玉祥。早先张作霖就曾派遣密使到鸡公山，对吴佩孚表示，直奉战争的结果是鹬蚌相争，渔翁得利。经过前线的张宗昌与靳云鹏往返传话，张作霖与吴佩孚日渐接近。1925 年 12 月，两人代表会晤于大连，商定了联合的条件。就这样，过去两个敌对的军阀，今日为了反对冯玉祥的国民军，又联合起来了。1926 年 1 月 21 日，吴佩孚正式通电宣布"讨冯"。

吴佩孚所谓的"讨贼联军"总司令不变，只是所谓的"贼"由"奉"变了"冯"。5 月 28 日，吴佩孚乘坐专列抵达北京，与张作霖会晤。张作霖与吴佩孚互换兰帖，结为兄弟。两人商定了直奉一致行动的计划：先联合攻下南口，吴佩孚向南攻广东的国民革命军，张作霖向北攻北京的国民军，南北齐下，共分天下。当晚吴佩孚乘车回长辛店前线，张作霖也回天津。告别时,张作霖祝吴佩孚"马到成功",吴佩孚则谦虚道"仗老弟洪福"。

在奉直的联合夹攻下，国民军几乎全部崩溃，冯玉祥被迫撤出北京。国民军退出北京，段祺瑞被逐下台，北京再度陷于无政府状态。吴佩孚抓住机会，着手恢复"法统"。他深知自己在北京的军事实力远不及张作霖，只有用护宪来恢复内阁与国会，争得北京政权，控制大局。张作霖的精明则半点不在吴佩孚之下。吴佩孚提出起用原曹锟手下的总理颜惠庆出来摄政，遭到张作霖的坚决反对。张作霖针锋相对，借曹锟贿选大做文章，要求恢复约法,重建国会,甚至提出了重新组阁的人选。为此,双方争执不下。

当北京城里又陷入内斗时，1926 年 7 月，国民革命军以蒋介石为总司令，从广州誓师北伐。事关北洋系生死存亡的威胁出现了，两人只得先放下内斗，一致对外。双方取得了"军事为先，政治缓议"的一致认识，吴佩孚和张作霖终于在组阁问题上达成妥协。事后，吴佩孚向外国记者发表过自我解嘲的谈话，说："我和奉张就像初婚夫妇一样，偶然拌几句嘴是免不了的，日子一久，我们的感情就会一天天浓厚起来。"

吴佩孚的势力地处两湖,事实上成为了北伐军的头号目标。8 月 25 日,吴佩孚由北方兼程返回武汉，召开军事会议。会议上，吴佩孚提出三大战略措施"诱敌深入""反攻岳州""会师长沙"。然而,国民革命军所向披靡，实在难以抵挡。湖南的汀泗桥之战，吴佩孚派出八个大刀队，分八路监阵，一遇官兵退却，挥刀便砍，一天内当场处决畏缩不前的旅、团、营长九名之多，因临阵退缩而砍掉脑袋的下级官兵不计其数。吴佩孚虽然用大刀队督战，可是兵败如山倒，溃兵退却像打冲锋一样。溃退的士兵竟向吴佩孚的火车开枪，连吴佩孚的副官和卫兵都被打死。武汉之战更是惨烈，吴佩孚竭尽全力，终究无力回天。血战过后，吴佩孚兵败两湖，只得退守河南。

河南的形势则严峻到超出吴佩孚想象，连在河南郑州闲居的曹锟都对他甚为不满。听说曹锟得了感冒，吴佩孚赶去探望。吴佩孚入室鞠躬为礼，问："总统感冒好了没有？"曹锟不理不答。吴佩孚再问，曹锟道："外面风好大哟！"吴佩孚说："今天天气好，外面没有风。"曹锟道："外面没有风怎么把吴大帅吹来了。"吴佩孚一听知道是曹锟多心，赶紧低下头聆训。曹锟毫不客气道："你是大帅，我也做过大帅，我做大帅时有功都是你们的，如果不把功劳分给你们，你怎么会做到大帅？可是你今天有功都是自己的，不能容物，不能开诚对下，自大狂妄，造成今天上下离心离德。"曹锟越说越气，声色俱厉，吴佩孚一直低头不敢作答。

更糟糕的是，张作霖见吴佩孚落败，竟然下令奉军大举入豫，让曹锟、吴佩孚在河南打算重树直系声威的计划彻底落空。吴佩孚全力阻止奉军入豫，为此不惜与奉军再度开战。南边大敌当前，北洋系居然还有心思继续内讧。吴佩孚坐困河南，南北两面受敌。奉军以飞机和重炮掩护，向吴佩孚驻守的郑州进攻。吴佩孚挥泪撤出河南，冯玉祥又趁机一路追击。吴佩孚彻底无家可归，只能打电报给曾受过自己重恩的四川军阀杨森："我已无路可走，不论你允许与否，我都只有入川一途了。"从此，吴佩孚流亡入川，受到杨森的庇护。

当吴佩孚最潦倒落魄的时候，日本方面曾专程来人拜访，表示愿给他私人借款一百万，愿赠步枪十万支。这对于有意东山再起的人自然是一个大诱惑。可是对吴佩孚丝毫没有作用。吴佩孚义正词严地对日本人说：

"过去我有枪不止十万，有钱不止百万，尚且一败涂地，可见成败是不在于枪炮和金钱，我如果愿意借外债、引外援，何必待到今日。中国事应该由中国人自了。贵国贵官的盛意我是不会承受的。"

6. 保持晚节

流寓在川，一向喜好文墨的吴佩孚还不忘作诗，感怀世事，表明心迹。现抄录此期间吴佩孚诗作数首如下，其心境可见一斑：

万山拱极一峰高，避迹何心仗节旄。

望月空馀落花句，题诗寄咏猗兰操。

江湖秋水人何处，霖雨苍生气倍豪。

笑视吴钩自搔首，前途恐有未芟蒿。

——1927 年作于白帝城

赠刘存基

方寸纠纷俗累萦，无端怅触笔花生。

人因落魄寻知己，诗写牢愁见性情。

洛水梦回千里曲，蜀山登断一钩轻。

枕边莫恼鹃声恶，催起刘郎趁早行。

——作于 1927 年

游绥定凤凰山

英雄处处出人头，又上高峰作壮游。

满眼苍生归掌握，数堆疑冢感荒邱。

萧萧木叶传边警，点点梅花为我愁。

休到昆仑山上游，中原王气不胜秋。

——作于 1929 年

一直到 1931 年春天，蒋介石巩固了自己的政权，才同意吴佩孚离川。面对屡次兵败，吴佩孚早就心灰意冷。结束四年流寓生活，张学良以子侄身份邀请吴佩孚定居北平，并赠送其位于东四什锦花园胡同的大宅院，并每月馈赠 4000 元维持吴佩孚一家的生活。安顿在北京，吴佩孚曾手书长联，挂在止堂墙上，以表心迹：

得意时清白乃心，不怕死，不积金钱，饮酒赋诗，犹是书生本色；

失败后倔强到底，不出洋，不入租界，灌园抱瓮，真个解甲归田。

晚年的吴佩孚，中等身材，不胖不瘦，光头，唇上的中式胡须略见花白。他衣无华贵，食无珍馐，中外银行无存款，家无金银、珠宝、古玩，既无三妻四妾，又无成群奴仆，没有商行店铺，没有公司股票，除张学良所赠住宅外也没有其他的房产。吴佩孚平时不大步出庭院，也很少与家人亲眷一堂同聚。每天的正餐，总是与旧部及幕僚们共进，或接待来访的宾客。仅在一年一度的除夕，才和家人一起吃一顿团圆夜饭。虽然不再带兵，吴宅中依然保留着幕僚和部下（主要是正副参谋长、八大处长）的建制。吴佩孚每天还要听取专人汇报由各国电台播发的世界新闻，阅读秘书从中外报刊、电台中选编的有关重大政治、经济、军事内容的"摘要记录"。吴佩孚晚年喜好书画，偶尔也参与一点社会活动，如山东同乡会的赈灾、正一堂的佛事祈祷、红十字会的救济等。

自九一八事变以来，日本加紧收买汉奸为其服务。吴佩孚作为北洋派系中继袁世凯、段祺瑞之后的中心人物，自然成为日本特务机关的焦点。吴佩孚向来对日本人深恶痛绝。当初吴佩孚乘火车抵北京西直门车站，张学良率领华北军政官员到车站迎接。当天下午，吴佩孚到顺承王府张学良的私邸回访，一见张学良就板起面孔责问："沈阳事变为何不抵抗？"张学良回答："有命令。"吴佩孚怒道："你岂不闻，将在外，君命有所不受么？"张学良无言以对。吴佩孚咄咄逼人："你怕抗日，我帮你抗，我不是为名为利，我左手拿回东三省，右手交给你。你国仇家仇不报，真是不忠不孝！"

为了游说吴佩孚为日本服务，每日吴宅前车水马龙，军警林立，日本特务及形形色色的说客络绎不绝，门前经常水泄不通。在这种境遇下，吴佩孚始终不肯就范，痛骂上门游说的江朝宗"老而不死"，齐燮元"死无葬身之地"，还斥责汪精卫是"著名汉奸""无耻下贱"。吴佩孚还多次对日本特务拍桌子，掷茶碗，盛气凌人。当得知南京大屠杀的消息后，吴佩孚为表示抗议，整整绝食一天。

其实吴佩孚也答应过"出山"，条件也极简单，只一条——请日本人撤出包括东北在内的所有中国领土。而且，他也确实令旧部于河南开封一带集结改编成了"皇协军"，甚至还派人在山东境内招过兵，只是后来该部"全部潜逃"，"回归重庆军建制"（日本人语），人们才知道了吴佩孚的初衷。日本人还越俎代庖地在什锦花园为吴佩孚安排过一次记者招待会，他尚未开口，中外记者们已经读到了打印好的"吴氏对时局的意见"。结果吴佩孚放下打印稿，对记者道：

"本人过去的行动，足以证明本人向以维护和平为职志，例如民国八

年通电吁请南北和议、民国十年支持召开庐山国是会议、民国十九年调解中原之战，都是为和平而发。"

话题一转，吴佩孚谈起了"中日和议"：

"惟'平'乃能'和'，'和'必基于'平'。本人认为，中日和平，惟有三个先决条件：一、日本无条件自华北撤兵，二、中华民国应保持领土和主权之完整，三、日本应以重庆（国民政府）为全面议和交涉对手。"

怕在场的日本人听不懂，吴佩孚厉声令秘书"断乎不容更改"的将自己的"政治宣言"翻译成日语。

1939 年 11 月 24 日，吴佩孚因吃羊肉饺子被骨屑伤了牙齿，左下牙感染，咽喉肿痛。吴佩孚左右的人接受日本人板西利八郎的"建议"，请日本医生伊东治疗。在吴佩孚浮肿未消之时，伊东违反医德常规强行拔去吴佩孚的一颗牙。由于在拔牙时未经严格消炎、消毒，随后吴佩孚因此高烧，以致精神恍惚。

日本医生拔牙后第二天，吴佩孚的左边脸全肿了。虽然请来了中医治疗，但不见效，经过德国医生迪勃尔·史蒂福斯的详细检查，认为如果能立刻将吴佩孚送到医院动手术，或许还可以得救。

当吴佩孚听说医院在东交民巷就不顾疼痛，对身边人道："你们不可忘了我的'四不主义'——不入租界，那东交民巷从前清起就被外国人划为禁地，等于租界一样，我宁死不去！"

史蒂福斯道："吴将军你非去不可。"

吴佩孚回答："我绝不会到东交民巷去！"

他又对夫人张佩兰说："倘使你趁我昏迷不醒，派人把我送到东交民巷，违反了我的'四不主义'，那么，我们就不是夫妻！"

1939年12月4日，北平大雪，日本特务川本会同齐燮元携日本军医前来强行"治疗"。吴佩孚家属欲阻拦而不得，齐燮元道："大帅是国家的人，一切由国家主持安排，家属无权过问。"川本、齐燮元现场监督，日本医生用手术刀在浮肿的右腮下气管与静脉的部位一刀割下，血流如注，吴佩孚顿时气绝，终年六十五岁。

当时，有人高喊：快打强心针！日本医生表示没随身携带强心针，并立刻上床"抢救"，进行"人工呼吸"，强压吴佩孚的胸腔及心脏。这番"抢救"动作，事实上加速了吴佩孚的死亡。噩耗传出，吴府一片大乱，哭声震天。吴佩孚夫人张佩兰当场昏厥，亲随张劭溥拔出手枪要打死日本医生，日本医生在众多警特掩护下鼠窜而逃。

对吴佩孚之死，蒋介石亲致唁电给北平什锦花园吴公馆："先生托志春秋，精忠许国，比岁以还，处境弥艰，劲节弥厉，虽暴敌肆其诱胁，群奸竭其簧鼓，迄后屹立如山，不移不屈，大义炳耀，海宇崇钦。先生之身虽逝，而其坚贞之气，实足以作励兆民，流芳万古。"陪都重庆的报纸上，更誉吴佩孚为"中国军人的典范"。

当时驻重庆的中共元老董必武在《日本企图搬新傀儡》一书中对吴佩孚作出了中肯评价——作为军阀，吴佩孚"有两点却和其他的军阀截然不同。第一，他生平崇拜我国历史上伟大的人物关、岳，他在失败时，也不出洋，不居租界自失。第二，吴氏做官数十章，统治过几省的地盘，带领过几十万的大兵，他没有私蓄，也没置田产，有清廉名，比较他同时的那些军阀腰缠千百万，总算难能可贵"。

抗战胜利后，川康绥靖公署主任邓锡侯、贵州省主席杨森等吴佩孚生前故交，从四川大后方先后飞来，由他们倡议发起了公葬活动。吴佩孚灵柩在

拈花寺暂厝历经七年之久，直至 1946 年 12 月才安葬于北平西郊玉泉山西麓自家购买的茔地。南京国民政府更发来了明令褒电："故吴上将军佩孚，于沦陷期间，忠贞不屈，大节凛然，为国殒没。为表彰忠烈，追赠陆军一级上将衔。"

吴佩孚的一生，就此盖棺。

北咤北洋

第八章
"五省联帅"孙传芳

1. 入读士官

孙传芳，宁馨远，光绪十一年（1885年）四月十七日生于山东泰安。孙家祖辈务农，家境贫寒，故孙传芳少时历尽坎坷。幼年时，父亲病故，孙家生活陷入贫困。孙传芳的母亲受婶母虐待，不能相安共处，被迫携同子女四人去济南历城县谋生。所以孙传芳亦自称济南历城县人。

孙传芳是家里最小的儿子，上面有三个姐姐，大姐嫁到济南商河县一户程姓人家。在历城谋生不易，孙传芳不得不随母亲去商河，寄食于程家。这一年，孙传芳仅有十岁。光绪二十五年（1899年），义和团在山东兴起，遍地一片混乱，孙传芳又随母亲还有未出嫁的三姐避居济南。苦命的孙家母子，在济南总算遇到一个命运转机。当时山东巡抚袁世凯部下武卫右军执法营务处总办王英楷，因为妻子患疯癫，一直想娶个二房传宗接代。经人说合，王英楷知道了尚未出嫁的孙家三姐。王英楷上门提亲，向孙母表示——愿意供养孙家母子的生活。就这样，孙家三姐嫁给了王英楷，孙传芳和母亲也得以过上了衣食不愁的安稳日子。姐夫王英楷还将孙传芳送去读书。这一年，孙传芳已经十五岁了。

两年之后，袁世凯升任直隶总督，调往保定。王英楷也带着妻子以及孙家母子迁往保定居住。王英楷毫无疑问是孙传芳人生的第一个贵人——他帮助孙传芳读书，入伍，考军校，直至升官。在北洋军中，王英楷是个极有名望的人物。他办事奉公守法，晓得"上梁不正下梁歪"之理，严于律己。王英楷曾发现，部下有人私自吞并士兵伙食房的豆腐渣开猪场，损公肥己。没二话，他立即严办部下，没收猪场为营部猪场。如此改善了士兵生活，让王英楷深得人心。王英楷最大的贡献则在于练兵。德国教官沿用德国操典，北洋军参练人员觉得德语晦涩难懂，语言障碍严重影响操练。王英楷动了心思，将操练用语改成通俗易懂、符合国情的训练用语。如"立正""稍息"这老少皆懂的口令用语，一直沿用至今，正是出自王英楷的发明。清廷曾特赏一万银两，在保定为王英楷建洋楼一栋，以资嘉奖。有这样的姐夫相助，少年坎坷的孙传芳终于走上了坦途。

王英楷先是帮孙传芳补了个兵额，入营当马弁。光绪二十八年（1902年）夏，袁世凯创练常备军，设陆军练官营于保定东关外，以冯国璋任练官营总办。王英楷发觉这是个难得的机会，于是推荐孙传芳入练官营当了学兵，编入步兵科第三班。孙传芳天资聪敏，知道用功，所有军事课程，一读便通。学科与操法考试，孙传芳往往名列前茅。

在陆军练官营毕业后，姐夫王英楷继续向上推荐孙传芳。孙传芳名列前茅的成绩，让王英楷的推荐更具说服力。所以，经冯国璋准予，孙传芳免考保送入陆军速成武备学堂。两年之后，光绪三十年（1904年）夏，北京练兵处考选陆军学生派往日本留学，速成武备学堂选送四十人去京应试，其中自然有孙传芳。毫无悬念，孙传芳经考试被录取。这年八月，留学监督赵理泰率领各省留日生百余人，由天津转上海乘海轮"大智丸"赴日。昔年的穷孩子孙传芳，从此踏上了东渡扶桑的求学之路。

抵日后，孙传芳先入东京振武预备学校。一年后毕业，孙传芳被派入日本陆军第十师步兵联队充候补生。又过了一年，孙传芳终于进入东京陆军士官学校，为第六期生。而负责管理孙传芳等中国留学生的区队长，是一个日后中国人都非常熟悉的角色——步兵中尉冈村宁次。

据说，一个星期天傍晚，冈村宁次在进行晚点名时，发现新生中少了孙传芳、杨文恺、张群、周荫人等中国留学生。原来，孙传芳等人星期

天结伴外出，在外面被事情耽搁了，误了点名时间。冈村宁次大发雷霆，待他们回来后，亲自动手抽他们的耳光。孙传芳个头小，被冈村宁次一巴掌打在头上，把帽子打掉，脑后的辫子抖搂出来。冈村宁次用手拉着他的辫子，大声责骂。孙传芳顿时大怒，竟然动手，与冈村宁次打起架来，最后被张群拉开。没想到，不打不相识，从那以后，孙传芳和冈村宁次居然成了好友。二十年后，1926 年秋末，北伐军兵临九江和南昌，给孙传芳以致命打击。孙传芳为挽救残局，聘驻华日本武官为"军事顾问"，冈村宁次便是其中一个。

光绪三十四年（1908 年）十二月，孙传芳在陆军士官学校毕业，又回原步兵联队见习三个月，于宣统元年（1909 年）三月回国。留日士官生在北京接受陆军部考试，由陆军部尚书铁良任主考官。发榜后，孙传芳被授予步兵科举人，并授步兵协军校。他被派往北洋陆军第二镇第三协第五标，担任教练官。当时第三协的协统是孙传芳的山东同乡，馆陶人王占元。还有第五标的标统王金镜，这些人都成为日后孙传芳青云直上的关键人物。孙传芳为人健谈，善于应对联络，不仅在本协本标内与人相处融洽，跟他镇他协的人也常有来往。毫无疑问，孙传芳极受协统王占元的赏识。

1911 年辛亥革命爆发，中华民国成立，第二镇改为第二师，孙传芳调任第二师辎重第二营营长。1913 年，北洋系势力始向长江流域伸延，袁世凯派段祺瑞任湖北督军，令王占元率第二师进驻湖北，兼任湖北军务帮办。由于王占元的赏识和信任，孙传芳不久便被提升为该师第六团团长。1916 年王占元任湖北省督军兼民政长，孙传芳被提升为第二十一旅旅长，直接受曹锟、吴佩孚节制。当时孙传芳方届而立之年，可谓少年得志。孙传芳常充当湖北代表对外接洽公务，有时甚至代表督军王占元检阅师旅军队，在湖北大有一手遮天之势。

1920 年夏，湘军袭鄂，湘鄂战争爆发，王占元命孙传芳率兵迎战。孙传芳干净利落地将湘军打得大败，然后顺理成章接任第二师师长。同年七月，直皖战争起，皖军战败。王占元秉承直系首领曹锟的意思，将皖系的长江上游总司令吴光新扣押在武昌，由孙传芳代替他的职务。孙传芳还得到了改编皖系残余部队的权力。从此，孙传芳实力日渐坐大，有了地方实力派之相。

1921 年，湘鄂战争又起，湖南赵恒惕率部进攻湖北。湖北直军一触即溃，孙传芳的老上司王金镜落荒而逃。王占元赶紧请出孙传芳。孙传芳率领部队与湘军血拼八天八夜，打得湘军众将心惊胆寒。湘军最能打仗的将领鲁涤平惊呼："王占元手下有如此将领，乃是孙猴子转世，日后必成大事！"

与此同时，曹锟、吴佩孚见王占元庸懦无能，尅扣自私，早有更换之意。于是，他们借湘鄂战争之机迫王占元下台。湘鄂战争初起时，曹锟、吴佩孚发兵援鄂，由吴佩孚亲任援鄂总司令，派萧耀南率二十五师开赴武汉三镇，第八混成旅旅长靳云鹗为前敌总司令。他们名为援鄂，实为驱王。人们看得分明，当时便留下了"援鄂不援王"之语。在孙传芳的配合下，援鄂大军开往前线，靳云鹗部向湘军猛攻，吴佩孚又亲自率兵乘军舰捣岳阳。湘军遭到水陆夹击，败退长沙，被迫与吴佩孚议和。

湘鄂战毕，王占元被迫辞职，由第二十五师师长萧耀南继任湖北督军。吴佩孚当时是两湖巡阅史，抵达武汉后对善战的孙传芳拉拢道："馨远（孙传芳字），王老头（指王占元）走了，咱们一块干吧！你带着第二师和其余队伍，开往宜昌去。"于是，吴佩孚任命孙传芳为长江上游警备总司令

兼第二师师长，驻湖北宜昌。吴佩孚又补发孙传芳欠饷三十万元。从此，孙传芳为吴佩孚所深深倚重，实力更上层楼。

1922年4月，直奉战争爆发，奉军战败，直系势力日盛。江苏督军齐燮元、湖北督军萧耀南掌握东南半壁，唯有福建、浙江仍在皖系手中。直系势在必取，准备调遣大军进入福建。吴佩孚深知，此事只有孙传芳能办妥。为此，他给了孙传芳三十万元军饷，又从汉阳兵工厂调拨给他价值七万元的弹药。孙传芳犹豫片刻，奉命率军入闽。毕竟，他清楚，福建固然偏远，但只要能将福建完全置于自己控制之下，自己便将是一方诸侯，能够与中央的直系诸人分庭抗礼。其实，吴佩孚命孙传芳入闽，也有自己的考虑。多年后，吴佩孚的幕僚白坚武一语道破天机——孙传芳勇武沉鸷，类似三国时代之马超，不宜在中原各省安置。

福建督军王永泉，河北省青县人，与孙传芳一样是留日士官生出身。直系大军压境之下，该何去何从，王永泉举棋不定。孙传芳不但会打仗，搞权谋的手段同样过人。他率部抵达浙闽边界之后，下令停止前进，自己只带少量随员入闽。与王永泉一见面，孙传芳立刻声泪俱下，大骂吴佩孚如何排挤自己，听得王永泉都愤愤不平。孙传芳对王永泉道："两雄相争，必有一伤。咱们都是日本士官学校的同学，何苦为人做机械，自相残杀？不如，咱们一起保存实力，共图发展！"王永泉被感动了，完全放弃戒备。孙传芳就这样与王永泉结为异姓兄弟，孙传芳还尊王永泉为兄长。如此，孙传芳大军兵不血刃，顺利开进福建。次年三月，孙传芳被任命为福建督军，如愿以偿，成为一方诸侯。至于王永泉，孙传芳乘其不备偷袭福州，将王永泉所部全部缴械。王永泉只得声明下野，逃往上海。福建一省，全在孙传芳的掌握之中。

2. 五省联军

浙江督军卢永祥是皖系人物，他本人原籍山东济阳，算是孙传芳的近同乡。福建被直系控制以后，卢永祥两面受敌。南有福建督军孙传芳，北有江苏督军齐燮元，两大直系军阀同时威胁着卢永祥。1924年9月，卢永祥与齐燮元爆发大战，双方出兵在上海附近打得不可开交。这时，福建督军孙传芳也就不管卢永祥是不是他的近同乡，以"浙闽联军总司令"的名义率军北上，援助齐燮元。这次战争史称"齐卢之战"，亦称"江浙战争"。战事打得颇为精彩，最后以卢永祥失败下野而告终。卢永祥的五万残部也被孙传芳收编，孙传芳的势力进一步扩大。战后，曹锟以大总统的名义，任命孙传芳为闽浙巡阅使兼浙江督军，并授予他"恪威上将军"勋位。从孙传芳1902年入伍当学兵，到1924年威震东南，成为闽浙两省主宰，20年间飞黄腾达，青云直上，封疆列土，分裂天下，竟然勋至"上将军"，时人感叹为世间的奇遇。

1924年9月，第二次直奉战争爆发。第二次直奉战争因张作霖援助浙江督军卢永祥而引起。奉系得势后，马上派张宗昌率师南下，替卢永祥向江苏督军齐燮元夺回地盘。显然，孙传芳有唇亡齿寒之危。孙传芳本是曹锟、吴佩孚扶植起来的人物，现在直系既倒，孙传芳该如何适应新形势以谋自处？

孙传芳是聪明人，最清楚见风使舵的道理。他知道，首先应取得奉系张作霖的谅解，借以缓燃眉之急。于是，孙传芳赶紧派浙江盐运使王金钰与奉系取得联系。王金钰与奉系将领杨宇霆是日本士官学校的同期同学。通过杨宇霆的关系，王金钰得以见到张作霖。张作霖也有意笼络孙传

芳，马上派邢士廉向孙传芳修好，停止向浙江进军。奉系大将张宗昌率部攻克上海后，也约孙传芳会晤。两人相谈甚欢，居然还结为金兰。齐燮元被迫下台，卢永祥出任江苏督办。卢永祥一上台，先与孙传芳签订了江浙互不侵犯的和平公约，双方取得暂时妥协。

这一切当然只是暂时的。1925 年 8 月 29 日，北洋政府在张作霖的压力下，任命杨宇霆为江苏督办，姜登选为安徽督办。奉军取得上海、江苏和安徽的地盘后，趾高气扬，目空一切。张作霖就曾表示："三五年内我不打人，绝没有人敢打我。"奉军节节南下，步步紧逼，咄咄逼人的气势引起了各方的严重不安。西南四省开始共商联防同盟组织，以防奉军深入。冯玉祥早因奉系的吞食而节节退却，现在也以亲笔信联系老冤家吴佩孚，提出"因许加盟，共为十四省区"。孙传芳见此，深知自己的机会来了。10 月 7 日，孙传芳在杭州召开秘密会议，与有关各省代表讨论出兵讨伐奉系。参加会议的有福建督办周荫人、赣南镇守使邓如琢、皖南镇守使王普、江苏第四师师长陈调元、湖北督办萧耀南，下野的江苏督军齐燮元、安徽督军马联甲也派代表参加。会议决定成立皖、赣、苏、闽、浙五省联盟，组成五省联军，推孙传芳为总司令，树"拥段反奉"大旗。五省联军号称拥有 20 个师、20 个混成旅和 9 个步兵旅。孙传芳还请吴佩孚出山，共图大举。

要反奉，谁来打第一枪？如果按着地理位置，应该由江苏军队首先发动，因为他们与奉军同居一省。但是，陈调元、白宝山等怕敌不过奉军，不敢首先发难。孙传芳自告奋勇，率先起兵。他以国庆阅兵为名，率军向松江、长兴集中。张作霖闻讯，急召关内奉系四督——直隶督军李景林、山东督军张宗昌、江苏督军杨宇霆、安徽督军姜登选，于 10 月 10 日前赶回沈阳，讨论对付孙传芳的问题。可惜，时间来不及了。孙传芳的突然起兵，使得号称"小诸葛"的杨宇霆狼狈北撤。他作为奉系前方第一要员，见局势难以收拾，遵照张作霖"应相机撤回徐州待命"的命令，退兵十分迅速，借以保全实力。10 月 18 日深夜，杨宇霆乘专车由浦口抵达济南。他下车后直奔督办公署，与张宗昌晤谈出兵事宜。

形势所迫，张宗昌不得不答应出兵。张宗昌为了让杨宇霆放心，立即将山东第五师师长孙宗先、山东军务帮办施从滨等地方部队将领召来，当着杨宇霆的面说明目前的局势和决定采取的对策，并正式下达了任务。杨宇霆见山东出兵一事得到具体落实，方才乘车离开济南北上。张宗昌也随即动身，带领卫队旅乘铁甲列车先行驰赴徐州。

为了强化对孙传芳的作战，张宗昌与施从滨、孙宗先效法三国里的桃园三结义，结拜誓盟：施从滨最长，孙宗先居次，张宗昌排第三，俨然刘、关、张三兄弟。张宗昌自豪道："有咱兄弟三人守此，哪怕孙郎百万兵！"张宗昌许诺，战胜孙传芳后，让施从滨当安徽督军，江苏的地盘给孙宗先。

孙传芳面前最强大的对手，是张宗昌的"白俄军"。这是一支完全由十月革命后内战失败、流亡来华的前帝俄军人组成的雇佣兵部队，投入张宗昌麾下后，在华作战近十年。自晚清以来，中国人被洋人欺负惨了，未承想，一切在张宗昌手里翻了盘，居然能让一支洋人军队为中国人卖命——虽然用他们打的还是中国人。张宗昌正是看准了那个年月中国人都被洋人打怕了，看到高个子蓝眼睛的白人兵就打哆嗦。所以，他常令这些白俄兵打前锋，其他军阀的士兵碰上这些洋鬼子也照样脚软。因而，"狗肉将军"居然也颇当过一段时间的"常胜将军"。

施从滨部经过数日整顿补给后，由兖州、泰安防地，先后开到蚌埠

附近。施从滨布防尚未就绪，孙传芳的谢鸿勋师和卢香亭师两路大军已经采取钳形攻势，将蚌埠的西南东三面包围，连夜向市区猛攻。施从滨部本是缺少训练的老弱残兵，又兼军饷积欠不发，兵无斗志，一遇谢鸿勋、卢香亭两军夹攻，稍作抵抗即纷纷败退。蚌埠很快便被谢鸿勋占领。

张宗昌的白俄军，由济南沿津浦线东侧，掩护施从滨向南急进。白俄军一路奸淫烧杀，无恶不作。当施从滨所部进入蚌埠时，白俄军处在蚌埠以北地区，致使施从滨部孤立无援。孙传芳得到攻克蚌埠的消息，立刻命令李俊义旅马葆珩团驰赴津浦东侧，迎击白俄军。马葆珩团官兵一路胜利，颇有轻敌急功的念头。迎头遇到白俄军，自然吃了大亏。先头部队因过于突出，遭到白俄军痛击。马葆珩团败退，五十多名士兵被白俄军包围，只得缴械投降。白俄军残忍如野兽，加上一肚子的白兰地伏特加还没醒，拿出了苏俄内战时对付被俘布尔什维克的手段，整治这些孙传芳的士兵——挖眼睛，割鼻耳，取心肝，折腾得俘虏求生不得求死不能，最后再补上一枪。

卢香亭师主力开到，见此情景，立即向白俄军阵地展开激烈冲杀。只见大队白俄军脱下军服上衣，赤膊作战。据目击者称，白俄军士兵一手拿着白兰地酒瓶，一手拿着上好刺刀的步枪，一面狂饮，一面冲杀，凶猛异常。孙军最前沿的马葆珩团几乎被击溃，副团长、营长多被打死，士兵伤亡甚众。马葆珩急忙命步兵全线撤退，将全团重机枪和大炮集中火力猛烈轰击，给予白俄军巨大杀伤。白俄军的尸体，一时横七竖八躺满前沿。

白俄兵们这才酒醒，弃枪逃窜。可是他们都穿着大长皮靴，个子又大，跑得不快，被活捉了一大批。见到先头部队士兵被残杀的尸体，马葆珩团士兵愤怒异常。为了给被杀官兵报仇，他们也以暴易暴，把被俘的白俄军官兵变着花样整治。有的白俄军士兵被吊在树上活活烧死，有的白俄军士兵被吊在车站建筑物上当活靶子打。等旅长李俊义、团长马葆珩亲自赶到，才制止了这些野蛮行为。

3. 斩杀降将

至于施从滨所部，自蚌埠败后，整军再战。施从滨坐着"长江号"铁甲列车往来督阵。哪知谢鸿勋师的上官云相团，绕出蚌埠以北的固镇之后，拆毁铁路，断绝了施从滨的归路。卢香亭师的马葆珩团，在战胜白俄军后，借得胜余威继续往前猛冲。施从滨腹背受敌，又得悉白俄军已战败，急于突围，下令铁甲列车往北急驶。到了固镇南面、横跨浍河的铁桥时，只见桥上挤满了徒步往北逃窜的部下；铁甲列车若要通过，在铁轨上的士兵，不是要被辗死，便是要掉落桥下的滚滚黄流之中。施从滨不忍如此，命令"长江号"铁甲列车改往南开。

没开十几里远，施从滨见大部孙军冲杀前来，又急命铁甲列车往北行驶。再到固镇桥，桥面上仍然挤满部队，争先恐后向北逃窜。此时由北向南截击的上官云相团正包围着施从滨的残余部队缴械，固镇以南的马葆珩团，又已紧追前来。生死关头，施从滨顾不上自己部队的死活了。他狠下一条心，下达命令——"长江号"铁甲列车开足马力，从自己部队身上冲过桥去！

如此，北洋时代军阀混战中人间地狱的一幕出现了。当时挤在桥上的官兵估计有上千人。施从滨的铁甲列车加速冲过去，桥上顿时血肉横飞，惨呼之声惊天动地。大批士兵被铁甲列车活活碾成肉酱，冲下河去的同样

不计其数。等马葆珩团冲到桥上时，只见桥面上铺满肉酱血浆，好些官兵下肢被辗掉，上身犹在。这些人中有一些还是佩戴中校、上校肩章的军官。这些半死的人极声哀呼："求求你，给我一枪！给我一枪！"随军的文职人员，几曾见过这样的人间地狱，都吓得不敢过桥，有些更是浑身发抖，痛哭失声。

以这么多人命为代价，施从滨还是没能逃出去。上官云相团拆毁了固镇桥以北的铁路，施从滨的铁甲列车虽已过桥，却无法脱险。当时铁轨已拆到离固镇桥不远之处，火车司机发觉情况不妙，急忙刹车，由于速度过快，无法及时停止。铁甲列车出轨倾覆，施从滨和他的随从，全部被俘。

施从滨生于同治六年（1867 年），当时已是六十高龄。须眉皆白的六十老将施从滨，被俘获时身着笔挺的陆军中将礼服，还很友善地向敌军慰劳道："大家辛苦了！"谢鸿勋同样待之以礼。他派营长一员，护送施从滨到蚌埠，还写了一个报告给孙传芳，请求优待施从滨。孙传芳的司令部已推进至蚌埠，部下打得很好，他便显得很悠闲，躺在司令部会客厅的大炕床上，自己在烧烟泡。施从滨一进去，向孙传芳立正敬礼，孙传芳连身子都不动一下。孙传芳素有"笑虎将军"的恶名，外表总是笑容可掬，但本性刻毒。孙传芳笑道："施老，你好，你不是来当安徽督办么？你马上去上任吧！"随即，孙传芳命人将施从滨拖出去，斩首。

时已午夜，幕僚杨文恺苦劝孙传芳道："我们打内战，对待俘虏，不宜杀戮，不如把施从滨押送南京监禁。"孙传芳不听，拍着桌子对杨文恺道："你我要是被他们俘虏,还不是被杀吗！"杨文恺又劝孙传芳冷静考虑，不可操之过急，并言道："杀也可以，何必今夜，明天再问一次，杀也不迟。"孙传芳声色俱厉道："是你当家，还是我当家？"

　　杨文恺见孙传芳主意已定，难以挽回，无语而退。施从滨由军法处被押出来，自知必死，便道："就在这里执行吧。"孙传芳的大刀队将他用铁丝绑缚，押到蚌埠车站南边的旷野，执行斩决。施从滨的首级被挂在蚌埠车站示众，孙传芳还命人在白布上用朱笔大写"新任安徽督办施从滨之头"字样，并暴尸三天三夜。三天之后，施从滨的尸首被草草收葬，身首分在两处掩埋。

　　事后孙传芳部下许多军官，都对孙传芳擅杀战俘表示不满。但孙传芳自己对亲信说，他杀施从滨，是给邓如琢、陈调元等人一个眼色看。部下将领则认为，此次战争是出人意料地顺利，轻易占领上海、江苏、安徽，致使孙传芳得意忘形，儿戏般杀了施从滨。而孙传芳杀施从滨，最重要的则是坏了北洋系"不杀政敌"的规矩，这为多年后自己横死佛堂埋下了伏笔，是为因果报应。

　　斩杀施从滨的次日，孙传芳集合被俘的一万多名张宗昌部下将士讲话。孙传芳道："张宗昌是土匪，我们山东老百姓被他害苦了，我们一齐干，把张宗昌这个土匪赶跑，咱们老家好过太平日子！"被俘官兵一致高呼："愿跟孙大帅走！"接着孙传芳即将被俘官兵改编，发还枪支，开往前线作战。

　　11月8日，孙传芳先头部队占领徐州，张宗昌部向以北退却。徐州收复，标志着孙传芳从奉系手中完全夺回东南五省。这时，北方的国民军第二军军长、河南督军岳维峻由开封来徐州，要求孙传芳继续派兵北进，支援冯玉祥攻打直隶。孙传芳正在筹组浙、闽、苏、皖、赣五省联军，未允所请，顿兵不进。吴佩孚也派高恩洪携款五万元由汉口来徐州慰劳孙传芳。孙传芳与吴佩孚已有分庭抗礼之意，对于吴佩孚的慰劳，同样淡然视

之。他在徐州子房山大开庆功宴会，预先从绍兴运来醇酒十坛，山珍海味俱备，各方代表和孙传芳部下少将以上人员都来参加。此时孙传芳已是意态骄盈，不可一世。

11月23日，孙传芳由徐州凯旋南京。25日，他正式宣布成立浙、闽、苏、皖、赣五省联军，自任总司令兼江苏总司令，以周荫人为福建总司令，卢香亭为浙江总司令，陈调元为安徽总司令，邓如琢为江西总司令。孙传芳以五省联军总司令之名，统辖东南五省，占据前清两江总督和闽浙总督的地盘。五省军阀将帅，都听从他的号令，"孙联帅"之称由此而起。孙传芳成为直系中最有实力的军事领袖，趾高气扬，睥睨一切。他鼎盛时，总兵力达二十多万人，还拥有海军和航空队。孙传芳还开办联军军官学校，自兼校长，以示与孙中山的黄埔军校并驾齐驱。江苏某巨绅向孙传芳发来贺电："钱武穆开府十三州，吴越奉其正朔。过零工中书廿四考，朝野仰若天神。"当时的孙传芳年仅四十岁，这是他最得意的时代。

孙传芳的统治东南时间不算长，却也闹了不少笑话。譬如干涉国画大师刘海粟使用女模特一事，便颇为可笑。1914年，刘海粟在自己创办的上海美专破天荒地开设了人体写生课。他最初只聘到男孩当模特，1920年终于聘到女模陈晓君。1920年7月20日，裸体少女第一次出现在中国的画室。世俗的议论却令刘海粟伤透了心。有人说："上海出了三大文妖，一是提倡性知识的张竞生，二是唱毛毛雨的黎锦晖，三是提倡一丝不挂的刘海粟。"1925年8月22日，刘海粟给江苏省教育会写公开信，为模特申辩。紧接着，上任不久的上海县县长危道丰在报纸上登出禁止人体写生的命令。刘海粟见了禁令，勃然大怒。他给五省联军统帅孙传芳写信，请孙传芳重视教育，务必斥责危道丰。

　　孙传芳与危道丰是早年日本士官学校的同学。危道丰亲自将一份《申报》递给孙传芳，上面刊登着新闻大标题"刘海粟函请孙传芳、陈陶遗两长申斥危道丰"。孙传芳看了几行，问危道丰："模特是什么东西？"危道丰答道："就是一丝不挂让人画的女人！"他接着又添了几句："我刚接任两星期，决意整治上海淫风败俗。这才开个头，就遭刘海粟辱骂。上海的事我做不下去了，请联帅另委高人吧。"

　　孙传芳又问："他敢辱骂长官？"危道丰见机递上话道："联帅，他连你也不放在眼里，不然怎么敢公开向你施加压力？"孙传芳怒道："一个手无寸铁的刘海粟敢如此妄为！"不过，孙传芳脑子转得快，明白不能对文人硬来。他想了想，道："无须动干戈。本帅给他写封信，婉劝几句，他敢不听命？"

　　孙传芳给刘海粟写了一封信，信中写道："展诵书，备承雅意……模特止为西洋画主一端，是西洋画之范围，必不缺此一端而有所不足。美亦多术矣，去此模特，人必不议贵校美术之不完善。亦何必求全招毁。俾淫画、淫剧易于附会，累牍穷辩，不惮烦劳，而不见谅于全国，业已有令禁止。为维持礼教，防微杜渐计，实有不得不然者，高明宁不见及，望即撤去，于贵校名誉，有增无减。如必怙过强辩，窃为智者不取也。"

　　这封信在《上海新闻报》上刊登，一时轰动上海滩。刘海粟公开向美专的师生们表示："我绝不放弃模特，绝不向孙传芳妥协！"他给孙传芳写了复信，信中道："恭奉手谕，雒诵循环，敬悉钧座显扬儒术，教尚衣冠，振纪提纲，在此一举……敝校设西洋画科，务本务实，励行新制，不徒模仿西学已耳。"刘海粟在信的最后写道："关于废止此项学理练习之人体模特，愿吾公垂念学术兴废之巨大，邀集当世学界宏达之士，从详审

议，体察利害。如其认为非然者，则粟诚恐无状，累牍穷辩，干渎尊严，不待明令下颁，当自请处分，刀锯鼎镬，所不敢辞！"

孙传芳收到刘海粟的回信，甚为恼怒。他认定了，刘海粟这是不识抬举，不给自己面子。孙传芳当即下了通缉刘海粟的命令。他又电告外交部驻上海交涉员许秋风和各国驻上海领事，要求封闭地处法租界的上海美专，缉拿刘海粟。消息一出，关心刘海粟的人个个着了急。康有为是刘海粟的老师，他一天三次去找刘海粟，劝刘海粟暂时离开上海。偏偏刘海粟脾气倔强，坚守美专，死活不离寸步。总算吉人天相，法国总领事坚持认为刘海粟无罪。尽管许秋风一再交涉，法国总领事就是不允许逮捕刘海粟。法国领事馆为了给孙传芳找个台阶，只好在报上登了一条消息，公开表示——孙传芳严令各地禁止模特，前次刘海粟强辩，有犯尊严，业已自动停止模特。孙传芳争回了面子，一场风波方告结束。

孙传芳不仅要求取缔模特，还极力反对女子穿旗袍。他认为那种衣服太勾男人的眼珠儿，臂膀太袒露也是有伤风化。所以，一见街头妇女穿旗袍，孙传芳就双手掩目，转过身去，以示"非礼勿视"。可惜，孙传芳的姨太太不吃这一套，去杭州灵隐寺拜佛时，特地穿旗袍。孙传芳无可奈何地表示："内人难驯，实无良策。"

4. 和解奉系

中国的古代宴会上，有个流行的游戏，名叫"投壶"。人们轮流将箭矢投入壶中，输了罚酒。"投壶"乃是风雅的象征，孙传芳对此极感兴趣。为显示自己温文儒雅，他特地在南京举行投壶典礼。这是中国最古老的典礼之一，只有所谓"四海升平，万民安乐"之际才能举办。举办投壶典礼，除了东南五省军政首长，北京和其他各省也派代表与贺。孙传芳在典礼上轻裘缓带，颇有以东吴孙仲谋自居之概。不过，孙传芳最想请来的客人，国学大师章太炎却并未赏光。后来北伐军打败孙传芳，有人戏称这是"枪炮战胜了投壶"。

孙传芳为了造出声势，办法多多。比如，他想让自己的五省联军在军装上与别家不同，意效法国外童子军的服装样式，制成联军制服，结果百姓称之为"大帽子兵"。1926 年，美国在费城举办万国博览会，驻南京的美国领事函送孙传芳，征求展品参赛。孙传芳立即组织"江南筹备美国费城展览会出品会"，自兼会长。经过一番折腾，征收到的参赛展品多达一万两千余件。经审查筛选，留下四千余件，由轮船运往美国展览。孙传芳还命人编成了《江南筹备赛品与孙传芳上将军》一书，内用中英两种文字，外标金字蓝底封面，更附有孙传芳戎装像，精印数千册，派人带往美国做宣传。就这样，孙传芳为自己争到了国际声誉。

此时，国民党元老张继专程去孙传芳那里造访，劝他与时在广东的蒋介石合作。孙传芳瞧不上蒋介石，拒绝合作。张继有意道："我看你不像个军阀，倒像个政客。"谁知孙传芳道："我不是政客，我也讨厌政客。政客全是些朝秦暮楚的东西，像妓女一样下流！我是个地地道道的军阀！"张继当时面红耳赤，甚为难堪。

有人劝孙传芳："你现在做了大官，应给人民做些好事，做人民的公仆。"没承想，孙传芳自有妙论："我不做公仆。仆人没有一个好东西，不是赚主人的钱，就是勾引主人的姨太太。我是老百姓的父母官，当父母的有不爱自己的子女的吗？"他又道："现在的官有两种，一种官是既要钱

又为老百姓办事，这是好官；第二种官是只要钱不为老百姓办事，这是坏官。"有人劝他信奉孙中山的三民主义，说三民主义可以救中国。孙传芳却道："我那位本家孙中山的三民主义，我不信他那一套。我提倡三爱主义：爱国家、爱人民、爱敌人。我写了一本《反三民主义》，专门来批驳孙中山的三民主义。"不过，倒是谁也没有看到过他写的这部书。

1926年6月，蒋介石率国民革命军出师北伐。北伐战争开始，标志着北洋系的末日隐隐逼近，张作霖、吴佩孚、孙传芳正是北伐的三大目标。9月，北伐军进入江西。孙传芳以"保境安民"为口号，亲自赴九江督战。据说正是此次出兵，孙传芳留下了自己的"千古名言"——"秋高马肥，正好作战消遣"。别人骂孙传芳禽兽不如，视血流成河为人间美景，以草菅人命为天下寻常儿戏。孙传芳根本不在意，他搬出当年曾国藩麾下大将彭玉麟的联语："烈士肝肠名士胆，杀人手段救人心。"在他看来，这是对自己最好的辩解了。

与北伐军作战，跟从前的北洋军阀派系混战截然不同。经过数月激战，孙传芳损兵折将，伤亡惨重。他被迫放弃闽赣，退保江浙，继续与北伐军对垒。北伐军多次奉劝孙传芳投降，孙传芳始终拒绝谈判。1927年1月，孙传芳秘密前往天津，要亲自向张作霖表示修好，共同对敌。他化装成一个商人，穿灰布大褂，贴身带两支手枪，搭津浦列车，坐在茶房的车厢内，只身北上。路过山东境内时，张宗昌的暗探密布车上。孙传芳伪装成功，暗探们居然没有发现。孙传芳抵津后，马上到英租界住宅给张作霖挂电话。电话接通，孙传芳开门见山："我是孙传芳，由南方来，有事面商。"两人在蔡家花园见面，孙传芳见张作霖后先行一礼，说声"对不起大帅"，张作霖接着表示"过去的事不要提了"，二人遂化敌为友。

孙传芳对张作霖道："完了！完了！我们北洋系的军人，眼看要全完了！只有团结起来，与北伐军作殊死战，否则将被各个击破。过去是兄弟阋墙，今日要外御其侮了。现在我甘愿做大帅的部下，听大帅指挥，请不要见外。"张作霖对左右说："快请总参议（指杨宇霆）来，共同商量。"杨宇霆进门，见孙传芳在座，不觉面红耳赤。去年他还是江苏督军，被孙传芳赶走，旧事不免耿耿于怀。孙传芳急趋前握手道："老弟！对不起，过去我们是自家人开玩笑，不要介意。共同商量今后的大计吧！"经此一番话，前嫌顿释。在孙传芳的拥戴下，张作霖组建"安国军政府"对抗北伐。孙传芳被任命为安国军副司令，兼五省联军总司令。张作霖派张宗昌率直鲁联军南下支援孙传芳，还为孙传芳接济武器弹药。孙传芳如愿以偿，返回南京继续与北伐军对垒。

1927 年初，张宗昌调集十余万直鲁联军，南下援助孙传芳，进驻南京、上海等地。但局面上北伐军已经完全占了上风。3 月 21 日，上海 80 万工人举行第三次武装起义，除外国租界，上海市区全部被起义工人武装控制。随着北伐军向华东的进逼，直系、皖系将领陈仪、周凤岐、陈调元、王善、张克瑶等先后归附北伐军。北伐军占领了浙江及安徽的安庆、芜湖等地，直取南京、上海。孙传芳见大势已去，遂将宁沪防务移交张宗昌的直鲁联军，自己率部逃往江北扬州。北伐军继续渡江北进，攻占蚌埠、徐州。连冯玉祥都杀出潼关直抵洛阳，与蒋介石合流北伐。人人看得出，北洋系大势已去。

1927 年 8 月，孙传芳决心赌上一把，乘蒋桂分裂之机，渡江作战，偷袭南京。他将兵力集中于浦口至大河口一线，分三路挺进。第一路先由浦口强渡，被北伐军军舰开炮击退。第二路为主力，在大河口一带强渡。

孙军先头部队顺利占领龙潭车站，后续部队相继过江。但第二路在北伐军的阻击下，伤亡惨重。孙军在龙潭立足未稳，又被白崇禧、何应钦两部包围，陷入绝境。第三路由扬州渡江，袭取镇江，也失败了。在北伐军猛攻下，孙传芳的渡江大军死伤枕藉，溃不成军。自指挥官以下，孙传芳部下官兵争先渡江北逃，死伤被俘高达四万余人。此役，孙传芳功亏一篑，所部几无生还。他在失败后，曾痛哭道："精锐尽丧，从此无能为力了！"不过，孙军的困兽犹斗也给各方留下了极深刻的印象。张宗昌手下将领褚玉璞在给部下训话时便道："你们算得什么队伍，像孙联帅的兵，那才真是队伍呢！"

5.闲居沈阳

1928年春，张作霖任命孙传芳为鲁西前线总指挥，继续与蒋介石、冯玉祥作战。孙传芳打得还算顺手，不料张宗昌在津浦路战线上再度失利，一路溃退回济南。孙传芳后路空虚，不敢恋战，也只得收兵撤回济南，形势急转直下。败讯传到北京，张作霖很不高兴，亲自问孙传芳："你这仗是怎么打的？"孙传芳回答："打得不错，已去徐州不远，如效坤（张宗昌字）正面不生变化，徐州早已取得。"张作霖问："部下损失多少？"孙传芳答："无损失。"张作霖问："枪械尚有多少？"孙传芳道："每兵两杆。"张作霖听了很诧异，孙传芳解释道："效坤兵溃，沿途遗弃枪械，俯拾皆是，可惜我的兵每个人只有两手，若有三手，则每兵三杆矣！"张作霖听后哈哈大笑，却也无可奈何。

北洋系终于到了彻底分崩离析的日子。张作霖在沈阳皇姑屯被炸弹炸死，再也无人能主持大局。孙传芳的残部撤至河北滦州一带，走投无路，只能宣布解散。这些残部被阎锡山的国民革命军第三集团军收编。孙传芳则逃往沈阳，投奔张学良，寄人篱下，以待时机。

张学良将孙传芳礼遇为"客卿"。孙传芳在沈阳的生活比较简单，饮食不太讲究。他爱读书，在家时除了会客，总是手不释卷。孙传芳有时绕室徘徊，若有所思，很少休息。孙传芳喜欢骑马，特意从关内运来十余匹骏马。每当天朗气清，孙传芳总是兴之所至，纵马驰骋在郊外的公路上。孙传芳还极爱枪，寝室墙上挂着长枪，每次外出车里也放着短枪。孙传芳常道："军人不能离开武器，有备无患。"可惜，后来遇刺身亡时，孙传芳身上却没带枪。

孙传芳不但好读线装书，也好买新书。有一次，他与下属到沈阳一家日本书店闲逛。正在选书时，书店的日本老板忽然用日语对孙传芳的下属道："此人是孙传芳。"下属道："你认错了。"日本老板道："一点不错，我有相片。"趁日本老板到楼上取相片，下属劝孙传芳先走。下属付了钱，孙传芳赶紧携书回去。孙传芳是日本士官学校毕业，懂得日语，他当时也感到很奇怪。回家后，他回过神来，对部下深深惊叹——日本的一个普通商人，也有第二个任务。以此看来，中国的前途甚险。

孙传芳在沈阳，每日赴大帅府办公，像张学良的贵宾，又像高等顾问。两人很亲近，军事、政治以至家庭琐事，无话不谈。当杨宇霆指挥奉军驻守榆关、昌黎一带时，孙传芳曾亲至前方慰问。有人私下问孙传芳，到前方去做什么？孙传芳道："你们总司令（指张学良）对杨宇霆不大相信，不知他在前方搞什么名堂，让我去看看。"不过，孙传芳的手腕毕竟不止一面，他与杨宇霆的关系同样极好。他白天到大帅府，晚上多赴杨宅，与

杨宇霆交往。有一次，孙传芳与张学良派给他的一名亲信一同到杨宅拜访。刚坐下，杨宇霆便随口道："阿斗为何还不来？"时间不长，张学良也到了。归途中，亲信问孙传芳："阿斗是谁？"孙传芳笑答："你还不知道吗？就是你们总司令。"亲信惊道："为什么这样称呼？"孙传芳道："他一向是这样说法。"

不过，孙传芳也有料不到的事情。张学良杀杨宇霆与常荫槐后，邀孙传芳到大帅府。刚一见面，张学良便道："馨远，我又放了一炮。"孙传芳丈二金刚摸不着头脑，问："是什么事？"张学良笑道："我把邻葛（杨宇霆字）和翰香（常荫槐字）都处决了。"孙传芳立刻把大拇指一伸，道："英雄！英雄！要想做大事，不杀几个人行么？杀得好！杀得好！"他嘴上这样说，心里却极为震动。眼前这个不到而立之年的少帅，竟然不动声色就杀了东北两个重要人物，手段之狠，较乃父有过之而无不及。孙传芳表面上虚与委蛇，心中盘算自己的处境，还是走为上计。于是，孙传芳不告而别，先乘早车去了大连，到大连才写信给张学良，说家中有急事，来不及告辞。张学良听说孙传芳不告而别，讥笑着对部下揶揄道："馨远为什么这样胆小？"

1931年九一八事变后，孙传芳举家由东北迁至天津隐居。孙传芳初寓天津，开始很不习惯。他时常与国家主义派的曾琦、李璜、左舜生、张君劢等联系，这些举动当然引起了蒋介石的注意。1932年，日军特务机关头目土肥原贤二、孙传芳早年好友冈村宁次等也和孙传芳多有往来。按照他们的计划，孙传芳是出面执掌华北伪政权的首选人物。为防止"华北政权特殊化"进一步发展，蒋介石指令军统加强对反蒋分子和北洋政府下台政要的监控，孙传芳自然是重点受控人物之一。面对如此复杂的政治局面，孙传芳深知自己的处境。他公开声明，不被任何政权利用。然后，孙传芳彻底闭门谢客，深居简出。

6. 枪响居士林

彼时寓居天津的北洋下野人物很多。比如皖系的靳云鹏，是从前段祺瑞的亲信，当过国务总理。他看出孙传芳处境复杂，于是劝孙传芳皈依佛门。1933 年，靳云鹏联合孙传芳共同出资，建立了著名的天津佛教居士林。靳云鹏出任林长，孙传芳任副林长。居士林规定每个星期日居士们来林聚会，诵经念佛，请高僧富明法师讲经。靳云鹏、孙传芳这两个曾显赫一时的北洋人物亲自领拜，居士林一时声名大振。孙传芳取了个法名"智园"，从此诚心皈依佛门。他常对人言："英雄到老终归佛，名将还山不言兵。"每年夏天，孙传芳让家人在门前摆上绿豆汤，让过往行人随意消暑解渴。1933 年中秋夜，孙传芳的公馆里抓住一个入宅行窃的毛贼。孙传芳非但没有为难这个小偷，反而让家人给了小偷一些粮食，将小偷放了。孙传芳的"善举"传开后，报馆以《孙公馆缉贼赏米，中秋夜乐善好施》为题加以报道。世人纷纷议论——"孙联帅如今放下屠刀立地成佛了"。

无论孙传芳是真佛假佛，1935 年 11 月 13 日下午，女刺客施剑翘的三发子弹，将这尊放下屠刀后立地而成的"佛"送上了西天。

施剑翘原名施谷兰，安徽桐城人。其生父施从云，辛亥革命时与冯玉祥、王金铭等参加滦州起义，事败而死。施剑翘自幼过继给叔叔施从滨，以施从滨为嗣父。1925 年 11 月，孙传芳下令处斩施从滨。嗣父的死讯传来，施剑翘悲愤不已，立誓为父报仇。她曾写诗一首，以明心志：

战地惊鸿传噩耗，

闺中疑假复疑真。

背娘偷问归来使，

恳叔潜移劫后身。

被俘牺牲无公理，

暴尸悬首灭人伦。

痛亲谁识儿心苦，

誓报父仇不顾身。

施剑翘起先将复仇的希望寄托在堂兄施中诚身上。施中诚自幼丧父，在施从滨夫妇的栽培下长大。施从滨遇害时，施中诚已官至烟台警备司令。当施剑翘提出要施中诚为父亲复仇，施中诚却断然拒绝。施剑翘倍感失望，写了长信与施中诚断绝兄妹关系。几年之后，施剑翘认识了施中诚在保定军校的同学、时任山西督军阎锡山部谍报股长的施靖公。施靖公表示，如果有机会，自己愿替施剑翘报仇雪恨，粉身碎骨，在所不辞。施剑翘对施靖公的豪言壮语充满感激，最终以身相许。婚后的施靖公却不再愿意信守为施从滨报仇的承诺。施剑翘提醒他，他百般推托。1935 年 6 月，施剑翘忍无可忍，带着孩子离开山西太原，回到天津娘家。1935 年中秋节，施剑翘在法租界大光明电影院门口认出了孙传芳。无巧不成书，施剑翘和孙传芳的孩子都在同一所学校就读，由此施剑翘得知了孙传芳的具体行踪。1935 年 10 月，施剑翘取化名"董慧"，潜入居士林，打算寻找时机刺杀孙传芳。

1935 年 11 月 13 日，正是讲经日，靳云鹏与孙传芳都要到居士林诵经。

这一天下雨，寒风裹冷雨，街上行人稀少，孙传芳按时赶到居士林，靳云鹏却未到。居士林的男女居士们在礼佛听讲时，是男女分坐的。男居士行列之首座是靳云鹏，女居士行列之首座即是孙传芳，讲人富明法师坐在正中座上，今天照例仍是如此。主梵铃一响，孙传芳便默默盘坐在前排的蒲团上，开始屏声静气。施剑翘身穿青色大衣，青色长裙，皮包中暗暗携带了一支手枪。富明法师领诵《大佛顶首楞严经》，施剑翘本来坐在后面，离孙传芳较远。她借口后面的炉火太热，移到前面的蒲团坐下。当众居士跟着富明法师齐声奉诵的时候，孙传芳也闭目盘坐在前排的蒲团上一起吟诵。施剑翘看到机会来临，从皮包里取出勃朗宁手枪，对准孙传芳的脑袋扣动扳机。三声枪响，孙传芳脑髓、血浆四溅，立即毙命，终年五十岁。

众居士被这突如其来的事变吓得魂飞魄散，一个个面无人色瘫坐在原地，竟然没有一个人想往寺外奔逃。施剑翘站起身，大声道："各位朋友不要怕，我为父亲报仇，绝不会伤及无辜！孙传芳是我打死的，一人做事一人当，不会连累大家。"说完这话，她从小包里掏出一大把传单，散发给大家，只见上面写道：

> 各位先生注意：一、今天施剑翘（原名谷兰）打死孙传芳，是为先父施从滨报仇。二、详细情形请看我的告国人书。三、大仇已报，我即向法院自首。四、血溅佛堂，惊骇各位，谨以至诚向居士林及各位先生表示歉意。报仇女施剑翘谨启（红色手印）

传单的背面还有两首绝句，表明了施剑翘为父报仇的心迹：

父仇未敢片时忘，

更痛萱堂两鬓霜。

纵怕重伤慈母意，

时机不许再延长。

不堪回首十年前，

物自依然景自迁。

常到林中非拜佛，

剑翘求死不求仙。

和传单一起分发的还有《告国人书》，以及一张身穿将校服的军官照片，照片上的人正是施剑翘的嗣父施从滨。施剑翘借用电话给家中报告了刺杀孙传芳成功的消息，然后向赶来的警察自首。富明法师披上法衣，对孙传芳的遗体做了"送往生"的仪式。当天下午6时，《新天津报》发出号外，报道了"施从滨有女复仇，孙传芳佛堂毙命"的特大新闻。次日，天津、北平、上海等各报都以头号标题刊载了这一消息，全国轰动。

施剑翘刺杀孙传芳一案被移送到天津地方法院检察处。在侦讯中，施剑翘不讳事实，直陈了杀人经过和原因。按照当时的法律，施剑翘的行为应判处十年以上有期徒刑或者无期徒刑乃至死刑。在法庭上，施剑翘详细陈述了自己艰难的复仇历程，最后说道："父亲如果战死在两军阵前，我不能拿孙传芳做仇人。他残杀俘虏，死后悬头，我才与他不共戴天。"天津地方法院一审判决施剑翘有期徒刑十年。经辩护律师申诉，念其事出有因，天津高级法院的二审把判决改为有期徒刑七年。

关于施剑翘行刺一案的议论，当时社会各界较为一致的说法是：施剑翘刺杀罪恶累累、劣迹斑斑的大军阀孙传芳，其志可嘉，其情可悯。全国妇女会，江宁、扬州、江都妇女会，旅京安徽学会，安徽省立徽州师范等团体，尤其同情施剑翘。这些团体纷纷通电呼吁，希望最高法院能对施剑翘援例特赦。另外，此案还惊动了冯玉祥。他闻讯后立刻联合民国元勋李烈钧、张继等人，请求南京政府特赦为父报仇的孝女、为民除害的侠女施剑翘，以敦化人伦，弘扬正气。有的报纸还披露了冯玉祥曾单独向蒋介石请求特赦施剑翘的消息。结果，施剑翘入狱不到一年，国民政府主席林森向全国发表公告，决定赦免施剑翘。随后由中华民国最高法院下达特赦令，将施剑翘特赦释放。

至于孙传芳，下葬时一身法衣，脖子上戴了一串108颗玛瑙石的佛珠，头上还缠着白色的纱布，躺在一具上好的金丝楠木棺材里。他的墓地选在北京西山卧佛寺左侧，墓书：恪威上将军孙公讳传芳暨元配张夫人墓碑。

另外，孙传芳被刺一案发生后，居士们都认为居士林是凶杀之地。这个昔日车水马龙的佛门胜地，从此冷冷清清。倒是孙传芳的佛门之友靳云鹏，在《大公报》上撰文为之惋惜："馨远系余劝其学佛，平日作功夫甚为认真，诚心忏悔。除每遇星期一三五来诵经外，在家作功夫更勤，每日必三次拜佛，每次必行大拜二十四拜，所以两年以来神色大变，与前判若两人。遭此惨变，殊出人意料之外，几使人改过无由，自新亦不可得……"

人们议论，任何事情都不能做得太绝，做得太绝必有报应，即便是如孙传芳一样投入佛门真心忏悔，也未必就有出路。

吆北洋

第九章

"枭雄大帅"张作霖

1. "团练"受招安

张作霖,字雨亭,光绪元年(1875 年)二月十二日生于奉天海城。张作霖的祖籍难以查考,有人说在山东,有人说在河北。因生活无着落,张作霖的先祖张永贵被迫"闯关东"谋生。到张作霖祖父张发这一代,家中已经相当富有。张发有四子,其中第三个儿子张有财便是张作霖的父亲。张发死后分家,张有财带着自己的那份家产来到奉天海城。张有财素来游手好闲,整天赌博吸鸦片。因欠人家赌债,张有财被债主活活打死。那年张作霖只有八岁。

父亲遇害后,家境更加窘困。目前王氏只得带着四个孩子离开海城,回到娘家为人做工度日。如此家境,张作霖自然没钱念书。天幸有贵人相助。十三岁时,张作霖在别人家私塾外偷听,感动了教书先生。这位名叫杨景镇的教书先生免费让他上学,还赠给他纸笔。读书识字,这对张作霖日后的发展极为重要。多年后,张作霖当了民国陆军第二十七师师长,不忘旧谊,特地接杨景镇到沈阳来,请他做儿子张学良的启蒙老师。

张作霖有两个哥哥、一个妹妹。母亲的娘家原本赤贫,又添了五张嘴,简直没法继续生活下去。张作霖不能指望家里,读了一段私塾之后,只有外出谋生。他卖包子,做货郎,也给人家放过猪,都没什么成就。由于他从小就跟父亲进赌场,早已沾染上这一恶习,所得钱财大多赔折在内。开始时,张作霖靠卖烧饼赚点钱,很快就输光了。母亲让他改学木匠,他嫌太累,不爱干。张作霖赌瘾越来越大,输得一度流浪街头乞讨。

张作霖流浪到营口,在大车店给人家打杂。有时骡马病了,他就弄点草药给治,还真的就治好了。他很聪明,一来二去,成了兽医。张作霖在营口开兽医店，以此为生，才取得了一点成就，在远近有了点名气。当地有一个著名的绿林人物叫"钻天燕"，慕名来找他医马。张作霖手到病除，于是名声大噪，经济状况也有所好转。但张作霖依然好赌。有一次，他输到心头火起，一刀从自己腿上割下一块肉来，掷于案上作注。赌友们大惊失色，忙把钱全数还了给他。除此之外，张作霖命运多舛，被人冤枉勾引良家妇女，遭到痛打，差点送命。幸得善心人帮助，张作霖得以不死，但兽医店是开不成了。此时的张作霖走投无路，死又不甘，求生无门，只得继续浪迹江湖。

甲午战争期间，张作霖正在辽西一带，常为清军提督宋庆的毅军所部医马。他以此投入军旅，在清军中当了一名骑兵。因为熟知马性，精于骑射，张作霖不久提拔为哨长。甲午战败，张作霖逃回了辽西。光绪二十年（1895 年），二十一岁的张作霖同赵家庙地主赵占元的二女儿赵春桂结婚。婚后的张作霖还是个不甘寂寞的人，他不想跟同乡那样过着衣食无着、平淡无味的生活，他想换个活法。

当时国家新败，散兵游勇到处抢劫，东北乡间几无宁日，各地遂出现"保险团"之类的组织。保险团不同于团练军，乃是以收取保险费作为保护乡民的条件，即通常所谓之"胡匪"或"绿林"，向来为清廷所禁止。张作霖在岳父赵占元的资助下，拉二十多个弟兄组织起了保险团。他这个"大团"负责附近七八个村子的治安，不仅能保境安民，且能抵御外侮，受到了乡民的信任。

附近的中安堡有个大团，首领叫金寿山，手下一百多人，控制二十多个村。张作霖一度击败金寿山，将自己的势力范围扩大到二十七个村，手下兄弟增加到四十多人。不想金寿山不肯善罢甘休，趁大年三十夜半发

动突袭。张作霖丢下锅里的饺子，落荒而逃，手下兄弟汤玉麟和孙大虎护着妻女随他逃出。张作霖逃到了姜家屯，继而又逃往八角台。途中，身怀六甲的赵氏夫人在马车上生下了一个男孩，这就是张学良。

张作霖稍做休息，决定去高坨子投奔绿林前辈冯德麟。冯德麟手下有千余人，是辽南规模最大的保险团。但是张作霖和冯德麟的缘分还未到。他在八角台遇到了一个独具慧眼的秀才张紫云。张紫云是八角台商会会长，他见张作霖北人南相，言谈不俗，有心要留住他这个人才。张紫云将张作霖的四十余人编入了当地的保险团，并由张作霖做头把交椅，原来的头领张景惠作副。他们虽实为绿林，却也自称团练，故张作霖的徽号是"团练长"。此时，他有了七十多个弟兄，并有了一个富庶的商镇八角台做大本营。

《辛丑条约》签订后，地方局势渐渐平复，不再需要团练。张紫云无从安置这百十号人，遂去拜见新民知府增韫，表示愿将团练交给官府。增韫听张紫云对张作霖赞不绝口，很感兴趣，招来一见。张作霖以弟子身份行叩见礼，称增韫为老师。结果，增韫认定张作霖聪慧儒雅，马上答应收编。恰巧此时，盛京将军增祺深以"胡匪"为患，正派员招抚。他采用"化私团为公团"的手段，以达到"化盗为良"目的。因此，张作霖受招安十分顺利。

张作霖回到八角台，积极招兵买马，扩充队伍。因为他和增韫说了大话，吹嘘自己有一营人马，实际才有一百多人。当时准许他组建二百五十人的队伍，张作霖趁机吸收了辽西一些小股匪帮，如义县的张作相、黑山县的薄振声等。人数够了，张作霖率队到新民府接受点编。就这样，"新民府巡警前路游击马队"正式成立，张作霖为帮办，队伍仍驻八角台。第二年，张作霖所部和新民街巡捕队合并为巡防马步游击队，计五百人，队伍也移驻新民府，负责地方治安。这是张作霖人生的一个重大转折。从此，他从胡匪变成官军，依靠这支武装，平步青云，扶摇直上。

2. 剿匪立大功

成了官军，张作霖自然奉令剿杀各绿林山头。彼时辽西悍匪杜立三盘踞辽中县青麻坎，在他的地界随意封官许愿，老百姓见他要称"杜大人"，实际上已成割据之势。盛京将军赵尔巽几次派兵进剿，都败下阵来。东三省总督徐世昌特派谋士殷鸿寿到新民府，协助张作霖。杜立三功夫了得，手下兵力不弱。张作霖考虑再三，决定智取。他派人到辽中县送上一封贺信，贺杜立三被奉天省招抚，当上了武官，官衔比张作霖还高。他让杜立三速来新民府，面谒招抚大员。杜立三有所察觉，不敢贸然行动。此计落空。张作霖又生一计，他想到黑山老秀才杜泮林。杜泮林是张作霖的义父，张作霖在中安堡当保险队头目时，同老秀才杜泮林结下交情，来往密切。张作霖知道杜泮林是杜立三的族叔，深得杜立三的敬重。所以，主意要从杜泮林身上打起。

张作霖亲自到黑山，把杜泮林接到新民府，将他引见给省城大员殷鸿寿，以证明确实是省里招抚。张作霖又在新民街上为杜泮林另设招待处，请杜泮林在此稍事休息。等杜立三来到之后，大家一同去参见巡抚。秀才杜泮林是老实人，不知是计，马上给杜立三写了一封亲笔信，言辞恳切，劝他接受招安。

杜立三本来疑信参半，犹豫不定。突然收到素来景仰的族叔亲笔信，

疑念顿消,决定前往。他仅率十三人,作为随身护卫,奔向新民府受封去了。张作霖为不出意外,事先周密布置。杜立三只身赴会,十分警惕。晋见委员殷鸿寿时,他坐在背靠墙壁面对诸人的位置,同时两手插入兜内,握住枪柄,观察动静,以应突变。谈话完毕,杜立三起身告辞,殷鸿寿送至里屋门口,杜立三转身请殷鸿寿"留步"。蓦然间,杜立三被几个壮汉按倒,死死捆住。

张作霖当晚即把杜立三押到新民府西门外枪决。在这之前,张作霖已派张景惠率大队人马,绕道台安八角台,做好进击辽中县青麻坎的准备。得到处决杜立三的消息,张景惠等迅速出击,杜立三的老巢被一举端掉。除掉杜立三,辽西匪患遂绝。

得此消息,总督徐世昌喜出望外,上报清廷,为张作霖请功。清廷除赏银五千两外,将张作霖升为奉天前路巡防营统领。张作霖成为东北旧军五支举足轻重的力量之一,势力更加壮大。他进省城谢恩,总督徐世昌派周树模代为接见。周树模问他为何愿意受招安,张作霖直截了当答道:"回禀大人,为了升官发财。"

从20世纪初开始,东北就成为俄国和日本激烈争夺的对象。1904年日俄战争在东北爆发,中国竟然被迫划出交战区,宣布严守中立,成为世界的笑柄。日俄视"中立"如无物,一样来去自如。日俄匪军烧杀淫掠,无恶不作。土匪乘机蜂起,百姓遭殃。处在辽西的新民府是重镇,张作霖除了要维护境内治安,还在盘算如何增强自己的实力。一开始,由于俄国肯为他提供枪械和金钱,他便帮助俄军,为俄军筹集粮草、搜集情报,并因此被日军俘虏。日军本要处死他,但日军参谋田中义一见他很是干练,遂为说情,保住一命,张作霖于是转为日军效力。他同日军签订誓约,立誓协助日军。在日军的帮助下，张作霖的实力在战争中有所增强，扩编为三个营。在日俄战争夹缝中生存，张作霖周旋于复杂局面之间，因而政声颇佳。1906 年张作霖又升官了，盛京将军赵尔巽和新任新民府知府沈金鉴下令，将张作霖所部由三个营扩编为五个营，张作霖当上了统管五个营的统带。

1908 年，徐世昌在增韫的推荐下，派张作霖移驻奉天西北的通辽、洮南一带，以发挥他骑射的特长，对抗来去如风的当地土匪。洮南一带是广阔无垠的大草原，是土匪活动的根据地。土匪熟悉地形，了解民情，精于骑射，出没无常。他们行踪无定，多用奇袭战术，打了就跑，很难抓住踪迹。其中几股大的土匪已经成为清廷时时留意的祸患。

张作霖剿此土匪开始时并不顺利，他本人也曾经遇险，九死一生。起初，他对此一筹莫展，经年无功。朝廷甚至褫夺了张作霖的顶戴，命他戴罪立功，以观后效。后来，张作霖采用强攻和智取两手策略，派人打入土匪内部，取得情报，逐渐扭转了劣局。1909 年，徐世昌见张作霖剿匪兵力不足，又给他扩编，把五个营扩编为七个营，还将驻扎在洮南的孙烈臣部划归张作霖部。如此，张作霖部下增至三千五百人，成为东北一支劲旅。张作霖知恩图报，剿匪更加卖力。又经过年余苦战，张作霖终于将几股大的土匪一一击溃，将匪首或击毙或生擒，直至一路追击残匪八百余里，一直将残匪赶到俄国西伯利亚。危害东北边疆多年的匪患最终解除，张作霖功不可没。

张作霖在关外受招安的时候，清廷已经日薄西山。作为一个出身绿林的人物，生当乱世并非坏事。此时张作霖已拥有一支精锐武装，身经百战，野心勃勃，对奉天乃至整个东北都有强烈的征服欲望。与北洋派系的

其他人物一样，辛亥革命给了张作霖高升一步、雄踞一方的机会。

武昌起义后，奉天省城里只有一支驻军，即革命党人蓝天蔚统率的新军第二混成协。蓝天蔚一直等待时机，准备与驻石家庄的吴禄贞、驻滦州的张绍曾，以及山西的阎锡山同时举事。结果吴禄贞被刺杀，此事未成。此时距武昌首义已经一个月，蓝天蔚才在奉天发动起义。1911 年 11 月 7 日，张榕、柏文蔚等人准备推举蓝天蔚为中华民国军政府临时关东大都督，拟驱逐东三省总督赵尔巽，宣布奉天独立。赵尔巽获悉后十分恐惧，准备逃走。奉天省咨议局副议长袁金铠认为，新军虽已不可用，正可重用巡防营旧军。于是，赵尔巽密调后路巡防营吴俊升部，自辽源驰援奉天，防备革命党人起事。

这个重要的情报被张作霖探知。张作霖早有图省之志，故在省城安排有驻奉办事处。驻奉办事处处长张惠临深知事关重大，以最快的速度将消息密报给张作霖。得到这个消息，张作霖明白机会来了，即刻亲率七个营的全部人马，从洮南直驰奉天。路过辽源时，吴俊升出城迎接，还不知道此事。张作霖也虚与委蛇，刻意隐瞒。到了省城，张作霖面谒赵尔巽，声称听说局势紧张，生怕总督陷于危境，故擅自行动，甘愿接受惩罚。赵尔巽正望眼欲穿，不仅不责怪他，还令他兼任中路巡防营统领。如此一来，张作霖一下子增加了一倍的兵力，拥有十五个营的人马。

蓝天蔚希望以和平方式取得政权。11 月 12 日，他与吴景濂等人组织了"保安会"，邀请绅商二百余人到会，准备以表决方式通过奉天独立的方案。赵尔巽亦携张作霖到会，在会场内外布置了人马，持枪待命。吴景濂等人倒也不惧，仍旧慷慨陈辞，主张脱离清廷，宣布独立。赵尔巽极为不满，马上反驳道："你们要搞自治还可以商量，独立？怕有未便吧？"

他的话还没讲完，就被革命党人的发言驳回。这时，张作霖看准时机，将手枪拍在桌子上，大声道："我张某身为军人，只知听命保护大帅。倘有不平，我张某虽好交朋友，但我这支手枪它是不交朋友的！"这是个信号，会场四周张作霖的手下均立刻抽出手枪，情况极为险恶。革命党人与倾向革命的议员见状，只得离去，此议遂告流产。

不久保安会复会，袁金铠以副议长身份主持，最终成立了奉天国民保安公会，推举赵尔巽为会长，伍祥桢、吴景濂为副会长，袁金铠为参议长，蒋方震、张榕为参议副长。"保安会"成了"保皇会"，张作霖成了保安公会军政部副部长，进一步取得了军事实权。

当上会长的第二天，赵尔巽马上夺了蓝天蔚的兵权，命令聂汝清兼任第二混成协的协统，要蓝天蔚赴东南各省考察。蓝天蔚自然不情愿，张作霖二话不说，拔枪相向，被赵尔巽当面"劝开"，情况到了这一步，蓝天蔚不得不走了。

3."东北王"之路

蓝天蔚走后，只剩张榕孤身一人。张榕是奉天革命党中的第一要人，他的一举一动都在赵尔巽掌握之下。不久南北议和，赵尔巽也主动邀请张榕前来商讨奉天的具体事宜。张榕自然答应，从此放松了警惕。1912年1月23日，张榕请袁金铠吃饭，张作霖也应邀到场。宴席进行到一半，袁金铠却借故支走张作霖。其实这顿饭正是袁金铠提议的，这是给张作霖创造机会，要他布置杀局。筵席散后，张榕在回家途中突遭暗杀。两名张作霖派出的杀手从背后向张榕头部连开数枪，张榕当场死亡。

张榕一死，张作霖马上就查抄了张家。同时，张作霖派人捕杀另两名奉天革命党领袖宝昆与田亚赟。当时宝昆已睡下，被张作霖的手下从被窝里拉出来，连衣服都没穿，就在庭院里被乱刀刺死。随后，张作霖对奉天革命党人大加株连。凡遇到形迹可疑、剪发、易服之人，即行斩首。当时盛传"张作霖杀秃了"，即指此而言。奉天城里前后杀了一百余人，张作霖出身绿林的嗜杀本性，在此事中体现无遗。奉天的革命党一时被镇压下去，而且影响所及，吉黑两省保皇党亦开始反攻，整个东北地区的革命党受到致命打击。张榕等被杀，赵尔巽对张作霖赞不绝口，专折特奏为其请功。清廷破格升赏，任命张作霖为关外练兵大臣，赏戴花翎，将其所部改为第二十四镇。就这样，张作霖终于乘辛亥革命之机，踏着革命党人的血，由小小的巡防营统领一跃而成为左右奉天军权、举足轻重的人物，达到了问鼎奉天全省的目的。

1912年袁世凯出任大总统后，张作霖被任命为第二十七师中将师长。张作霖自知自己并非北洋嫡系，袁世凯对自己未必能放心得下。所以，他进京谒见袁世凯时，故意装粗卖傻，给袁世凯留下老粗无大志易于控制的印象。关于这次谒见袁世凯，说法颇多。据说，张作霖在客厅候见时，见陈饰有一对乾隆雕漆大花瓶，正用心观览，袁世凯走了出来，说到公事房去谈。谈完之后，临行时袁世凯见张作霖穿着夹呢军外套，便说关外风寒，呢大衣不够御寒，当即命自己的侍卫拿自己用的貂皮大衣，给张作霖换上。等张作霖回到住处，那对雕漆花瓶也随即送来。袁世凯赠送貂皮大衣和雕漆花瓶都是笼络权术，张作霖也不过是故作贪婪之相，以示无异心无大志而已。

张作霖取得奉天的军权，下一个目标是要当上奉天都督。他使尽手段，前后两任奉天都督张锡銮和段芝贵都被张作霖排挤回关内。袁世凯称帝时，封张作霖为二等子爵、威武将军。张作霖继续装粗卖傻，问宣旨的使者："子爵是咋回事？"人家告诉他："子爵下于伯爵一级，再上为公为侯。"张作霖不悦："我何能为人做子？"于是，张作霖借口不愿给人做"子"而拒绝封爵，并请求辞职。事实上他以区区陆军第二十七师师长的身份得封爵位，已是天大的恩宠了。可他既然提出辞职，袁世凯便不能不置之不理。张作霖掌握奉天军权，辞职即意味着袁世凯失去对奉天军队的控制。1916 年 4 月，已经被迫取消帝制的袁世凯授张作霖盛武将军衔，督理奉天军务并兼巡按使，与张作霖同时受招安的绿林前辈、第二十八师师长冯德麟为军务帮办。

不久袁世凯病死，黎元洪任大总统，改各省将军为督军，巡按使为省长。就这样，张作霖当上了奉天督军兼省长。奉天是东北最重要的一个省，取得奉督地位，奠定了张作霖日后成为东北王的基础。

张作霖就任奉督，惹恼绿林前辈冯德麟。冯德麟在绿林时已拥众数千，非张作霖的小打小闹所可比拟。受招安后，他的地位也一度在张作霖之上。昔日的绿林晚辈竟摇身一变为自己的顶头上司，冯德麟无论如何咽不下这口气。张作霖就职，冯德麟故意不去道贺，也拒绝去奉天接受帮办之职。

张作霖不敢对冯德麟略有怠慢，只得亲自登门拜会。不料冯德麟提出了极其苛刻的条件——另设军务帮办公署，组织与督办公署完全一样，编制和经费也要完全相同。张作霖自然不会同意。于是，冯德麟率五营人马浩浩荡荡开入省城，准备正面与张作霖争雄。张作霖闻讯，立刻亲自来拜会，晚上又在将军署宴请冯德麟。冯德麟根本不肯来，张作霖只好把酒席抬到冯德麟的司令部。冯德麟始终不予让步，张作霖也不敢对冯德麟动武。他请吴俊升来居中调解，结果吴俊升被冯德麟骂出来。迫于无奈，张

作霖只好答应冯德麟的苛刻要求。

张作霖能屈能伸，亲率二十七师营长以上军官赴二十八师办公处正式道歉。道歉并不能解决问题，冯德麟仍是不满意。张作霖只好问冯德麟："麟阁（冯德麟字），条件都依了你，请问你到底还要怎样呢？"冯德麟这次说了实话："兼任省长。"

张作霖虽能屈能伸，却也有不能触及的利益底线。他绝不同意让冯德麟当省长，威胁自己在奉天的权力。双方剑拔弩张，战斗一触即发。段祺瑞为专力对付南方，请赵尔巽来奉天居中调解，还召开了一个盛大的调解大会，仍毫无效果。张作霖却因此与段祺瑞内阁进一步靠近，成为"督军团"的一员。

奉天的内部矛盾最终需要外部解决。张作霖加入支持段祺瑞的督军团，冯德麟则通电拥护黎元洪。当黎元洪召张勋进京时，冯德麟也携一支人马，冒冒失失进了北京。冯德麟无非想立勤王之功，以取代张作霖的地位。不料张勋复辟转瞬即败，冯德麟只得乔装逃出北京。

没承想，他在天津站被捕，居然沦为阶下囚。这个消息令张作霖喜出望外，即刻令孙烈臣为二十八师师长，另编二十九师，以吴俊升为师长。张作霖始终不忘绿林义气，要求对冯德麟网开一面。冯德麟虽得自由，却已无一兵一卒，毫无危险了。段祺瑞封冯德麟为"山陵守护大臣"，负责守护清朝入关前的祖宗陵墓。从此冯德麟田多地广，乐得做一个富家翁，与政治绝缘。张作霖则通过对冯德麟的有情有义，得到了二十八师官兵们的认同。

张作霖在奉天的地位已经不可动摇。接下来，他将目光投向了黑龙江和吉林。洪宪帝制时的黑龙江督军为朱庆澜，任第十七镇统制时曾驻奉天，当时地位比张作霖高，很看不起张作霖。张作霖极力拉拢驻黑龙江的陆军第一师师长许兰洲，怂恿他制造事端。果然，许兰洲鼓动齐齐哈尔的旗人通电反对朱庆澜。袁世凯为息事宁人，将朱庆澜调任广东省省长，同时调毕桂芳为黑龙江将军兼巡阅使。许兰洲继续对毕桂芳使出各种手段大加逼迫，迫使毕桂芳同意以省长相让，仅保留督军之职。尽管如此，许兰洲不知足，勒令毕桂芳24小时内离境。毕桂芳一走，段祺瑞在征询张作霖的意思后，任命自己的老乡、张作霖的亲家鲍贵卿为黑龙江督军。从此，黑龙江成为张作霖的势力范围。后来的两任督军孙烈臣和吴俊升就都由张作霖直接委派，而许兰洲则被张作霖调入奉天，成为自己的参谋长。

黑龙江到手，接下来是吉林。张作霖先是向段祺瑞告发，吉林督军孟恩远在张勋复辟中从逆。段祺瑞下令调孟恩远为诚威将军，调田中玉为吉林督军，但孟恩远置之不理。1918年，徐世昌当上大总统刚三天，马上任命张作霖为东三省巡阅使，使张作霖可以合法过问吉林事务。孟恩远自知不是张作霖的对手，但他的部下高士傧等人强烈主战。不久，张作霖大军压境。孟恩远只得密电张作霖，表示愿交出吉林。奉军进入吉林，鲍贵卿转任吉林督军，孙烈臣接任黑龙江督军，东北三省全归张作霖掌控。从此，张作霖成为名副其实的"东北王"。

4. 入关南下

张作霖自然不会满足于做一个偏安一隅的"东北王"。随着关内直系皖系关系不断紧张，段祺瑞决定借助奉系力量，派徐树铮赴奉天请张作霖出兵入关。张作霖胸怀逐鹿中原的志向多年，见到这个机会当然不会放过。

张作霖在天津附近的军粮城宣布组成关内奉军总司令部,自任总司令。段祺瑞却没想到,入关的张作霖看准形势,竟然加入反皖的行列。于张作霖而言,做出决定的最重要因素,当属1919年6月徐树铮出任西北筹边使兼西北边防军总司令。皖系控制西北,对东北的奉系构成了直接的威胁。对此,张作霖绝无法再与皖系维持同盟。

直系和皖系已经濒临战争边缘。直系的曹锟联络张作霖,打算一举推翻段祺瑞。直系大将吴佩孚从湖南前线撤防北上,到保定与曹锟会师。张作霖终于下定决心,以拱卫京师为名,与直系一起对皖系形成夹击之势。1920年7月9日,张作霖从军粮城回到奉天,通电全国:"作霖为戴我元首,卫我商民,保管我路线,援救我军旅,实逼处此,坐视不能,义愤填膺,忍无可忍。是用派兵入关,扶危定乱。"率军入关,完全为了百姓,张作霖在道义上占到了先机。张作霖继续通电,进一步阐明奉军入关是为了"清君侧":"作霖反复焦思,忍无可忍。如有敢于倒行逆施,居心祸国,即视为公敌,誓将亲率师旅,铲除此祸国之障碍,以解吾民之倒悬。然后请罪于大总统、我督办之前,以谢天下。"

紧接着,张作霖再发通电称:"奉省侦获由北京派来姚步瀛等十三名,亲笔供认曾云霈等指派,并有定国军第三军委任,给予大洋十二万元,来东省招募匪徒,在山里或中东路线一带扰乱东省,使奉军内顾不暇,牵制奉省兵力。"此电最后说:"作霖此次出师,为民国诛除奸党,为元首恢复自由,拯近畿数百万人民于水深火热。倘国难不解,党恶不除,誓不旋还乡里也。"

张作霖一面发表通电告之全国,一面派出奉军进关参战。奉军由张作霖亲自率领,以军粮城为中心,集结于天津附近,给皖军造成巨大压力。

7月14日，直、皖两军在北京东西两面开战。奉军大军压境，作为直军的后盾。直皖战争历时五日，最后以皖军大败告终。段祺瑞被迫下野，吴佩孚和张作霖以黄土铺地的仪式进入北京。从此直奉合作，共同掌握北洋政府。张作霖更得到了蒙藏经略使的职位，负责热河、绥远、察哈尔各特区的防务，势力范围进一步扩大。

直奉共掌北京没几天，便渐渐矛盾丛生。双方在安徽、江苏等省的督军人选问题上争执不下，矛盾日益加剧。在国务总理的人选问题上，双方矛盾更日渐激化。张作霖推荐梁士诒组阁，吴佩孚坚决反对。矛盾无可调和之下，第一次直奉战争终于在1922年4月打响。张作霖还远不是吴佩孚的对手，此战遭遇惨败，十二万奉军损失近十万。无奈之下，张作霖下令退却，率残部退出山海关。这次战败后，北京政府免去张作霖的东三省巡阅使、蒙疆经略使等职。张作霖一怒之下，干脆宣布东三省"联省自治"，自任东三省保安总司令，开始在关外励精图治。

张作霖回到关外站稳脚跟，马上采取积极主动的姿态。第一次直奉战争中，奉系旧派诸将的军队溃不成军，而且军纪败坏，这些都对张作霖的触动很大。所以，他对奉军进行大幅度改革，重用杨宇霆、姜登选、韩麟春、郭松龄等新派军人。张作霖广揽军事人才，明确提拔制度，创办军事学校，建设兵工厂，引入新式武器，建设海军，甚至组建空军，誓要把奉军建设为一支国内无敌的武装。张作霖请书法名家在心爱的折扇上写了"勿忘吴耻"四字，时时提醒自己不忘报仇雪耻。反观直系方面，曹锟不顾吴佩孚反对，逼走大总统黎元洪，自己通过贿选当上了大总统。贿选使直系成为众矢之的，张作霖与孙中山、段祺瑞的反直系三角同盟却更加巩固。直系内部由于曹锟与吴佩孚不和，已经分化出"保派"和"洛派"，

暗斗隐隐浮出水面。除了直系的这两派，负责京师卫戍的冯玉祥也是一支重要力量。冯玉祥与吴佩孚不和已久，张作霖专心在冯玉祥身上下工夫。两人一拍即合，相约一起对付直系。

1924 年，第二次直奉战争爆发。本次战争爆发的原因，乃是浙江督军卢永祥与江苏督军齐燮元之间的江浙战争。卢永祥本属皖系，直皖战争后日益倒向奉系，成为奉系安排在南方的一支奇兵。卢永祥对上海的控制，以及他持续的招兵买马，引起了江苏等省的妒忌和猜疑。9 月 3 日，江苏督军齐燮元约集苏、皖、赣、闽四省兵力，向卢永祥发动进攻。江浙战争爆发的第二天，张作霖下达动员令，组建"镇威军"，讨伐直系。直奉两系再度全面开兵见仗。

奉军虽说兵强马壮，还是比直军少几万人。吴佩孚四照堂点将，军事部署同样占据上风。只是后来一件意想不到的事猝然发生，将吴佩孚的作战计划完全破坏。这便是冯玉祥突然倒戈，回师北京发动政变，囚禁曹锟。这件事让直军迅速瓦解，吴佩孚仓皇南逃。第二次直奉战争的结局是直系控制的北京政府垮台，奉系进入北京。张作霖与冯玉祥从此共掌中央，直皖战争后的局面像是出现了一个翻版。

奉军取得第二次直奉战争胜利后，并不满足于仅控制北京政府。张作霖命令大军继续南下，一度控制了直隶、山东、江苏、安徽四省。由奉系将领李景林、张宗昌、杨宇霆、姜登选分别担任四省督军，奉系一时达到极盛。奉系的步步进逼，迫使东南半壁的直系各部暗中联合。尤其是浙江督办孙传芳异军突起，成为曹锟、吴佩孚之后直系的第三代领袖。孙传芳约集东南各省共同起兵，讨伐奉系。奉军抵挡不住，杨宇霆、姜登选只得放弃地盘，往北撤退。张作霖没能高兴多久，便失去了苏、皖二省。

5. 安国军大元帅

祸不单行，奉系内部偏偏又爆发了郭松龄倒戈。1925 年 11 月 23 日，辅佐少帅张学良的奉系少壮派名将郭松龄在滦州正式起事。郭松龄率军向奉天挺进，喊出了"反对内战""实行民主共和"的口号。一周后，郭松龄所部改称"东北国民军"。接着，郭松龄又发表《敬告东三省父老书》，其中列举了张作霖的罪状，号召东北百姓响应自己的倒戈，推翻张作霖。郭松龄一路势如破竹，进抵新民。新民府是张作霖的发迹之地，却成为郭松龄的葬身之所。12 月 21 日，郭松龄被奉军打得大败。郭松龄率卫队突围，又遭到奉军骑兵突袭。在奉军的搜查中，郭松龄夫妇双双被俘。张作霖以断然手段，下令第二天将郭松龄夫妇就地枪决，最短时间内平息了局势。

郭松龄死后，人人都以为从逆者必遭重刑，不料，张作霖竟完全赦免了众将，而且任用如故。张作霖召开军政首脑会议，在会上自责道："我用人不当，出了这样的败家子，对不起地方的老百姓。天下英雄多得很，你们另选高明来接替我吧。"众人面面相觑，一时不知所措。张作霖的老兄弟吴俊升赶紧道："谁是英雄？我看我们都是狗熊，只有大帅是英雄。"张作霖不听，拂袖离开会场。会上赶紧以各团体代表的名义，慰留"大帅"为东三省首脑。如此几番折腾，张作霖重新聚集起人心，才答应继续主政东三省。

郭松龄倒戈反奉，也让日本进一步加强了对中国东北的渗透。当时日本关东军开入奉天一带的兵力达四万人，对郭松龄形成强大的军事压力。日本方面向张作霖提出签订获取中国东北权益密约，作为出兵相助的

条件。密约是不成文的，所以张作霖当时一口应允。郭松龄一死，张作霖马上反悔。日本人来交涉密约，张作霖有意推托不见。他还故意放出风去，鼓动全国民众抗议密约。日本人明白了，张作霖非但不会做傀儡，而且是他们侵占中国东北的拦路虎。日本人自感被张作霖愚弄，对张作霖恨之入骨。

张作霖无暇顾及日本人对他的痛恨。他的心思全在再度入关，逐鹿中原。要再出山海关，首先要对付冯玉祥。张作霖联络了恨冯玉祥入骨的吴佩孚，对冯玉祥形成夹击之势。冯玉祥一败再败，被迫通电下野。张作霖、吴佩孚二人先后抵京，相逢一笑泯恩仇。由于南方的国民革命军已开始出师北伐，两人再也无暇内斗。大敌当前，两人已经无法决裂。吴佩孚先是在两湖被北伐军击败，被迫退守河南。1926 年 10 月，北伐军攻占武昌，吴佩孚全军覆没。至此，正统的北洋系被消灭殆尽，作为北洋旁支的奉系登堂入室，成为北京的唯一主人。张作霖组建"安国军"，任命孙传芳、张宗昌为副司令，大举南下。他要与北伐军死战，保住自己来之不易的天下。可惜，张作霖得到的并不是天下，只是一个岌岌半壁的危局。北伐军势如破竹，孙传芳也被击垮。冯玉祥再度出山，与北方军遥相呼应。就连山西的阎锡山都宣布易帜，改称晋绥联军总司令。张宗昌在前线连连失利，只能一路退到陇海线。一切形势都对张作霖不利。

蒋介石要求张作霖信奉三民主义，将安国军改称东北国民革命军，并承诺由其继续担任总司令。张作霖对此嗤之以鼻，他认为自己掌握了挂五色旗的北京政府，是继承民国的正统，南方政府是非法的。1927 年 6 月，奉系在北京召开会议。杨宇霆代表张作霖提出，北方必须团结起来抵御南方，必须立即组织安国军政府，以便号令全国。与会者就最高统帅的名称发生了争论，有人认为应为"临时总统"，有人则建议仍为"临时执政"。

这时，张宗昌这个粗人居然说出一番道理："不如叫大元帅！今后的敌人不是北洋系了，不再有通融余地了，非战不可，不战必亡，有了大元帅的称号，有利于号召全体将士。何况，孙中山在广州也是这样做的。"孙传芳等当即表示赞同，最后一致通过。张作霖随即通电全国。

6月18日，张作霖在中南海怀仁堂就任安国军政府陆海军大元帅，以军职摄行元首职权，一如孙中山广州军政府之故例。《中华民国军政府组织令》规定，大元帅统率陆海军，代表中华民国行使最高统治权。张作霖终于坐上了最高权力宝座，无"大总统"之名而行"大总统"之实。张作霖的就职通电更为慷慨：

"比年以来，四方多难，国是蜩螗。中央无负责之人。……三万里城社农商之盛，夷为荒墟，勉徇群情，于本月十八日就陆海军大元帅之职。自顾疏庸，深虞陨越。只以时机所迫，不得不暂膺艰巨。缅维民国建立，主权在民，当本共和之精神，求五族之福利，凡所谓笃厚民生诸端，及尊重民德者，皆宜锐意厉行，以谋康乐于大同，维礼教于不坠。整理内治，敦睦外交，尤为当务之急。为此敬告父老兄弟，凡我同人，一切设施，必以民意为依归，共救人心之陷溺。用期力挽颓波，迅除巨患。……如其时局敉平，自当敬贤让能，遂我初服。政治改革，听诸国人，此则昕夕盼祷者也。愿共勉之。"

6. 横死皇姑屯

1928年2月，蒋介石就任国民政府军事委员会主席，声称要在最短

时间内完成北伐。张作霖自恃有东北做后盾，仍准备与北伐军对抗到底。结果，张宗昌和孙传芳在山东一溃千里，张作霖不得不全线撤退。日本方面趁机对张作霖再加逼迫，趁他还掌握北京政权，向他索取"满蒙权益"。面对日本人变本加厉的要求，张作霖或拖延，或拒绝，始终不肯答应日本人的要求。

北伐军步步进逼，张作霖下定决心撤出关外。1928 年 6 月 1 日，张作霖以茶话会形式与外交使团告别。据说日本公使芳泽曾秘访张作霖，劝他接受日本的条件，否则对他不利。如能接受，则日方保护张作霖经大连返沈阳。这次会议时间很长，站在客厅外面的侍从人员曾听到张作霖大声说："我姓张的不会卖国，也不怕死。"

按照日本首相田中义一的意见，是要等张作霖出关后逼其下野，或使其傀儡化。被张作霖戏弄过的日本关东军却决心杀掉张作霖，以雪前耻，永绝后患。张作霖还没有离京，日本关东军高级参谋河本大作已经为他布下陷阱。日本人在距沈阳一公里半的皇姑屯火车站附近的桥洞下放置了三十袋炸药，并布置了一支敢死队。尽管张作霖行前曾接到部下的密报，日军近来有异动，希望多加防备，张作霖也三次变更启程时间，以迷惑外界，但他并未料到会有此杀身之祸。

6 月 3 日晚 6 时，张作霖离开北京大元帅府，乘坐由奉天迫击炮厂厂长沙顿驾驶的英国制黄色大型钢板防弹汽车，前往火车站。随行的有靳云鹏、潘复、何丰林、刘哲、莫惠德、于国翰、阎泽溥、张作霖的六姨太和三儿子张学曾、日籍顾问町野武马与嵯峨诚也等人。张作霖的专车有二十二节，是清朝慈禧太后用过的"花车"，装饰华丽。张作霖乘坐的八十号包车在中间，包车厢后是餐车，前边是两节蓝钢车，里面坐着潘复、刘哲、莫德惠、于国翰等人。专车前面还有一列压道车做前卫。晚上8时，专车从北京车站开出。深夜，列车开到山海关车站，黑龙江督军吴俊升专程在这里迎候。

4日清晨5时23分，当张作霖乘坐的专车钻进京奉铁路和"南满"铁路交叉处的三洞桥时，日本关东军大尉东宫铁男按下电钮。一声巨响，三洞桥中间一座花岗岩的桥墩被炸开，桥上的钢轨、桥梁炸得弯弯曲曲，抛上天空。吊桥桥板塌下，刚好砸在第三、四、五辆车厢上。张作霖的专用车厢正是第四辆，被砸得只剩一个底盘。吴俊升炸得血肉模糊，头顶穿入一个大铁钉，脑浆外溢，当即死亡；张作霖被炸出三丈多远，咽喉破裂，生命垂危。

奉天省长刘尚清闻讯赶到现场组织救护。张作霖被送到沈阳大帅府时已奄奄一息，神智虽然模糊，却还能说话。张作霖问卫士："逮住了吗？"卫士诳称："逮住了。"张作霖问："哪的？"卫士答："正审问呢。"张作霖道："我到家看看小五（指张作霖的五夫人）。"又道："我尿一泡尿，尿完我就走了。"在场人员认为张作霖由于严重脑震荡，说的是呓语。最终，军医官抢救无效，张作霖于上午9时30分左右死去。死前张作霖对五夫人道："告诉小六子（张学良乳名），以国家为重，好好地干吧。我这个臭皮囊不算什么。叫小六子快回沈阳。"说完死去，终年五十四岁。

张学良当时正在北京过二十七岁生日，没想到自己的生日竟成了父亲的祭日。为防止日军乘机举动，奉天当局决定对张作霖的死密不发丧，发表通电称：张作霖"身受微伤，精神尚好"，"省城安谧如常"。大帅府邸依然灯火辉煌，军医官每日仍按时到府上班，填写病案。厨房每日三餐仍按时送饭进去。家人一律不啼哭，不戴孝。日方天天派人慰问求见，都

被婉言谢绝。主持家政的张作霖五夫人浓妆艳抹，与前来窥探虚实的日本太太们从容周旋。同时，奉天当局下令全城戒严以稳定局势。由于日军不知道张作霖是否毙命，未敢贸然行动。直至张学良潜回沈阳，才于 21 日公布张作霖死讯。

张作霖留下了遗嘱，签名由张学良代签。因为张学良能模仿父亲的签名，可以乱真。张作霖在遗嘱中说道：

> "余不幸归途遇险，今病势已笃，殆朝暮间人矣。余自京发从军，早自誓以身报国，今年五十有六，死已非天，惟是报国之志未遂，不免耿耿尔。今以奉天重任付之学良，望汝善为料理，延聘贤良，修明内政，以慰父老悬悬之望，更望我袍泽同仁，事事以国家人民为重，戮力同心，精诚团结，余身虽死，亦瞑目矣。"

从此。历史又进入了一个新的时代。

北咤北洋

第十章

"狗肉将军"张宗昌

1. 少年"闯关东"

张宗昌字效坤，光绪七年正月十五（1881 年 3 月 4 日）出生于山东掖县（今莱州市）一户农家。张宗昌的父亲是乡间的喇叭匠和吹鼓手。母亲祝氏，年轻时也算是女流中的一个人物。她生得体躯高大，健壮结实，用一只手便可挟起一口袋粮食，诨号"大脚"，是当地有名的"女光棍"，曾只身闯关东，跑遍三关六码头，见多识广。"大脚"后来回到家乡，自称"黄二仙姑"附体，干起巫婆行当，自此人称"祝巫婆"。张宗昌出生以后，家里穷得叮当响。孩童时代，张宗昌替地主家放过牛。某日，张宗昌放牛时跟其他放牛娃斗蛐蛐，将牛弄丢了。牛的主人怒极，将张宗昌暴打一顿，险些将他活活打死，然后将他赶回家去。多年之后，已经做到直鲁联军总司令、掌三十万大军的张宗昌衣锦还乡，还特意到那户地主家探访，赔偿了二十多年前丢失的那头牛钱。

张家的苦日子一天天打发着。到张宗昌十五六岁时，在苦水里泡大的他居然也膀大腰圆，身高近两米。此时的张宗昌性格粗野张扬，打架斗殴是家常便饭。光绪十六年（1897 年），胶东一带又遇荒年，饿殍遍地，日子苦到极点，外出逃荒者络绎不绝。十六岁的张宗昌随逃荒队伍徒步来到烟台，心一横，渡海闯了关东。他先乘船来到营口，接着辗转辽宁、吉林一带的农村谋生。张宗昌在东北流浪卖苦力，打过零工，扛过长活，给老财家放过牧，在抚顺挖过煤，在千金寨的煤矿里吃过"好汉饭"，勉强填饱肚子。东北零下几十度的冬天，张宗昌只穿破烂棉衣，到两年后依然如故。

光绪二十五年（1899 年），十八岁的张宗昌得到了一个人生的小转机。

19 世纪末，俄国获取了中东铁路的修筑权，在华大批招募筑路工人。此时尚在东北农村扛活的张宗昌，被一同伴告知此事。于是，张宗昌应招到中东铁路当工人。由于张宗昌身材高大，愿干重活，劲头泼辣，又性情豪爽，不吝钱财，在工人中渐渐有了威望，也得到俄国人的青睐，当上了工头。张宗昌当过装卸工，干过扳道工，一干五年，一直没有离开过铁路。因为铁路上经常与俄国人接触，再加上记忆力惊人，在老家仅仅读过几天私塾的张宗昌居然学会了一口流利而又发音准确的俄语。张宗昌虽然俄语口语流利，词汇量丰富，但只是会说而已，一个俄文字母也不认识。

　　光绪三十年（1904 年），张宗昌人生的第二个转机来了。这一年，日俄战争爆发，俄军开到中国东北作战的部队多达三十余万，需要大批俄语翻译人员。凡粗通俄语者，无不网罗到军中充当翻译。张宗昌俄语说得相当流利，而且多年来为俄国人办事，自然成为优先招聘的翻译，备受重视和信任。日俄开战后，日军大肆收买东北胡子，利用关东土匪熟悉当地情况的有利条件，袭击俄军兵站，骚扰俄军后方，使俄军顾此失彼，疲于奔命。吃了一连串的亏之后，俄军也决定效法日军，组织华人武装力量，袭击日军兵站和补给线，扰乱日军后方。哪个中国人有能力负责这样的工作？俄国人略加思考，想到了翻译官张宗昌。就这样，尽管不是正式的战斗人员，日后的张大帅却在帝俄军队麾下第一次接受了军事指挥权。

　　不过，这个指挥权是空的，张宗昌首先要拿着俄国人的卢布，自行去招兵。张宗昌深知，只有跟日本人一样，招募关东胡子，才能担负此项任务。当时，有人为他介绍了一个胡子头王某。为了说服王某，张宗昌孤身一人，匹马单枪深入虎穴，与王某会面。王某见张宗昌胆量过人，衷心服膺，于是以这一支胡子队伍为骨干力量的俄军编外"华人游击队"迅速

组成。可惜出师不利，投入战斗后，最初几个回合均告失利，游击队大部被歼灭，张宗昌扫兴至极。

没想到，张宗昌自己扫兴失望，俄军却对他倍加鼓励，多方给予支持。枪支弹药，卢布军饷，纷纷运到，助张宗昌重整旗鼓。张宗昌的"华人游击队"由残存的数百人，逐步扩大到千人规模。而且，俄军还选派军官，到张宗昌的队伍中协助训练。重新整编之后，除了袭扰作战，"华人游击队"还担负过武装护送俄军后勤辎重等任务。作为这支队伍的首领，张宗昌当时的"官衔"称"统领"。故尔，张宗昌在参加辛亥革命前，一般袍泽以及与之熟识的人均呼其为"张统领"，实缘于此。更重要的是——此乃多年后张宗昌招募白俄军为其作战的情感基础。终其一生，张宗昌一直对帝俄保持着相当不错的感情。张宗昌也得到向俄国军官实地学习军事的机会，尔后他的军事知识和作战指挥能力，均奠基于此时。

光绪三十一年（1905年），张宗昌二十四岁。是年，日俄战争以俄国战败而告终。俄国被迫放弃"南满"权益，俄军全部撤回俄境。俄军战败后，张宗昌所部也决定予以解散。遣散办法是每人发饷3个月，另外每人加发路费70卢布。当时，每个士兵每月薪饷为25卢布，3个月薪饷的遣散费为75卢布。张宗昌的心黑手狠，此时终于显露出来——他将款项领到手，3个月薪饷的遣散费如数照发，路费一事则只字未提，全部扣发。只此一举，张宗昌陡然而成巨富。

可惜，张宗昌不是个会存钱的人。他年纪既轻，素性又豪放不羁，短短一年多的时间，便在哈尔滨、奉天等地将黑来的款项挥霍殆尽。正当张宗昌无所事事之际，恰有俄国商人来招募华工，前往西伯利亚开采金矿。于是，在中国人和俄国人那里都有威望的张宗昌当上总工头，去了西伯利亚。后来金矿因经营不善，颇多亏损，张宗昌辞去总工头职务，踏上返乡之路。张宗昌担任总工头赚了一笔卢布，但这次情况并不比上次好多少，照样是挥霍无度。钱花光了，张宗昌不得不再次背井离乡，去海参崴寻找机会。据说连去海参崴的路费都是跟人借的。

在海参崴，张宗昌结识了俄国商人米罗夫，这成为他日后组建白俄军的又一关键。米罗夫早年靠经营"手枪牌"火柴起家，后来把女儿嫁给海参崴最大的商人泽列维斯，得以慢慢发达。当时张宗昌终日在海参崴的西明斯街（当地人称"中国街"）混日子。西明斯街有宝局（即赌场）三十余处，赌瘾甚大的张宗昌是那些宝局的常客。宝局冬季最盛，淡月中张宗昌就要想办法攒点本钱。张宗昌想尽办法承包了中东铁路的零星工程，试图翻身，却因为赌瘾大发将钱全都赌光，被工人索要工资，搞得无法应付。米罗夫把张宗昌藏起来，亲自出面调解，还代垫部分工资，才帮张宗昌渡过难关。张宗昌因此对米罗夫万分感激。

海参崴当时是俄罗斯在远东唯一的军港，也是唯一的商港。20世纪初，海参崴的人口有一二十万，其中华人占六成，大半来自山东烟台一带。工程不能再包，张宗昌通过同乡介绍到这里的阿列乌斯卡亚大街华商总会，担任了门警中的一名小头目。当时海参崴一带胡子猖獗，商界深受其害。张宗昌却对胡子的行动规律、作案特点极为熟悉，胡子为害的案件屡屡被张宗昌侦破——当然，这一切其实都有赖于"张统领"的威望。张宗昌也因此受到海参崴华商会重视。当地的一般中小商人、走贩都不时孝敬他，托庇于他的名下。随后张宗昌又着手强化与俄国军警的关系，所以不久他就成了海参崴一带华人黑道中炙手可热的人物。张宗昌在海参崴走私军火，贩卖鸦片，制定黑道秩序，收取保护费，打通俄国军警当局上层

关节，俨然是大亨做派。海参崴几乎成了上海滩法租界，张宗昌简直是符拉迪沃斯托克的黄金荣。

在海参崴，张宗昌与同盟会会员张西曼、胡金肇等人逐渐有了交往。1911年辛亥革命爆发时，张宗昌已经三十岁了。辛亥革命让张宗昌看到了前所未有的出头机会，他决定豁出性命再赌上一把。当时同盟会领袖黄兴派李徵五到东北去招兵，张宗昌代同盟会招抚了以刘弹子为首的一股胡子，随后坐俄国邮船回国去参加反清革命。张宗昌先拉这支队伍投山东民军都督胡瑛，不久随军到上海，成了陈其美的光复军部下。按之前的约定，这批人到了上海之后，应该由刘弹子出任团长。结果张宗昌巧施手段，自己当上了光复军团长。刘弹子被排挤得不成样子，最后郁郁而终。

2. 由直投奉

1913年，张宗昌升任江苏陆军第三骑兵团团长。二次革命时，张宗昌被派往徐州，防御袁世凯南下的北洋军。张宗昌率骑兵团在徐州与冯国璋、张勋等部北洋军激战，结果一战即溃。这一仗张宗昌打得很惨，手臂受贯通伤。冯国璋事先已经策动过张宗昌投诚，所以，失败之后，张宗昌裹着伤去向北洋军投诚。他先见张勋，面无惧色道："我是来投死的。"等见到冯国璋后，却道："我是来投生的。"张宗昌的胆色令张勋瞠目结舌，冯国璋却是心中明白，与张宗昌心照不宣。由此，张宗昌拜到冯国璋的门下，当上江苏军官教导团团长，成为直系人物。1916年11月，冯国璋出任民国代理大总统，张宗昌任侍卫武官长。每次阅兵，都是张宗昌身着笔挺的将校服，骑着马在冯国璋前面做引导。

1918 年，张宗昌又出任江苏第六混成旅旅长，随张怀芝赴湘参加湘鄂之战，结果大败而逃，改任暂编第一师师长。当时战况不利，张宗昌亲自选拔敢死队，带到前线参战。敢死队从长沙小吴门车站出发时，张宗昌向敢死队官兵训话："大家还能干起来吗？"敢死队应声道："能。"接着张宗昌道："我张宗昌没有什么能报答大家的，容我给大家磕个头吧！"说罢当场就地磕头，敢死队官兵见状全都不知所措。不过，仗还是打输了，张宗昌被包围，无计可施。部将褚玉璞急中生智，将用做运输的一百多头小毛驴赶作前驱，朝西北方向突围，张宗昌率大队随后。突围成功了，百多头小毛驴倒是无一生还。

1920 年吴佩孚北撤，张宗昌又奉命率部入江西，与江西督军陈光远交战，在吉安地区被陈光远打败，所部也被陈光远缴械。缴械之后，张宗昌所部尽数遭解散，张宗昌仅以身免。他在江苏已无立足之地，只得北上京城，重新寻找机会。

此时冯国璋已死，张宗昌看准了直系的下一个实力人物——直鲁豫巡阅使曹锟。张宗昌想办法结识了曹锟麾下漕河军官教育团的教官许琨，想通过他的关系去走曹锟的门路。这时，张宗昌与陆军部结算的江西之役 20 万军饷拿到手。他心一横，将 20 万军饷全兑换成黄金，打了 8 个金寿星，亲自送往直隶省城保定，献给曹锟做寿礼。曹锟性情随和，收了金寿星后很满意，加上许琨在旁美言，一口答应将直皖战争中缴获的一批军械拨给张宗昌，让他东山再起。谁料，吴佩孚得悉此事后坚决反对，其他直系将领也容不得这位"胡匪"出身的师长。张宗昌借机复起的愿望最终落空。一怒之下，张宗昌干脆远赴奉天投靠张作霖。

张宗昌见到张作霖，纳头便拜，道："远道来投，敬献礼物，请赐收纳。"

礼物抬上来，居然是两个装满土的破筐，连扁担都没有。绿林出身的张作霖立刻明白了张宗昌的意思——愿意为奉系的事业添把土，但手头没有扁担，所以请张大帅付以扁担，也就是权柄。张作霖明了其意，欣然接受。就这样，张宗昌由直系转到奉系，成为兼具直奉双重身份的人物。

投靠奉系之后，张宗昌只能从头干起，先任宪兵营营长。不久，在直系的吴佩孚策动下，前吉林省防军第二混成旅旅长高士傧联合吉林、黑龙江绥芬河一带的"巨寇"卢永贵，组织"吉黑奉讨逆军"，要同张作霖开战。当时张作霖刚在第一次直奉战争中战败，无大兵可派，便派张宗昌率宪兵营去应战。这本是一场势力悬殊的较量，结果却令所有人大吃一惊。卢永贵的"红胡子队"中下级头目中，有许多都是张宗昌的患难同乡，不是山东掖县人就是黄县人。他们当年和张宗昌一起在中东铁路工地下过苦力，一口锅里搅过食吃。听说张作霖那边是当年最讲义气的"张长腿"（张宗昌身高腿长，故有此外号）带队，很多人干脆带着人马投奔过去。卢永贵始料不及，只得败退到高士傧处。高士傧在张宗昌的猛攻下独木难支，招架不住。最后高士傧和卢永贵逃到中俄边界的珲春，部下一营长倒戈，将他们逮捕。两人成了张宗昌的俘虏，随后张作霖下令，在珲春就地枪决了高士傧和卢永贵。

张宗昌兵不血刃即把卢永贵的胡子收编成三个团，还让高、卢还赔上了项上人头，为奉系立了一大功。张作霖大喜，任命张宗昌为吉林省防军第三混成旅旅长兼绥宁镇守使，以新收编的三个团为班底，驻防吉林与黑龙江绥芬河一带。这样，张宗昌总算有了一块立足之地。

在绥宁镇守使的任上，张宗昌最大的收获就是组建了"白俄军"。1918 年 11 月 18 日，前帝俄海军上将高尔察克在西伯利亚的鄂木斯克宣布自己为"全俄罗斯最高执政",其他白军将领如邓尼金和尤登尼奇都承认了他的政权。高尔察克指挥大军自东向西发动进攻,对苏维埃政权一度构成致命威胁。苏联红军随后展开反击,高尔察克陷入节节败退。1919年11月,鄂木斯克被红军攻占。为保存实力,高尔察克决定率部横穿六千多公里的西伯利亚,撤往太平洋沿岸,寻求日本的支持。高尔察克终究没能到达太平洋沿岸,他最后还是落到了苏维埃政权手里。1920年2月7日,高尔察克和他的内阁总理佩佩利亚耶夫在伊尔库茨克被莫斯科来的肃反工作人员处决。高尔察克死后,他的军队随即崩溃。撤到俄罗斯远东地区的高尔察克残部数以万计,加上原先就在远东活动的谢苗诺夫等白军将领,流落远东的白军数目恐以十万计。

这些白军分成形形色色、大小不一的武装团体,都在为自己的前途命运发愁。许多白军部队虽临近绝境,依然负隅顽抗。白军残部在格罗捷阔沃、赤塔等地相继建立政权,发行货币,继续与苏维埃政权抗衡。1920年初,在海参崴须德兰斯哥街,又出现了一个"俄罗斯临时政府"。该政府自设总理,宣布继承高尔察克政权的法统。1922年初,经过一番激烈的权力斗争后,临时政府总理吉吉里斯克被迫下台,新总理继任。这位新总理既有当地富商泽列维斯的财政支持,又有驻海参崴日本干涉军的军事支持,一时风头不小。西伯利亚东部边区一带穷途末路的白军残部,纷纷表示服从他的命令,为的只是能获得一些粮食和军饷。这位海参崴"俄罗斯临时政府"的新总理不是别人,正是张宗昌早年的旧相识——米罗夫。

1922年秋,张宗昌轻车简从,重返阔别十年的海参崴。关于张宗昌这一次去海参崴,有多种不同的说法。有的说,他是因为扩编部队缺乏军火而去找边境另一边的米罗夫想办法;另有说法,他是奉张作霖之命,秘

密前去与米罗夫接洽。在海参崴，张宗昌与老友米罗夫相谈甚欢。"米罗夫总理"以东道主的身份，在海参崴最豪华的格罗斯大饭店设宴款待张宗昌，邀请临时政府的高级官员作陪。张宗昌这一趟没有白去，他与米罗夫达成一项不足为外人道的"密约"。临别之时，米罗夫还赠送给张宗昌他最喜爱的礼物——40箱小甜瓜手榴弹。就在张宗昌重访海参崴之后没几天，是年秋末，日本干涉军撤出俄罗斯远东地区，苏联红军随即从北面攻入海参崴，"临时政府"宣告终结。米罗夫先到驻海参崴日本领事馆避难，然后秘密乘日本军舰转往大连。此时听从"临时政府"指挥的白军残部还有一万多人，全部沿着中俄边境撤到绥芬河附近。

米罗夫从大连赶到绥芬河，通过"外交身份"向张宗昌提出——要求拜会张作霖，商讨白军残部的前途问题。张作霖以奉天距绥芬河路途遥远为由，全权委托张宗昌与之会见。于是，"米罗夫总理""正式"向张宗昌请求道："这些俄国军队，因为转战很久，艰苦备尝，军中上下普遍存在着厌战情绪，又无粮无饷，精疲力竭，而又回国不得，因此多欲放下武器，希望中国予以收容。此外，也希望帮助解决一部分经费，本人可以武器抵偿。"

张宗昌因握有张作霖的"全权委托"，由此"正式"做出决定——拿出部分款项交给"米罗夫总理"做遣散经费，换来的是大批枪支弹药及通信器材。张宗昌又把愿意接受改编的五百余名白俄溃兵，暂时编成一支白俄部队，由聂卡耶夫上校（前帝俄军队步兵团长）担任指挥官。这支部队日后发展壮大，成为了人们口中日常提及的那支"白俄军"——白俄军先遣第一梯队，以及后来的奉军第65白俄独立师。事情至此，明眼人应该能将真相看出来了。这一切其实不过是张宗昌和米罗夫两人唱的一出双簧。白军的前途问题，两人早在海参崴就已经谈妥，那项所谓的"密约"，指的正是此事。

关于张宗昌组建白俄军，还有另外一桩事值得一提。当时张宗昌驻在绥芬河一带的中俄边界，给养限额，装备欠缺，士兵多徒手。出操时张宗昌常带领徒手士兵爬山越岭，进行体力训练。有一天，奇迹出现了。张宗昌在山上遥望，发现远处山沟里躺着一个人，心觉诧异。此地人迹罕至，怎么会有人？张宗昌派人去察看，士兵回来报告说——是个外国人，不懂中国话。从服装观看，像是俄国军官。那人饥寒交迫，好像有病，快要死了。

张宗昌一听，亲自下山去看。他那口流利的俄语在此时派上了巨大用场。询问之下，那个人说了实话。他叫葛斯特劳夫，帝俄军队炮兵少将，第一次世界大战时期曾任方面军炮兵司令，后参加白军。白军溃败，他被苏联红军追击，走投无路下逃入中国东北边境深山。结果病在这里，再也走不动，干脆往这荒山沟一躺，准备饿死，或者让狼吃掉。

张宗昌好言安慰，用马驮他返回镇守使衙署，派人细心照料，延医治病。十多天后，葛斯特劳夫恢复了健康。葛斯特劳夫感谢张宗昌的救命之恩，想找个机会报答他。葛斯特劳夫在镇守使衙署内闲住，见张宗昌的士兵缺乏枪支弹药，便向张宗昌透露——"在俄罗斯境内三站地方的山沟里，有一条铁路支线，停有军用物资列车一列，满载枪支弹药，还有大炮若干门，只是没有车头。如果张将军能派一个火车头去拉回，军火就是您的了"。葛斯特劳夫又指出，布尔什维克很快会来，必须快去拉。

张宗昌大喜，立即给中东铁路局打电报要来一辆机车，由葛斯特劳夫带路，将一列车的军火悉数拉回。尚有三百多名在列车附近坐以待毙的白俄士兵跟了来，张宗昌全部收编他们，由葛斯特劳夫指挥。张宗昌将此

事向张作霖做了报告，并送去一批从列车上得到的军火，算是全了礼数。如今，张宗昌自己得到了充足的装备，又开始进一步招募撤入中国的白军官兵。经过一番努力，张宗昌的白俄部队发展到一千五百余人，其中包括前步兵团长聂卡耶夫、前哥萨克骑兵旅长金钟仁（俄籍朝鲜人）、前炮兵少将葛斯特劳夫等一批骨干军官。现在，这支白俄部队可以编成一个货真价实的白俄团了。

3. 下跪喊"亲爹"

不过，要养活这么多白俄军，张宗昌的军费开支相当庞大。虽然张作霖不断从奉天拨款资助，也是入不敷出。有一次，部下闹饷，张宗昌挺身而出，大骂一顿才平息了闹饷。

闹饷是压住了，可总得想办法筹钱。无奈，张宗昌在自己辖区内让士兵种植鸦片，弥补不足。这事引起奉军各部不满，要求张作霖遣散这支队伍。而张宗昌的吉林防军第三混成旅成立较晚，匪性未除，甚至让张作霖这样的老绿林也看不惯。所以，张宗昌所部总让张作霖有如鲠在喉的感觉。1923 年奉军秋操前夕，张作霖对军事演习校阅委员张学良、李景林、郭松龄等人道："每年花一百多万，养着这帮队伍种鸦片烟，那太不成话了。这次演习，要是看着他们不行，就把他们解决，遣散好了。"

就是在这次秋操中，发生了著名的"喊爹"事件。当时，校阅委员郭松龄来到张宗昌的第三混成旅，名为校阅，实则整肃，寻机遣散。郭松龄毕业于日本陆军士官学校，心高气傲，一向看不起张宗昌，又有张作霖事先通气，因而对张宗昌的部队要求特别严格。演习中突然降雪，大雪深达数尺，士兵有的被冻伤，有的被高粱茬子扎伤，令张宗昌心里老大不痛快。休息时，张宗昌在庄稼地旁一处窝棚里避风，蹲在炕上掏出随身携带的烧酒，边喝边发牢骚："他娘的，这是哪个龟孙的计划，弄得我们这样。"恰好郭松龄推门进来，厉声责问张宗昌："你骂谁?"张宗昌解释道："这是我的口头语。"郭松龄得理不让人，指着张宗昌的鼻子骂道："我是你爹! 这也是我的口头语!"

一时间，窝棚里空气凝固，身旁的副官们心生寒气，以为会有一场火并。接下来的事让所有人大跌眼镜——只见张宗昌跳到地上，对郭松龄道："郭二大爷，……你就是俺亲爹，那还有啥说的?"随即竟然扑通一声给郭松龄跪下了。这等厚脸皮，害得比张宗昌年轻好多岁的郭松龄红了脸，没法再吭声，扭头便走，整肃也就不了了之。

说张宗昌耍熊也好，说张宗昌能屈能伸也好，反正张宗昌是将"整肃"和"遣散"成功对付了过去。张宗昌明白，他在奉军里的地位极其微妙，绝对惹不起郭松龄，因为郭松龄的后台是张学良，而张学良是大帅的亲儿子。回过头来，张宗昌又想办法笼络住郭松龄，他还曾因此与郭松龄拜了把子。那是张宗昌拜托李景林撮合的结果。为此，李景林还特意找来张学良，张学良也对郭松龄加以劝解。郭松龄最终向张宗昌赔了礼。

李景林又提议——咱们四人"义结金兰"，为后人留下一段"将将和"的佳话吧。四人随即结拜为异姓兄弟。这场结拜为张宗昌带来了巨大的好处。演习结束，张学良向张作霖报告时，当面赞誉张宗昌的第三旅学科战术成绩优良，士兵吃苦耐劳，不惜夸大其词，就连郭松龄都在张作霖面前为张宗昌说好话。张作霖对张宗昌大加宠爱，把他从吉林调到沈阳。张宗昌的部队由吉林防军第三混成旅，改编为奉天陆军第三混成旅，下辖四个

团，算是升了一格。

1924 年 9 月，第二次直奉战争爆发，张宗昌被提升为第一军副军长（军长李景林），率部由热河到朝阳，然后向关内进击。李景林部与张宗昌部虽合编为一个军，但还是各带各的兵，各打各的仗。李景林进军热河后，直系的热河都统米振标逃进关内，李景林先抢地盘，坐上了热河都统，接着就按兵不动。没抢到热河地盘的张宗昌只好率自己的第三混成旅继续进攻，打下朝阳，占领冷口，突破直军沿长城的防线，进兵关内，在滦河一带与直系彭寿莘部大战。

这一仗是张宗昌的白俄军初次亮相，表现相当精彩。舍命冲杀的白俄军哥萨克骑兵给直军留下了极深刻的印象。但战场上发挥了最大作用的，还是由葛斯特劳夫一手打造的白俄军炮兵大队。直军第三路总司令冯玉祥突然回师北京，发动北京政变，囚禁贿选总统曹锟，局势急转直下。直军前有张宗昌白俄军的迅猛火力，背后有冯玉祥，兵无斗志，彻底陷入崩溃。张宗昌顺利拿下滦州，截断了山海关方面直军的后路。

张宗昌接下来的事只有一件——大肆收编投降的直军部队甚至散兵游勇，扩大队伍，加强实力。比如直军董政国、彭寿莘两部大约有六七万人，全被张宗昌收编。张宗昌的部队竟然一时膨胀了七八倍以上。张宗昌因为在滦州附近收编队伍太多，所有中下级军官均升为将校级，更换肩章来不及，只好用锡箔纸糊成黄色肩章代替。张学良见了，大笑不止。"纸糊的肩章"由此传出去，顿成笑谈。

滦州是直军后方的铁路总站。张宗昌攻下滦州，缴获了一批铁路使用的车辆。就在这里，白俄军带给中国内战的最大影响产生了——葛斯特劳夫根据自己在第一次世界大战和苏俄内战中的经验，向张宗昌提出：在铁路上组建一支铁甲列车队。中国军队使用铁甲列车作战，实滥觞于此。后来各方纷纷仿效组建，张作霖、吴佩孚、孙传芳，甚至孙中山的护法军政府都拥有了自己的铁甲列车。

另一边，奉军乘势进逼津京，取得了第二次直奉战争的胜利。一直待在热河的李景林抢先进关，又抢了个直隶省军务督办的头衔。不久，由于皖系首脑段祺瑞重新出山，在北京任"临时执政"，皖系的郑士琦被任为山东省善后督办，张宗昌只获任奉军第一军军长。不过，张宗昌的第一军已超过了 10 万人。第一军编成四个步兵旅、三个特种兵团、一个辎重大队，另外还有两个先遣梯队。其中，先遣第一梯队即是白俄军部队。

张宗昌虽然当上军长，但在奉系控制的东北及直隶、山东等省都没有自己的地盘，要想当个督军、省长，唯有向南争夺江浙。江苏督军是直系的齐燮元，浙江督军是直系的孙传芳，江浙都是直系的势力范围。段祺瑞任命皖系亲信卢永祥为江浙宣抚使，准备消灭齐燮元，夺加地盘。张作霖也想向江南扩张，于是支持张宗昌南下。张宗昌与参谋长王瀚鸣、随军参谋长李藻麟以及部将许琨、毕庶澄、吴致臣、褚玉璞等商议后，立即率部从天津动身南下。他们打出"镇威军第一军"的旗号，南下作战的理由是——护送卢永祥就任江浙宣抚使。为送皖系上任当官，奉系大将不惜与直系开兵见仗。张宗昌这顶"大义名分"的帽子，当真是"堂堂正正"。

帽子不"正"，仗自然要用"歪"的办法打。直系的徐州镇守使陈调元，曾任冯国璋的宪兵司令，与张宗昌颇有交情。张宗昌一贯好交朋友，挥金如土，所以早年与陈调元一向同契。两人曾同嫖同赌，张宗昌还曾为陈调元出资，娶了名闻沪上的名妓花四宝做姨太太。从前的投资如今产生了效果，这次张宗昌南下，陈调元不忘前恩，借口奉军重兵压境，难以抵御，

将自己所部从徐州后撤至砀山和丰沛一线，让出大路，使张宗昌长驱直进江苏。齐燮元仓皇逃离南京，撤往上海。张宗昌毫不客气，兵锋所向，直指镇江，准备一路打进上海滩花花世界。

齐燮元从南京撤往上海时，将沪宁铁路的所有机车和各种车辆全部调走。张宗昌的大军要渡江南下，只能从江北的津浦铁路抽调机车和车辆，以解决交通运输问题。南京长江大桥当时并不存在。以长江相隔，津浦铁路和沪宁铁路是两条独立的铁路。旅客由上海乘坐火车到北平，需要先在南京下关站（今南京西站）下车，坐渡轮到长江对岸的浦口站（今南京北站），再换乘列车到北平。张宗昌要将火车运过长江来，这可是前人从没干过的事。张宗昌直接命令交通处长胡文通等召集津浦和沪宁两铁路局工程技术人员，一定想办法将问题解决。解决不了，下场自不必说。铁路局的人以浦口和下关两站在长江两岸作为船脚，利用民船构成船桥，引渡津浦路的机车和各种车辆过江。具体办法是这样——铁轨接至江岸，将木船连锁在一起，铺以铁轨，使之与岸边铁轨接通。一辆机车拖两三节车皮，登上民船，运到对岸。再将船上铁轨与对岸延长到江边的铁轨稳固接通，机车拖着车皮缓缓下船登陆。

显而易见，这就是火车轮渡。张宗昌算是将火车轮渡引入中国第一人。将近十年之后，1933 年，南京的火车轮渡开始通航，这算是张宗昌给津浦铁路和沪宁铁路留下的遗产。直到 1968 年南京长江大桥建成通车，火车过江才不再需要轮渡。

大军渡江，便是镇江之战。聂卡耶夫率白俄军先遣第一梯队在金山寺附近登陆，强袭镇江。聂卡耶夫虽然不懂中文，但作为帝俄时代受过正规军事教育、参加过第一次世界大战和苏俄内战的高级军官，军事素质极佳。下达命令时，由张宗昌的随军参谋长李藻麟将地图铺开，用红蓝铅笔将敌军布防情况和自己进攻路线标出，聂卡耶夫便对战斗形势一目了然，领会指挥意图，执行任务准确无误。如此指挥，不需只言片语，完全靠地图上比画，也算是一桩奇闻。

张宗昌以白俄军为先锋，一路连下镇江、丹阳和常州，杀向无锡。1925 年 1 月 24 日，无锡全线开火。齐燮元亲自到无锡坐镇，张宗昌也亲临惠山前线督战。当天乌云密布，战况颇为激烈。齐军在惠山上布防严密，张宗昌的队伍自山脚逐步向上推进，屡屡受阻。紧要关头，张宗昌将卫队旅也投入了进攻。卫队旅与白俄军一样，也是张宗昌手中的王牌。该旅装备精良，士兵大都经过选拔，只有身高体壮、孔武有力的大汉才能入选，因而人称"大个子旅"，与白俄军的绰号"老毛子队"相得益彰。后来张宗昌觉得这样还靠不住，干脆自己冲了上去。

张宗昌从后面跃身到前面一块坑洼地中，趴伏在地上。坑前是一片开阔地，没有任何遮掩。敌人居高临下，极易发现目标，处境十分危险。跟着冲上去的参谋长李藻麟，此时恰在附近一棵大树后面，见状高声喊道："军长，那个地方太危险，赶快上墙头后面去！"张宗昌闻声，赶紧纵身跳到临近的墙头后面。又有一个卫队旅营长随之跳入坑中，同样趴伏在地上。这个营长刚一抬头，一颗子弹击中头部，营长当场丧命。张宗昌如果没有及时躲开，恐怕同样难以幸免。惠山最后还是攻了下来。26 日午后 5 时，齐军全线崩溃，张宗昌第一军进占无锡。齐燮元见大势已去，看到无锡车站停着两列火车，忙不迭登上其中一列，下令赶紧开车。当时车站秩序大乱，溃兵纷纷抢登列车。两列火车又争先抢行，结果悲剧出现——两个车头相撞，双双倾翻在地，列车无法开动。齐燮元不得不下车，换了羊

皮袍便服，涉水逃走，情景狼狈不堪。

无锡之战，张宗昌取得了决定性胜利。齐军欲退不能，逃脱无路，被俘者万余人。张宗昌缴获火炮数十门，枪械近万。他继续沿长江南岸向东推进，所到之处根本不见抵抗。文职官员大多弃职而走，地方部队更是闻风远逃过了苏州。张宗昌的前锋过了昆山，一直前进到上海。齐燮元的残部纷纷缴械投降，高级军政官员全体化装避入外国租界。张宗昌坐着白俄军的铁甲列车，回到了阔别十年的花花世界上海滩，将第一军司令部设在闸北车站附近。张宗昌宣布，军事行动停止，不再前进。三天之后，躲在外国租界的齐燮元微服乘船去日本当了寓公。张宗昌与齐燮元之战彻底宣告结束。

此次张齐大战中，齐燮元的部将王恩贵、王桂林等人投奔张宗昌，被张宗昌收编的齐军达2万多人。由于部队扩大，程国瑞、许琨、褚玉璞、方永昌、杜凤举、王栋等张宗昌的一干大将到上海不久，全被张宗昌提拔为军长。如此，所有人皆大欢喜。另一边，浙江督军孙传芳知道自己的实力难以抵抗张宗昌，早已派人向张作霖输诚。张作霖也有意笼络孙传芳，于是保证消灭齐燮元后，停止向浙江进军。张宗昌进入上海，孙传芳马上派心腹赶往上海，把所有妓院、赌场、酒店都包下来，供张宗昌日日花天酒地。有孙传芳的款待，张宗昌倚红偎绿，风流快活。他的好赌如命，更是一时轰动上海滩。张宗昌有个"狗肉将军"的绰号，便直接来源于赌博。"吃狗肉"原为广东赌场上的一句隐语，广东人把"九"常读成"狗"，"天九"便念成"天狗"，推牌九，读起来就成了"吃狗肉"。张宗昌特别嗜有"武赌"之称的推牌九，故有此"雅号"。其实张宗昌是聪明人，他借此大散钞票，个个都能分一杯羹。一时间，张宗昌的名声居然还不错。随后，孙传芳亲到上海，结识张宗昌。他对张宗昌尽力拉拢，两人还结拜为兄弟。这样，张宗昌放弃了攻取浙江的打算。

正当张宗昌还在上海寻欢作乐时，段祺瑞任命卢永祥为江苏军务督办。张宗昌夺取江苏地盘的愿望顿时落空。一怒之下，张宗昌把部队撤往江北，向徐州集结。张宗昌撤兵，张作霖着急，向段祺瑞施压，要求把由皖系郑士琦治下的山东让给张宗昌。段祺瑞要靠张作霖抗衡冯玉祥，以维持自己"临时执政"的地位。他迫不得已免去郑士琦的职务，改派张宗昌为山东军务督办。郑士琦虽被免职，却并不离任。张宗昌等了三个月，最后他索性派许琨率两个旅入山东，又派参谋长王瀚鸣到济南拜会郑士琦，软硬兼施，逼郑士琦离开济南。1925 年 4 月，张宗昌从徐州率大队人马进入山东，出任山东军务督办。接着，张宗昌又用武力逼走省长龚伯衡，自兼省长。从这时起，张宗昌开始慢慢进入人生中最风光的阶段。

4. "三不知督军"

张宗昌坐镇山东这块富庶之地，拼命扩张兵力，很快有了二十多万人马。山东民间流传有"张宗昌三个数不清"之说，一是说他的兵数不清，二是他的钱数不清，三是他的姨太太数不清。其实，这个说法实则源自于张宗昌本人的归纳。有一次，他对友人道："我亦有主义——三不知主义，亦称三多主义，即一生不知兵有多少，不知钱有多少，不知姨太太有多少。"

兵数不清，是投奔张宗昌的土匪流寇太多，全凭投效者自己报数，报一千增加一个团，报一万增加一个师。没办法，张宗昌的得势，令北方数省的土匪流寇欢欣鼓舞，纷纷前去投效，害得张宗昌部队番号一会儿一

变，越变越夸张，不长时间，十几路军就出来了。部队总是在扩军，确实没法统计得清。

一日，有一群杂牌队伍前来投效。为了安顿他们，张宗昌先拨给筹办费一万块大洋。该领队头目突发奇想，居然在"一"字上加了一竖，而变成了"十"万块大洋。到军需处领钱时，军需官发觉有异，即向张宗昌核实。张宗昌竟点头称是，隐瞒过去，终以十万元付之。后来，张宗昌召见此领队头目时，拍拍他的肩膀道："老弟啊，你幸亏添上一竖，倘若添上两竖，不就成了二十万（"一"字加两竖为"廿"，古同"廿"，指二十）吗？军需处可能还拿不出来哪！钱嘛，咱们以后有的是，你老弟可得好好干哪！"从此，这个头领对张宗昌感恩戴德，忠心耿耿。

不光是张宗昌的兵数不清，他随意任命的官佐更是芜杂不清。对此，省城济南百姓多有顺口溜加以讥讽。张宗昌刚到济南时，便有民谣唱道："副官满街走，差遣多似狗。"没过多长时间，民谣变为："参谋满街走，副官多似狗。"又过了不久，则变成了"司令满街走，参谋多似狗。"张宗昌是山东掖县人，时人便讥讽道："会讲胶东话，能把马刀挎；学会掖县腔，能把师长当。"

有人劝张宗昌裁员，张宗昌却自有道理："人生在世，不为名则为利。我张宗昌既没有办军官学校，也没有设立什么训练班，现在的二十多万军队，还不都是冲着我张宗昌来的吗？他们之所以投我，就是因为我不吝啬封他们官，给他们钱，能满足他们'名'和'利'之欲。假如我也和别人一样，既吝官，又吝钱，那么天下这么大，何处不容身？何必非投我不可呢？何况我所有的'名'和'利'并不是从家里带出来的，而是众人捧来的，我取之于人，又送之于人，于我有什么损失呢？"这道理的确笼络住了不少人，比如名声比张宗昌更臭的"东陵大盗"孙殿英，跟谁都跟不长，就觉得跟张宗昌舒心。

张宗昌自称不知道到底有多少钱，实际情况也确实如此。督鲁三年，他自订法律，自行收税，巧立名目，横征暴敛，对百姓极尽盘剥、压榨和搜刮之能事。他曾发行"山东地方公债"一千万元、军用票一千万元等。据资料记载，"自张宗昌莅任起，至离鲁止，征收之丁漕及特附捐，其有账可查者，按照正额计算，有征至民国十八年（1939年）以上的。"张宗昌预征粮漕竟达十几年以后，山东百姓生活何等水深火热，于此可见一斑。

至于其他的苛捐杂税更是难以数清，光有名目的即达六七十种之多。如税种除田赋外，还开征了契税、牙税（对经纪人所征之税）、当税、牲畜屠宰税、烟酒税、矿税、盐税、奢侈税、宴席税、货物落地税、印花税、邮局包裹税、牌照税、禁烟税、渔船税、青菜税等。还有名目繁多的费捐，如房铺捐、烟酒特捐、茶叶特捐、富绅捐、驻军给养费、营房捐、军鞋捐、军械捐、集市摊捐、货车特捐、食盐加价、车票加价、娼妓捐、戏捐、人头捐、锅头捐、狗捐、鸡捐等，不一而足。

最为荒唐的是，张宗昌还开征了大粪捐和祝寿捐。1927年2月10日，农历正月初九，张宗昌为其继父操办76岁生日时，强令山东军政各界人员扣薪三至五成作为贺礼。时有民谣在济南广为流传："张宗昌，坐济南，也要银子也要钱。鸡纳税来狗纳捐，谁要不服把眼剜。""张宗昌，坐济南，人有税，狗有捐，一个锅头八百钱（时无论城乡，一律按锅头数征收800钱的锅头捐）。"由于张宗昌的横征暴敛，仅1927年一年济南就有七百余家商号倒闭。到1928年冬天，就有100万人通过济南从山东移民东北。

总之，张宗昌的统治，是天底下最不讲规矩的统治，搜刮之酷烈，

无人能及。而且，大凡军阀或多或少都要顾及点乡土情谊，但张宗昌对自己的山东老家也一样下黑手。过去相声界讽刺韩复榘的段子，实际上大多是以张宗昌为原型（身为河北人的韩复榘，对山东倒还有几分怜惜）。

张宗昌生性好色，妻妾成群，其数目到底有多少，究竟姓张姓李，谁也搞不清。有时候，就连张宗昌本人也稀里糊涂。于是，他经常干脆以编号或"产地"呼之，如住在奉天的是"24号姨太太"，再如"苏州夫人""杭州夫人"。另外，他还有一些外籍小老婆，如"白俄太太""高丽太太"等。比如，他从流亡的白俄女人中挑选了五个年轻漂亮的带回山东，与中国姨太太享受着同等待遇，并且经常带着这五个洋太太在济南的大街上招摇过市，宣称"俺这也是给俺们中国人长了脸面"。（私下里，张宗昌似乎却并不喜欢这些白俄洋太太。张宗昌曾对人道："他奶奶的！罗宋女人风骚有劲，但个个浑身狐骚臭！涂抹香水，香臭混合令人倒尽胃口！"）

张宗昌娶姨太太非常随意。他走到哪里都要逛窑子，只要看上了，租间房子，挂上"张公馆"的牌子，派个士兵门口一站，然后将人往里一塞万事大吉。张宗昌就算又多一位姨太太。过不了几天，他就会把这位新娶的姨太太忘个一干二净，最后士兵溜了，牌子也摘下来，姨太太再做冯妇，重操旧业。此地的闲汉再逛窑子，总会叫："走，跟张宗昌的老婆睡觉去！"此话传到他的耳朵里，他一笑置之，并不在意。不但如此，张宗昌还经常把姨太太赏给立功的部下，大手一挥，"奶奶个熊，老子的姨太太赏给你做夫人了，领她滚回去吧！"

张宗昌识字不多，却喜欢附庸风雅，主政山东时委任清末最后一科状元王寿彭为山东教育厅厅长，并拜他为师，让这位状元公教自己作诗，结果是出了一本诗集《效坤诗钞》，分赠友好。王状元教学生作诗，居然清一色的薛蟠体。但若要论影响，张宗昌的诗影响颇大，且后世多有流传。
《效坤诗钞》有如下代表作：

《俺也写个大风歌》

大炮开兮轰他娘，威加海内兮回家乡。

数英雄兮张宗昌，安得巨鲸兮吞扶桑。

《笑刘邦》

听说项羽力拔山，吓得刘邦就要窜。

不是俺家小张良，奶奶早已回沛县。

忽见天上一火链，好像玉皇要抽烟。

如果玉皇不抽烟，为何又是一火链？

《游蓬莱阁》

好个蓬莱阁，他妈真不错。

神仙能到的，俺也坐一坐。

靠窗摆下酒，对海唱高歌。

来来猜几拳，舅子怕喝多！

《大明湖》

大明湖，明湖大，大明湖里有荷花。

荷花上面有蛤蟆，一戳一蹦达。

《趵突泉》

趵突泉，泉趵突，三股水，光咕嘟，咕嘟咕嘟光咕嘟！

《泰山》

远看泰山黑糊糊，上头细来下头粗。

如把泰山倒过来，下头细来上头粗。

《咏雪》

什么东西天上飞，东一堆来西一堆。

莫非玉皇盖金殿，筛石灰呀筛石灰。

《求雨》一诗则是有感而发。1927 年夏，济南大旱，张宗昌亲自到龙王庙去烧香磕头，一番虔诚之后，当场赋诗一首：

玉皇爷爷也姓张，为啥为难俺张宗昌？

三天之内不下雨，先扒龙皇庙，再用大炮轰你娘！

至于白俄军，更是在这几年间有了巨大的发展。当时流落中国东北的白俄人数众多，所以张宗昌从不为白俄军人数能否得到及时补充而发愁。他对白俄军视若珍宝，特别宠爱。在张宗昌的部队中，白俄兵和中国兵的处境大不一样。当时一般士兵都吃高粱面，没有菜金，只是吃点咸菜或菜汤，唯独白俄兵每天都吃牛肉、面包，并供给青菜、油料。白俄的军官每餐都是大酒大肉，吃洋餐，更为奢华。白俄官兵军纪极差，经常奸淫中国妇女，残害中国平民。尤其是在作战时期，每占领一地之后，白俄兵手执伏特加或白兰地酒瓶，边歌边饮，招摇过市，或殴打行人，或调戏妇女。19世纪20年代，中国妇女特别是农村妇女，大多缠小脚，"老毛子"一来，她们纷纷逃难，但因脚小，步履艰难，常被白俄兵捉获，"从则淫之，拒则杀之"，所以老百姓对白俄兵恨之入骨，一听说"老毛子"来了，便逃避一空。不过，张宗昌只重视白俄官兵作战勇猛，对其违纪违法之事很少追究，就是白俄兵真犯了重罪，也不过是派人送回原招募地而已。张宗昌甚至规定——军事法庭对白俄官兵概不准许判决死刑。而且张宗昌给每个白俄士兵以相当于准尉的薪金待遇，并对他们从不拖欠兵饷。

由于张宗昌对白俄军爱如至宝，所以有人将这支白俄师称作"张宗昌的白毛子队"，这些白俄官兵也自认是"张宗昌的老毛子"。白俄兵不会讲中文，只会说"张宗昌老毛子"这几个字。在作战的时候，友军问白俄兵口令时，他们就答"张宗昌的老毛子"。当时很多人跟他们开玩笑："你爸爸是谁？"白俄兵就答道："我爸爸是张宗昌！"对此，张宗昌振振有词的解释道："对于这批亡命域外的白俄人，我有收留并且再造之德，不是爸爸是什么？"

1925年10月，孙传芳联合陈调元起兵反奉，奉浙战争爆发。奉军毫无准备，大败而逃，东南半壁全数丢失。张作霖咽不下这口气，任命张宗昌为江苏善后督办，山东军务帮办施从滨为安徽善后督办，领兵南下收复江苏安徽。张宗昌以施从滨为前敌总指挥，率兵攻安徽蚌埠，自己则率白俄军由济南沿津浦路东侧开进，掩护施从滨部向南急进。结果，施从滨部在蚌埠遭惨败，张宗昌的白俄军也受到重创。施从滨本人被孙传芳俘虏后斩首，张宗昌率部逃回山东。

不久，直隶督军李景林被冯玉祥打败，由天津退往山东。他与张宗昌合兵一处，组织直鲁联军。从此，山东省内有了"直鲁联军"这个名号。张宗昌任总司令，李景林任副总司令，张宗昌实际上是夺了李景林的兵权，将他的部属全置于自己麾下。当上直鲁联军总司令的张宗昌，跋扈不减从前，处事手段却是比从前更为独特。看似毫无章法，率性而为，其实倒是自成一派。

5. "糊涂" 带兵

此时，国内时局正在发生最深刻的变化——1926 年 5 月上旬，广东国民政府派遣国民革命军第四军叶挺独立团和第七军一部为北伐先遣队，从广东肇庆出发，挺进湖南，揭开了"北伐战争"的序幕。1926 年 7 月 9 日，广东国民政府在广州东校场誓师北伐。北伐战争在"打倒列强除军阀"的口号声中正式开始，参加北伐战争的国民革命军共八个军，约十万人，蒋介石为总司令。冯玉祥于 8 月中旬自苏联回国，迅即被广州国民政府任命为国民政府委员、军事委员会委员。9 月 17 日，冯玉祥在绥远五原誓师，就任国民军联军总司令，正式宣布全体将士集体加入中国国民党，参加国民革命，出师配合北伐。北洋派系的终结之日，已经近在眼前。

经过与北伐军的数月激战，孙传芳损兵折将，被迫放弃闽赣，退保江浙。吴佩孚在两湖被北伐军击败，仓皇退守河南。1926 年 10 月，北伐军攻占武昌，吴佩孚的军队损耗殆尽。孙传芳先后联络张宗昌和张作霖，取得了谅解。孙传芳的代表来济南见张宗昌，张宗昌道："俺是绿林大学毕业的，你们从士官来，从陆大来，现在什么也别说了，咱们一齐打南军吧！告诉孙馨帅，我一定和他一同干下去！"

张作霖决定派张宗昌率直鲁联军南下支援孙传芳。率军南下之前，张宗昌在济南张庄附近检阅了自己的直鲁联军。这次检阅，不知道自己兵有多少的张宗昌，眼睁睁看着自己的部队出尽洋相。张宗昌坐在主席台上，眼见某司令部的官佐跑步不成样，举手也不习惯，张宗昌一开始就很不高兴。这时有个戴眼镜的军需官竟然用左手敬礼，张宗昌怒不可遏，跳起来用主席台上的铜墨盒盖向他扔去，所幸只把眼镜打掉，并未伤人。更可笑的是，这个军需官是高度近视，眼镜被打掉后手忙脚乱，连自己的队伍都找不到了。由于直鲁联军的杂牌部队里很多兵是临时雇来的，这些人跑步不整齐，点名又不答应，或者同时两人应到。更夸张的是，里面还有跛子、目障，单独行动不便，于是推推搡搡、拉拉扯扯，简直不成样子。张宗昌看到这里，再也忍不住了，站起来拍案大骂，停止检阅。

等到检阅白俄军的时候，张宗昌才转怒为喜。白俄军虽然军纪不好，但精神饱满，训练有素。当白俄军独立骑兵团的哥萨克骑兵表演马术挥刀过堑时，张宗昌忍不住用俄语大喊："好！好！"幸亏喊了两声"好"，下面看到的又让张宗昌动了大气。轮到奉军第65白俄独立师接受检阅了。白俄兵为张宗昌表演卧倒射击动作，有一个白俄兵在卧倒时腿一用力，竟然将裤子挣裂，露出了肉。张宗昌见白俄兵的军服如此破旧，当场大骂总司令部参谋长李藻麟："你他妈的这总参谋长咋当的，让他们衣服破得这个样子！"张宗昌又回头大骂下面的师长旅长："你们看看！你们把我的老毛子弄成什么样子了！妈拉巴子！"

张宗昌最后训话，把受检阅部队的各长官痛骂一顿："你们的司令部是狗屁！什么大学生、举人秀才，念书的人，都是狗屁！打仗不顶用！叫

你们去送枪也送不到地方！我张宗昌没大念过书，不怎么识字，我是从血里爬出来的！你们要是占着茅厕不拉屎，就给我挪窝！"检阅结束后，张宗昌下令所有白俄官兵每人赏四块大洋，其他兵只有两块，很多人还没有领到。

大战在即，即便是这样的部队也要用。1927 年初，张宗昌调集十余万军队南下援助孙传芳，进驻南京、上海等地。北伐军一路向华东进逼，占领浙江及安徽的安庆、芜湖等地，直取南京、上海，势头无可阻挡。张宗昌麾下王翰鸣的第十一军在寿州遭到惨败，张宗昌亲征合肥，围了三个月也未攻下。闸北铁路机车厂的工人听说北伐军被张宗昌的白俄军铁甲车队阻于嘉兴一带时，竟然于 3 天内改装出铁甲列车 6 列，浩浩荡荡开出去支援北伐前线，使北伐军能进占松江等地。3 月下旬，北伐军先后占领南京、上海，后又渡江北进，直鲁联军节节败退。5 月，北伐军攻下了蚌埠、徐州，张宗昌只得率残部退回济南。

1927 年 6 月 18 日，张作霖在北京中南海怀仁堂就任安国军大元帅，并宣布成立安国军政府，张宗昌被任为安国军副总司令兼第二军（即直鲁联军）军长。张作霖乘宁、汉分裂之机，派张宗昌率军开赴陇海线一带对付冯玉祥的国民军。双方在徐州交战，张宗昌部损失惨重。仗打败了，但日子还得过。这时节，张宗昌居然还颇有些搞恶作剧的闲情。在徐州时，有一次当地豪绅请客，张宗昌的母亲"祝巫婆"随他一起赴宴。席上有鲜荔枝，张母不知如何吃法，索性将荔枝连壳吞下，众宾朋哄为笑传。张宗昌断不能丢了这个面子，于是第二天再摆宴席，将昨日主客统统招来，并嘱咐厨师专门制做荔枝状的糖果奉上。进食时，张母从容自若，仍囫囵吞食。客人因不知就里，反欲剥壳后食之，张宗昌见后哈哈大笑，遂雪前耻。

撤出徐州的途中，张宗昌遇到一妇人跪在道旁，披头散发，携儿带女，痛哭流涕叙说道："我的丈夫曾在大帅手下做营长，不幸于徐州拒敌时阵亡，遗下一家数口嗷嗷待哺，快救救我们吧！"张宗昌下车好言抚慰，并且立即命随从发给她 2000 块大洋。事后，有人建议张宗昌道："大帅统兵太多，以后此类事件可以责成有关部门调查是否属实，这样可以避免冒充欺骗之事发生。"

张宗昌不以为然道："人若不是到了走投无路的地步，谁肯做出这种出丑丢脸的事来？一个妇道人家，拖儿带女，在大街上抛头露面，想必是迫不得已，怎好忍心疑之查之？再说往还调查，要费多少时日，等到签呈批示以后，恐怕他们全家早就饿扁了。假如你太太也愿意来这么一手，我也照给不误，你干不干？"来人竟一时无话可说。

张作霖可没张宗昌那样的好心情。眼见张宗昌战败，张作霖急电严斥张宗昌"久战无功"。张宗昌恼羞成怒，于 10 月上旬与冯玉祥国民军再度激战于河南兰考一带。这一回，张宗昌麾下的师长潘鸿钧用计，诱使国民军旅长姜明玉率部倒戈，逮捕了国民军第八方面军副总指挥、军长郑金声，押解到济南。张宗昌大胜。

郑金声被押到济南，张宗昌大喜，一次就拨来伯格曼冲锋枪 200 支及其他弹药辎重奖励给姜明玉。然后，张宗昌断然下令——枪毙郑金声。众幕僚纷纷相劝，可是张宗昌执意要杀。可怜郑金生被推出去，当场遭枪决。这一杀，也像孙传芳斩杀施从滨一样，使张宗昌给自己在数年之后招来了杀身之祸。

1928 年春，国民革命军二次北伐，奉军节节溃败，张宗昌在山东的日子已很不好过。山东地方势力多派联合，逼张宗昌脱离张作霖，自成"山

东省保安总司令部"。不久，张宗昌又听说南京政府委任陈调元为山东省主席。张宗昌受到内外逼迫，只得于 4 月底率直鲁联军离开山东，撤入直隶的德州、天津至冀东滦州一线。1928 年 5 月，北伐军攻占济南。张宗昌失去了山东这块地盘，再也无力继续豢养白俄军，不得不予以遣散，任其自生自灭。白俄军平时不但残害中国老百姓，而且也欺压张宗昌所部中国士兵。更加上他们过去待遇优厚，直鲁联军的中国士兵早已因嫉生恨。当白俄兵被遣散之际，中国士兵群起而攻之，白俄军官兵被殴、被杀者甚众。至此，白俄军在中国大地上的雇佣兵生涯基本结束了。

6 月初，张作霖知道京津已不可保，决定退出关外。但是 6 月 4 日，世人震惊的"皇姑屯事件"发生，张作霖在沈阳郊外的皇姑屯被日军炸死。张作霖死后，张宗昌悲痛万分，手下尚有直鲁联军最后五万人马不知何去何从。张宗昌向张学良恳求出关，张学良深怕他出关后取而代之，加之直鲁联军军纪实在太差，严令不许张宗昌率残部出关。9 月，北伐军占领京津，白崇禧率国民革命军第四集团军到达冀东，包围了张宗昌残部。张宗昌明白大势已去，化装从一条小巷溜出，找到一条小渔船，从滦州逃往大连，再乘船东渡日本。他走后，丢下的残部全部被白崇禧收编。

6. 遇刺济南

张宗昌流亡日本，仍不甘失败，一直寻机卷土重来。几年间，张宗昌一直在日本耐心观察国内局势的变化。1931 年，九一八事变爆发，举世震惊。东北沦陷于日寇之手，张学良只能出任北平绥靖公署主任。局势愈发紧张，张学良担心张宗昌会当汉奸，发电报让他赶紧回国。此时日本人也在极力拉拢寓居东京的张宗昌，但张宗昌决然由日返国。临行前，张宗昌还召开记者招待会宣称："咱家可不会钻烟囱（指做汉奸）。"

张宗昌回国后暂居北京铁狮子胡同，心中还是惦记着回山东招集旧部，东山再起。当时的山东省主席是冀豫鲁"剿匪"总指挥、第三路军总指挥韩复榘，他可不会给张宗昌卷土重回山东的机会。1932 年 8 月，张学良召集华北驻军诸将领到北平参加会议。经"倒戈将军"石友三介绍，张宗昌在会上结识了韩复榘。石友三又是一番撮合，张宗昌、韩复榘、于学忠、张学良结拜为异姓兄弟。张宗昌比韩复榘年长几岁，遂以大哥自居。两人酒酣耳热之际，张宗昌向老弟韩复榘道："俺的许多老部下现在都散驻在山东各处，俺只要去招呼一下，立即可以汇合成一支队伍！"听了这话，韩复榘表面不动声色，只赔笑敷衍，然而内心已动了杀机。他知道，张宗昌会对自己构成威胁。

两天后，韩复榘由北平返回济南。又过几天，张宗昌收到韩复榘派人送来的亲笔信，邀张宗昌速到济南共谋大事。张宗昌自觉机会来临，决定南下山东。张宗昌的旧部金寿昌，他的母亲"祝巫婆"，下野的北洋元老吴佩孚、孙传芳，还有张学良等人，全都反对张宗昌回山东。张宗昌东山再起之心急切，一意孤行。8 月底，他与原参谋长金寿昌一起到达了济南。

韩复榘盛情款待张宗昌，石友三也来作陪。几天下来，也没听韩复榘提到"共谋大事"，张宗昌感到很失望。他还是强打精神，与韩复榘等人宴饮应酬。一天，韩复榘请张宗昌看戏，张宗昌来得稍迟了些。韩复榘的夫人纪甘青给张宗昌让座，自己坐到另一处。张宗昌对韩复榘开玩笑道："你在山东顶了我的窝子，我今天也顶了你太太的窝子。"说者无心，听者有意，韩复榘遂坚定了杀张宗昌之心。

　　某日酒过三巡，韩复榘提议："听说效坤先生精于枪法，能双手持枪并发，请一试，以开开我辈的眼界。"张宗昌一口答应，拔出随身携带的新式德国造手枪，连发数枪，枪枪命中靶心。表演完毕，张宗昌将佩枪随手放到桌上。满座宾客都称赞张宗昌枪法妙绝，只有韩复榘把玩起张宗昌的佩枪，连称此枪设计制造精巧。张宗昌一贯豪爽，随口对韩复榘道："你若喜欢这枪，就奉送给你了，怎样？"韩复榘连忙称谢，将此枪收了起来。将自己防身用的佩枪送人，张宗昌又为自己的结局埋下了一道伏笔。

　　北平那边，张学良得知张宗昌去了济南，深恐他遭遇危险。9月2日，张学良借张宗昌姨太太之名给张宗昌发了一封电报，假称张宗昌母亲"祝巫婆"病危，让他马上返回北平。张宗昌接到电报，万分焦急，马上向韩复榘辞行。韩复榘也显得很是焦急，当即派人为张宗昌订了9月3日下午5点37分的火车票。

　　事实上，早在张宗昌来济南之前，韩复榘便亲自赶到泰山普照寺，与隐居在此的冯玉祥密商杀张方案。他们决定，由冯玉祥旧部将领郑金声的养子郑继成去刺杀张宗昌。郑继成，济南城北华山人，现任山东省议员，当年国民军第八方面军副总指挥郑金声的侄子，也是他的过继儿子。当年郑金声被张宗昌下令枪决，郑继成早就发誓要为嗣父报仇。如今机会来了，郑继成欣然领诺。

　　郑继成与好友陈凤山提前埋伏在济南火车站内。9月3日下午，张宗昌带两个护兵来此乘车，返回北平。下午5点钟，韩复榘通知山东省军政要员，到济南火车站为张宗昌送行。火车开车前，张宗昌站在车厢口向送行者招手告别。陈凤山突然从人群中一跃而出，举枪瞄准张宗昌，喝道："我打死你个王八蛋！"一扣扳机，子弹却意外卡壳。张宗昌见势不妙，随身携带的新式德国造手枪又在宴会上送了韩复榘，只好掉头就跑。跑到餐车尽头，张宗昌推门跳下车，向北逃命。郑继成、陈凤山紧追不放。追到三站台北面第七股道，郑继成看准张宗昌，从背后举枪，向张宗昌连开数枪。几发子弹全部命中要害，张宗昌当即倒地身亡，终年五十一岁。

郑继成举枪高呼："我是郑金声的儿子郑继成，为父报仇！现在投案自首！"消息传遍全国，郑继成顿时成为民众心中的侠士和英雄。山东各界纷纷电请国民政府赦免郑继成的杀人之罪。经冯玉祥等人奔走帮助，翌年1月，郑继成得到赦免，还被送进陆军大学将校班学习。等到抗日战争爆发，冯玉祥任第三战区司令长官，郑继成还在他麾下当了军法总监。

张宗昌被刺杀后，尸首横在露天地里，参谋长金寿昌花钱都雇不到人搬运尸体，棺材铺的老板也不愿意卖给棺材。后来还是主持谋杀的韩复榘出面，命人替张宗昌收了尸。张宗昌暴尸一天，才得以移柩济南安徽乡祠。没想到，张宗昌停尸济南安徽乡祠的消息被报纸披露，安徽人民立刻发来抗议函，函云："报载张宗昌在济被郑枪杀，停尸安徽乡祠等讯，不胜愕异。张宗昌之生平及其被杀事实，盖棺已有定论。凶手郑继成之供词，光明磊落，悲壮动人，不失为豪侠之士，社会已极注意。安徽乡祠，何等庄严之地，而为张某停尸，特此函达贵会，询问借用之理由，以表乡人之异议。真相不明，舆论可畏，敬希查照见付为荷！"

1932年9月11日，张宗昌的灵柩被火车运到北平。经过张学良等人的商议，张宗昌被安葬于北平西郊香山。有记者评论道："一世之雄，到

头来亦不过一抔黄土，功名富贵亦不过过眼烟云。"

为此，民国的大文豪林语堂写了一篇有趣的悼念文章："狗肉将军张宗昌死了……然而狗肉将军的死，却对我特别有意义，因为他是现代中国所有显著的、传奇的、封建的和不顾羞耻的统治者中最显著的、最传奇的、最封建的，而且我必须说，最率直而不顾羞耻的一个。"